Armin Thurnher

Der Übergänger

Roman

Paul Zsolnay Verlag

1 2 3 4 5   13 12 11 10 09

ISBN 978-3-552-05367-0
Alle Rechte vorbehalten
© Paul Zsolnay Verlag Wien 2009
Satz: Eva Kaltenbrunner-Dorfinger, Wien
Druck und Bindung: CPI – Ebner & Spiegel, Ulm
Printed in Germany

Der Übergänger

1. Eine merkwürdige Matinee

Du mit deinem Brendel-Tick, sagt Vera, meine Frau.

Vera ist Malerin. Ich bin politischer Journalist mit Hang zum Feuilleton, überhaupt zu unerwiderter Liebe.

Verehrung ist ja was Schönes, sagt Vera, aber muss man sie gleich bis zur Anbetung treiben?

Nur Ungläubigen ist Verehrung möglich, sage ich.

Ich mag es, mit halben Zitaten aufzuwarten, die Halbierung erhöht den Reiz des Paradoxen. Über die zweite Hälfte des Satzes denke ich noch nach. Sie lautet: Gläubige haben nur Lachen und Kriege. Zur Verleihung des Beethovenrings zu gehen hieß die Sache auf die Spitze zu treiben. Mit einem wie mir war dort nicht zu rechnen, musste ich mir bei Betrachtung des Publikums sagen. Noch weniger durfte ich erwarten, Fritz zu treffen. Unter all den staubig-verstockten Wiener Bürgern, unter all den quallig-giftigen Kulturbetriebsnudeln, unter all den blendend aufgelegten akademischen Tunichtguten, die sich zur Ehrung versammelt hatten, ausgerechnet Fritz. Fritz, den linken Intellektuellen, Leiter einer so genannten Denkfabrik der Sozialdemokraten. Den fröhlichen Fritz. Rundes Gesicht, geselchte Seele, spitze Zunge.

Hatte ich ihm gesagt, ich würde zur Verleihung des Beethovenrings gehen? Die Hochschule für Musik und darstellende Kunst war mir nicht vertraut. Wohl kannte ich Leute, die dort unterrichteten, genau genommen stand ich selbst auf der Liste der Lektoren, las in einem Postgraduate-Lehrgang etwas über Journalismus und Literatur, ohne je zu erwähnen, dass ich das für eine contradictio in adjecto hielt. Wozu auch, bei Studenten, die weder wussten, was auf dem Wiener Kongress verhandelt wurde, noch, ob der zur Zeit Karls des Großen oder Beethovens stattgefunden hatte und ob das nicht sowieso die gleiche Zeit gewesen war: die Vergangenheit.

Beethoven. Erst zum zweiten Mal sollte heute der Beethovenring verliehen werden, und zwar an den Pianisten Alfred Brendel. Genau genommen war es der dritte Versuch, der zweite hatte vor Jahrzehnten mit einem Skandal geendet, als Brendels Kollege Friedrich Gulda den Preis zurückwies. Kaum jemanden hier kannte ich persönlich, aber alle sahen aus, als sollte man sie kennen. Manche hatte ich in Konzerten gehört, manchen ging es mit mir wie mir mit ihnen, sie hatten dieses Gefühl, mir zunicken zu müssen, was in mir den Zurücknickreflex auslöste, sodass bald aus allen Richtungen einander die Häupter zunickten, als striche ein Wind durch den Saal und bewegte die Köpfe der Anwesenden. Ein wogendes Feld einander mäßig gewogener Nicker.

In dieser Ein-, Ab- und Zunickstimmung war es mir recht, Fritz zu sehen. Den anglophilen Fritz, dessen Schärfe nur Platz für einen weichen Punkt ließ, allerdings einen inselgroßen: England. Seiner Englandverehrung wegen rief ich Fritz »Gordon«. Selbstverständlich war Gordon als konsequenter Englandfreund ein Anhänger des Dritten Wegs, daneben gab es für ihn keinen zweiten. Als sozialdemokratischer Denker befand er sich permanent auf dem Abstellgleis dieser Partei. Das Denken überlassen sie dort den Meinungsforschern, die haben das Ohr an den Massen, was schert sie ein anglophiler Habermas-Verehrer wie Gordon, der nur Unsinn wie den herrschaftsfreien Dialog im Sinn hat. So blieb ihm genügend Zeit, am helllichten Vormittag die Verleihung des Beethovenrings an Alfred Brendel zu besuchen.

Gordon nannte den zu Ehrenden »Krusty« oder auch

»Krusty, den Clown«, damit auf dessen Aussehen ebenso anspielend wie auf dessen Vorliebe für bizarren Humor. Brüder im Angelsächsischen sozusagen, Gordon und Krusty, nur wusste Krusty nichts von Gordon. Gordon hingegen wusste über meine Verehrung für Alfred Brendel Bescheid, er hielt es offenbar für nötig, ein Salzkorn in die Wunde dieser Verehrung zu streuen, indem er den Verehrten Krusty nannte. Findest du nicht, Krusty spielt heute einen Hauch zu laut, fragte er in der Pause eines Konzerts im Musikverein, bei dem Brendel mit dem Bariton Matthias Goerne auftrat. Er wollte mich ärgern, Brendel spielte keineswegs zu laut, vielmehr spielen die meisten Liedbegleiter zu leise, und gerade bei Brendel und Goerne ergab sich durch das mitmusizierende statt wie oft nur begleitende Klavier eine gleichwertige Partnerschaft zwischen Sänger und Pianist.

Ich fand sein Krusty-Gerede respektlos, konnte aber wenig dagegen tun. Widerspruch hätte Gordons Spleen nur gesteigert, wer weiß, was ihm noch eingefallen wäre. Er kannte natürlich die Geschichte, wie Brendel sich das erste Mal im Film sah und erschrak, weil der Kerl, den er da erblickte, mit seiner Körpersprache und mit seinem Gefuchtel so gar nicht ausdrückte, was die Musik ausdrücken sollte. Brendel stellte sich dann einen Spiegel neben das Klavier, in den er zwar selten schaute, der ihn aber zur Zurückhaltung mahnte. Auf das Problem war er aufmerksam geworden, als ihm im Schwung seines Schumannspiels die Brille über das Klavier davongeflogen war.

Die Feier begann mit Ansprachen. Auch in der Hochschule wusste man um den Humor des zu Ehrenden Bescheid. Man sang unter Anleitung des berühmten Chorleiters, zufällig war er gerade Rektor, einen Kanon auf den Text »Brendel ist ein schöner Name«, zu welchem Zweck der Saal in vier Abschnitte unterteilt wurde. Die öffentliche Probe war zugleich die Aufführung, und ich war froh, mich weit hinten hingesetzt zu haben, von wo ich das Gesicht des Ringempfängers nicht sehen konnte. Frisch und vierstimmig schallte durch den fichtenhell verschalten Saal, Brendel sei ein schöner Name. Mir schien, der solcherart gepriesene Namensträger sinke ein paar Zentimeter tiefer in seinen Sitz, als Schauspielschüler mit Ausdruck und Emphase einige seiner Gedichte vortrugen.

Bei der Rede eines bekannten, pianistisch tätigen Witzbolds richtete er sich ein wenig auf. Der erzählte von den Frühzeiten in den fünfziger Jahren, von den Referenzaufnahmen, die Brendel immer vorgelegt habe, wenn ihnen in Wien gerade ein Vorbild fehlte, wie sie ihre Beethovensonaten oder Schubertimpromptus zu spielen hätten. Wie lustig es gewesen sei, Brendel in Istanbul zu treffen, wobei das Lustige allein im Exotischen des Orts lag — Brendel in Stambul, man stelle sich vor! Deutsche Tänze um die Hagia Sophia, Alla Turca neben der Blauen Moschee, vielleicht eine fromme Meditation von Liszt über Mohammeds Fußabdruck im Topkapi-Palast, groß wie der Fuß eines Yeti nennt ihn Joseph Brodsky. Brendel im Zug, Brendel im Bus quer durch Europa, Brendel über miserable Klaviere fluchend, in schlecht geheizten oder überhitzten Sälen, dauernd im Streit mit mittelmäßigen Dirigenten und verlassen von unfähigen Klaviertechnikern. Brendel, Platten aufnehmend in ungeeigneten Studios, wo die Holzscheite in den Kaminen knacken und die Böden knarren, aber das sagte er nicht mehr, der Witzbold.

Ich dachte, das Fortgehen Brendels aus Wien könnte auch eine Flucht vor dieser Art des Wiener Humors gewesen sein. Dieser Wiener Humor fand die Tücke des Objekts lustig, die sich einer jungen, ganz und gar ungewissen Karriere in den Weg stellte. Im Rückblick schien dem Wiener Bürgerhumor all die Mühsal nur mehr ein Spaß gewesen zu sein. Der Wiener Bürgerhumor schätzt die Gegenwart nicht, aber er kann über die Vergangenheit lachen, wenn auch nicht über jede. Brendels Laudator bot ein Beispiel jenes Wiener Bürgerhumors, der sich bei Geburtstagen am Singen von Kanons erfreut, im Halten humoristischer Ansprachen sein Formbedürfnis erschöpft, im geselligen Verzehr von Szegediner Gulasch seinen Beitrag zur bürgerlichen Öffentlichkeit leistet und in der Aufführung von Stegreifspielen seine Erfüllung findet. War Brendel, der gesagt hat, Wien sei eine sehr gute Stadt gewesen, um im Protest darin zu leben, vor dieser humorigen Wiener Szegedinervergulaschung ins englische Stilvermögen entwichen? Vom Krautfleisch zum Rindfleisch, vom Stahlbad des Bürgerhumors in die vis comica der Civil Society?

Dabei liebten ihn die Wiener Bürger. Man kann sich seine Liebe nicht aussuchen. In den Augen manches konservativen Politikers gewann ich geradezu menschliche Züge, sobald ihm meine Brendelverehrung bekannt wurde. Ein kohlschwarzer Kanzler gewährte mir ein Interview nur wegen eines Textes, den ich über Brendel geschrieben hatte, wie mich seine Pressechefin bei dieser Gelegenheit huldvoll wissen ließ. Die Kabinettschefin des kohlschwarzen Kanzlers hatte mich angerufen und tatsächlich gefragt, ob ich nicht ebenfalls Goerne für indisponiert gehalten hätte, sie habe mich im Konzert bemerkt, ich hätte ergriffen ausgesehen, sagte sie. Das mochte so gewesen sein, jedenfalls waren es die einzigen privaten Worte, die ich je mit ihr gewechselt habe. Und nein, Goerne war nicht indisponiert, sagte ich. Brendel spielte nur zu laut.

Das Beethovenstreichquartett an der Hochschule stand Brendel mit Würde durch; es war keine schlechte Aufführung, man konnte im Gegenlicht die Staubpartikel tanzen sehen, als der koreanische Stimmführer sich mit etwas dünnem Ton durch das Allegretto von Opus 135 geigte. Danach sprach der frisch Beringte, und er sprach wirklich frisch, gerade weil er leicht ermüdet wirkte. Müde von den Ausschweifungen des Wiener Bürgerhumors, aber unter dem Mantel seiner unresignierten Müdigkeit setzte er dem Bürgerhumor seinen Witz entgegen. Einen vorsichtigen, tastenden Witz, bemüht darum, nicht durch Schärfe zu kränken oder zu verletzen. Einen gleichsam intonierten Witz. Wenn Brendel sprach, schien hinter dieser Behutsamkeit ständig jener Stachel zu lauern, den es ihm vor allem zu vermeiden galt; Menschen, die Angst haben, andere zu verletzen, haben diese Angst nur deswegen, weil sie wissen, wie gut sie verletzen können. Er verstand es, die Spitze seines Witzes in Filz zu hüllen.

Diese vorsichtige, jede Formulierung abwägende Art zu reden berührte mich. Er mag seine eigene Maliziosität und ist deswegen auf der Hut vor ihr, dachte ich. Nichts Auftrumpfendes war da, bloß dargestellte Skepsis. Vorläufige Endgültigkeit auf leisen Sohlen. Der Anfang schon im Bewusstsein, der Übergang zum Ende zu sein. Dabei redete Brendel nicht, er las einen Text vor, durchaus mit Gusto an seinen eleganten Formulierungen. Hier, jenseits des Krautfleischhumors, blieb kein Raum für Anekdotisches. Hinter Brendel klaffte der Steinway. Was fangen die stahlgebadeten Krautfleischianer mit dem an, was er ihnen über die Diabellivariationen erzählt, dachte ich, dieses Beethovensche Spätwerk, das er so bedeutend analysiert hat. Sie warten bloß darauf, dass er ihnen etwas vorspielt.

Es war nicht das erste Mal, dass ich Alfred Brendel sprechen hörte, nein, aber immer wieder nahm mich die zurückhaltende Art seines Vortrags ein. Seine Scheu vor den Zuhörern schien mir zugleich und mehr noch die Scheu vor dem Objekt seiner Rede zu sein. Merkwürdig, ein Mensch, der im Frack am Flügel die größten Auditorien bezwungen, der schon als Knabe im Zagreber Opernhaus deklamierend sein Publikum charmiert hatte, schien im Sakko und mit einem Manuskript in der Hand sein Verhältnis zu seiner Hörerschaft ganz neu finden zu müssen.

Andererseits hatte er dieses Publikum im Griff. Er leistete sich seine Schüchternheit im sicheren Bewusstsein einer funktionierenden Schlusspointe. Es war gewissermaßen eine Art Woody-Allen-Scheu, die er da zeigte, es waltete eine Art komischer Vorsicht, die leise rief, seht her, hier steht ein Mensch mit seinen Zweifeln und Schwächen, aber einer, der zweifellos darüber Bescheid weiß und mit ihnen, von ihnen und für sie lebt. Der Humor in der Musik war, nicht zum ersten Mal, sein Thema. Brendel konnte seinen Vorrednern dankbar sein, sie hätten für keinen besseren Kontrast sorgen können. Das Niesen als Thema einer Diabellivariation war es, auf das er hinauswollte, und er schloss mit dem Satz: »Denn Beethoven war Allergiker, wie ich.«

Sprach's, setzte sich an den Steinway und spielte in den Beifall hinein die Variation als musikalische Demonstration einer allergischen Reaktion – besonders schlecht, wie er später mir gegenüber behauptete, aber vielleicht hatte er im Rückblick auch die Veranstaltung verwechselt. Mir gefiel's. Es war zu schnell vorbei. Wir sahen einander zufrieden an, Gordon hatte keine Frechheit mehr parat, Krusty hatte sie ihm weggespielt, sozusagen.

2. Eine Schlange

Die Zeremonie war zu Ende, unversehens und riesengroß stieg der Zweck meines Hierseins vor mir auf. Ich hatte nämlich vor, Brendel zu fragen, ob er mir ein Interview geben wollte. Künstlerzimmer und dergleichen waren mir immer ein Gräuel gewesen, einen Agenten ansprechen oder Mittelsmänner einschalten wollte ich nicht, einfach anrufen konnte ich nicht, also würde ich es heute wagen müssen. Während sich die Sitzreihen leerten, formierten sich die Gratulanten; Ottern und Kaninchen stellten sich in Zweierreihen auf, am Kopf der Schlange wartete Brendel, mit seinem großen Körper überragte er die Menge, leicht neigte er den Oberkörper nach vor und legte den Kopf schräg, um zu hören, was für Freundlichkeiten die Menschen ihm ins Ohr zu blasen hätten.

Das geb ich mir wirklich nicht. Gordon war wieder er selber. Nein, echt, da willst du dich anstellen? Ich sicher nicht. Ich stand noch nicht in der Zweierreihe, und mein Zweier war im Begriff, mir abhanden zu kommen. Leichten Schritts bewegte sich Gordon zur Tür und machte beim Abgang ein artiges Katzbuckerl.

So long! Da stand ich, der Letzte in der Reihe. Nein, ein Paar wartete hinter mir, der kultivierte Kulturmanager mit seiner Frau. Wären sie nicht gewesen, ich hätte es mir anders überlegt und wäre nach Hause gegangen. Jetzt aber, den kultivierten Kulturmanager im Rücken, durfte ich mich eingekeilt fühlen, brauchte an Flucht nicht mehr zu denken und konnte mich langsam nach vorne schieben lassen. Es gibt kultivierte und unkultivierte Kulturmanager. Die unkultivierten werken mit derartiger Selbstverständlichkeit an den Schalthebeln des Kulturbetriebs, dass man sich wundert, wenn man noch einen kultivierten Kulturmanager trifft. Das seltene Exemplar hinter mir hatte Klavier, Komposition, Physik und Finanzwissenschaften studiert, und zwar an der Sorbonne. Darüber hinaus war er ein Experte für zeitgenössische Musik und ein vornehmer Mensch. Er sprach so leise und schien so viel Kraft zur Artikulation zu brauchen, dass man das Ohr ganz nahe zu seinem Mund bringen musste, wollte man hören, was er sagte. Trotz seiner Unaufdringlichkeit hatte sich der kultivierte Kulturmanager stets entschieden für Moderne und Avantgarde eingesetzt. Er hätte wohl gesagt: bloß für gute Musik.

Brendel, schien es, hatte für jeden in der Schlange Zeit, schien jeden zu kennen, sich für jeden zu interessieren, hatte jedem etwas zu sagen. Langsam schob sich die Schlange voran, sie verkürzte sich beim Schieben, es war beinahe, als würde der ungeheuer freundliche Brendel, auf den sie zudrängte, sie vertilgen. Ein freundliches Ungeheuer. Endlich war sie beinahe aufgebraucht.

Jetzt ich.

Ich stelle mich mit meinem Namen und dem meiner Zeitschrift vor.

Lieber Herr Brendel, äh, ich möchte Ihnen herzlich zum Beethovenring gratulieren und Ihnen sagen, wie sehr ich mich freue.

Viel hölzerner kann man es kaum formulieren.

Vielen Dank. Freundlich fragender Blick.

Herr Brendel, ich verehre Sie schon lange, und ich weiß, Sie haben viel zu tun, wollte Sie aber bei dieser Gelegenheit doch fragen, ob Sie Zeit für ein Interview hätten?

Freundlich-amüsiertes Lachen. Fast ein Ohr-zu-Ohr-Lachen. Der Neigungswinkel nach vor nimmt um drei Grad zu. Was ist denn das für ein komischer Kleiner, fragt er sich.

Oh Gott, ich wusste es die ganze Zeit, so macht man das einfach nicht. So kann man das nicht machen! Vergiss Brendel, du Idiot!

Nein, ich habe jetzt wirklich keine Zeit, und das bisschen Zeit, das ich habe, brauche ich zum Schreiben meiner Gedichte, sagt Brendel. Seine Konzerttournee zum siebzigsten Geburtstag habe ihn schon zu sehr vom Schreiben abgehalten.

Immerhin redet er nicht herum. Irgendwie fühle ich mich erleichtert. Totale Niederlage, aber wenigstens kein Stress. Brendel hält noch immer meine Hand mit beiden Händen. Sie sind warm, trocken, groß, kräftig vom Üben, man spürt die durchgebildete Muskulatur, Mister Universum von der Fingerspitze bis zur Handwurzel. Gordon hätte gesagt: Krusty von der Handwurzel zu den Zehenspitzen! Jetzt nicht so etwas denken! Über seine Fingerspitzen, die er beim Spiel stets mit Hansaplast zuklebt, hätte ich ihn zum Beispiel gern ausgefragt. Daraus wird nun nichts.

Mut zusammennehmen: Haben Sie den Text gelesen, den ich zu Ihrem Geburtstag geschrieben habe? Natürlich hatte ich den Geburtstag auch verpasst, die Geschichte ist erst zehn Tage danach erschienen, das sage ich noch dazu, ich Idiot!

Nein, habe ich leider nicht …

Na also, das war's. Super hingekriegt. Abgang. Wenigstens halbwegs Haltung bewahren dabei. Halt: Da kommt noch was.

… aber ich habe einiges davon gehört!

Oho, doch nicht alles verloren! Darf ich Ihnen dann den Artikel schicken?

Er bittet darum. Ich empfehle mich, ihm unpassenderweise viel Glück beim Schreiben wünschend.

Schon fasst er voller Wärme den verbindlich lächelnden kultivierten Kulturmanager ins Auge, schon hat er dessen Hand in seine beiden Hände genommen. Der sagt erst einmal nichts. Ich hätte gern gehört, wie man es eleganter macht. Reden ist Silber, leise reden ist Gold. Gut, die kennen einander aus Jahren Salzburg, der kultivierte Kulturmanager war kaufmännischer Direktor der Festspiele gewesen. Nach einem Schritt bin ich außer Hörweite. Beiseite warten ein paar von Brendels Freunden. Die Quartettspieler haben Instrumente und Noten eingepackt. Niemand beachtet sie. Saaldiener werden sichtbar. Ich werde unsichtbar.

3. Am Apparat

Hallo, hier spricht Alfred Brendel. Ich bin jetzt wieder in Wien und habe unterwegs Ihren Aufsatz gelesen. Ich wollte mich dafür bedanken, er gehört zum Besten, was über mich geschrieben wurde. Mir gefällt die Art, in der er formuliert ist, und ich danke Ihnen vor allem auch für die Wärme, mit der er geschrieben ist. Ich hoffe, dass wir im März, wenn ich zu meinem Philharmonischen nach Wien komme, Gelegenheit haben, einander zu sehen und miteinander zu reden.

Könnte ein Tag schöner beginnen als mit dem Abhören des Anrufbeantworters? Früher begann jeder Tag mit dem Abhören des Anrufbeantworters, niemandem wäre es eingefallen, seine Mobiltelefonnummer auf der Visitenkarte preiszugeben. Sofern man überhaupt ein Mobiltelefon hatte. Es war der Tag vor meinem Geburtstag. Dieser Anrufbeantworter durfte nie mehr gelöscht werden, egal ob es Kosten verursachte oder mich schwerer erreichbar machte. Vielleicht sogar für Anrufe von Alfred Brendel.

Brendels siebzigster Geburtstag war der 5. Jänner 2001 gewesen. Damals musste man schon ein Handtelefon haben, durfte aber noch nicht ohne Festnetztelefon sein. Ich war froh darüber, so konnte ich mir Brendels Nachricht gleich noch einmal laut anhören. Sie war zweifellos echt, ich erkannte seine Stimme wieder. Brendel fand nicht nur meinen Text gut, er wollte mich sogar treffen. Abgeschlagenes Interview hin oder her, das war doch was!

Dass er meinen Text mit Wärme geschrieben fand, wunderte mich nicht. Er war mit Feuer geschrieben! Ich hatte mich auf die Etymologie seines Namens bezogen, wie sie

Brendel selbst in einem umfangreichen Interview mitgeteilt hatte. Brändle bedeutete demnach so viel wie »kleiner Brand«. Mit dem Diminutiv ist man dort, wo ich herkomme, auf du und du, dort richtet man sich mit Hilfe des Diminutivs das ganze Leben dem eigenen Format gemäß ein. Und Brendel gefiel sich offenbar in seiner Rolle als genealogisch programmiertes Feuerteufli.

In jenem von Brendel gelobten Artikel hatte ich mit Wärme die Gefahr durch Feuer geschildert. Meine Wohnung, schrieb ich, wäre abgebrannt, und wäre nicht als Einziger des ganzen Wohnhauses ich noch wach gewesen, hätte eine schlimmere Feuersbrunst mehrere Menschenleben kosten können. Ich war damals gerade umgezogen und hatte noch ein paar Kisten im Gang stehen, die ich – das Haustor war schon versperrt, es ging auf Mitternacht – dort stehen ließ, in der sicheren Annahme, es würde sie niemand stehlen. Erst später ging ich hinunter, sie zu holen, und entdeckte, dass aus einer Wohnung dichter Rauch quoll. Der Grund für meine Eile: Ich wollte Alfred Brendel nicht versäumen, der spätnachts im Fernsehen Schubert spielte und erklärte.

Dieser Hausbrand hatte mir als Vorwand gedient, Brendels Fernsehvortrag zu schildern. Ironisch, mit poetischer Kraft, mit Witz und mit intellektueller Durchdringung seines Gegenstands, wie man es von einem klassischen Musiker in der Regel nicht (und damals, es handelt sich um die späten siebziger Jahre, schon gar nicht) erwartete, sei Brendel vorgegangen. Ich lobte seine Fähigkeit, für Musik einen adäquaten sprachlichen Ausdruck zu finden, was bekanntlich selten gelinge. Den Des-Dur-Mittelteil von Schuberts viertem Moment Musical D 780 in cis-Moll etwa habe er als »Traumpolka« beschrieben, die über Abgründe und Klüfte einer scheinbar harmlosen Idylle dahinschwebe.

Auch war zu berichten, dass die Umstände der Arbeit an dieser ganz Schuberts Klavierwerk gewidmeten dreizehnteiligen Serie, die der Norddeutsche Rundfunk 1975 und 1977 aufnahm, schwierig waren. Ich ließ Brendel selbst zu Wort kommen: »Es war die erste Stereoaufnahme im Bremer Fernsehen. Die Kabel liefen in den Saal hinein, es war Sommer und zum Teil fürchterlich heiß. Wir wollten nicht viele Kameraeinstellungen machen, wie das sonst manchmal üblich ist, sondern möglichst ruhig über lange Strecken etwas stehen lassen, um Konzentration herzustellen und den Eindruck eine Konzertaufführung zu vermitteln. Das bedeutete, oft mehr als 200 Takte am Stück spielen zu müssen, und man weiß, macht man einen Fehler, muss man von vorne anfangen.«

Brendels Aufnahmen waren für mich ein fröhlicher Schock gewesen. Dabei, schrieb ich, sei einem einer entgegengetreten, der den herkömmlichen Begriff des Interpreten entscheidend erweiterte. Umfassend gebildet, skeptisch, unerbittlich am Notentext orientiert, trotzdem an dessen Kontext interessiert, kritisch, aber gleichsam mit nachsichtigem Augenzwinkern, erhaben, aber irgendwie lausbübisch – so einen, schrieb ich, hatte ich noch nie gesehen, und so hatte ich Schubert noch nie spielen hören. Gewöhnlich hört man diese Stelle so, pflegte er zu sagen, ich hingegen – lausbübisch verhaltenes Lächeln – spiele sie so. Brendel erklärte, warum er sie anders akzentuierte. Dazu kamen eine Mimik und eine Gestik, die zuweilen grotesk schienen, aber in ihrer Weise nichts anderes taten, als die intellektuelle und emotionale Intensität der Auseinandersetzung auszudrücken.

Die fliegende Schumann-Brille war längst Geschichte, mit Hilfe seines Spiegels hatte sich der wilde Kerl bereits zurückgenommen. Und doch schien er mir im Vergleich zu Pianisten, die gerne leere Entrückungsgesichter zeigen, völlig anders: ein Gesicht, das Schalk und Ergriffenheit, Skepsis und Offenbarung vereinte. Er hatte aus seinem Problem eine Stärke gemacht, schrieb ich. Er hatte die Konsequenz aus seiner Erkenntnis »viele Leute sehen ja leider besser, als sie hören« gezogen. Nun zeigte er kontrollierte musikalische Schauspielkunst.

Ich erinnerte mich, einen Vortrag besucht zu haben, den Brendel im Rahmen des Zyklus seiner Beethovensonaten hielt. Dabei demonstrierte er das Crescendo innerhalb eines angeschlagenen Tons. So etwas hält man nicht für möglich, da das Klavier bekanntlich kein Streichinstrument ist. Er, Brendel, strebe allerdings danach, sagte er, die Klangmöglichkeiten des Instruments zu erweitern, er fasse ein Stück instrumentiert auf, imitiere da Flöten-, dort Streicherklang, wenn es der Charakter des Stücks erfordere. Und nun bitte er, genau zuzuhören: Brendel schraubte sich in die Taste hinein, applizierte eine Art Vibrato mit Finger und Pedal, stauchte scheinbar das Gewicht seines ganzen Körpers auf den fraglichen Finger, vibrierte dazu mit Hals und Backe und Fußspitze, und siehe da, der Ton, einmal angeschlagen, wurde nicht schwächer, sondern stärker. Übrigens, fügte Brendel, der die Verblüffung im Saal sichtlich genoss, nach einer kleinen Pause hinzu, gehöre bekanntlich zu jeder Bühnenaufführung ein Stück Suggestion.

So hatte ich damals geschrieben, und es hatte Brendel gefallen. Denn es war alles wahr und nach bestem Wissen und Gewissen aufgezeichnet. Aber es war bei weitem nicht alles, was aufzuzeichnen gewesen wäre.

Brendel saß im Fernsehstudio am Flügel, ich saß vor dem Fernseher in meiner Wohnung im achten Wiener Bezirk und betrachtete sein Spiel. Die Wohnung gehörte einem Wiener Apotheker von gesündestem Krautfleischhumor, der in Holland wohnte. Seinen Humor zeigte dieser tüchtige Pharmazeut, indem er eine sieben Seiten lange Inventarliste anfertigte, die jedes Stück anführte, das sich in der Wohnung befand, und sei es noch so wertlos. Der Mietvertrag und drei Durchschläge dieser Liste waren in Kitzbühel zu unterfertigen, wo der Apotheker Skiurlaub machte und die Ablöse bar einstrich. Ich kam von Bregenz und hatte mit der Eisenbahn einen mehrstündigen Umweg in Kauf zu nehmen. Die Kitzbüheler Bleibe des Apothekers war in entsetzlichstem Rustikalgeschmack eingerichtet, es schneite heftig, der Zug hatte mehrere Stunden Verspätung, zudem fiel die Heizung aus, sodass ich verkühlt und fiebrig in Wien ankam. Ich war nur dieses eine Mal in Kitzbühel gewesen, diesem Zentralort österreichischen Unwesens, den ich vorgehabt hatte, nie zu betreten.

Die Inventurliste und die regelmäßigen Briefe des Apothekers voll zudringlicher Neugier vermiesten mir den Aufenthalt in der komfortablen Wohnung. Was ich an ihr am liebsten mochte, war die Reflexion des nächtlich beleuchteten Brunnens auf dem Albertplatz. Das Wasser spiegelte sich an meiner Zimmerdecke, auf dem Rücken liegend, konnte ich der Wellenbewegung zusehen und mich fortwohin wünschen.

Es ging gegen Mitternacht. Brendel trug eines jener leicht entflammbaren Seventies-Nylonhemden, es war hellblau und hatte zwei Brusttaschen mit dreieckigen, verschließbaren Klappen. Es lag eng am Körper an, zeigte die muskulösen Oberarme und Ansätze der Brustbehaarung seines Trägers. Er las von mit Schreibmaschine beschriebenen Blättern herunter, was er zu Schuberts Kompositionen geschrieben hatte.

Die Kamera zeigte sein Bild in einer ruhigen Einstellung und enthielt sich jenes fahrigen Zoomhantierens, das zeitgenössische Fernsehregisseure für modern halten und mit dem sie jeden Ansatz von Betrachtung zerstören. Sie vertragen weder die Abwesenheit von Lärm noch den unbewegten Ausschnitt eines Bildes. Was machen diese Leute, dachte ich, wenn sie vor einem Baum oder einem Gemälde stehen? Brendels Ansicht jedoch blieb auf eine beinahe störrische Weise unbewegt, er las sein Blatt bis zum Ende, machte eine leichte Wendung, die Kamera wechselte die Einstellung, und er las das nächste Blatt bis zum Ende.

Wenn er das Werk dann spielte, war er festlicher gekleidet, trug Anzüge mit auf Hamburger Art ausgestellten Hosen und breitknotige Krawatten, wie sie damals Mode waren. Die drei Klavierstücke aus dem Nachlass seien in Schuberts Todesjahr komponiert worden, sagte er; man finde in ihnen Übergänge von einer Kahlheit wie beim späten Liszt, zum Beispiel jene Stelle im letzten Stück, er spiele sie kurz vor, wo das C-Dur ohne jedes vermittelnde Zwischenglied nach Des-Dur wechsle.

Ich musste zwei-, dreimal in den Hausflur, um die Umzugskartons heraufzuholen. Beim ersten Mal schien es, als habe einer sein Schnitzel zu scharf angebraten. Je später der Abend, desto dunkler das Schnitzel, dachte ich. Bedauerlich, aber nicht besorgniserregend. Beim zweiten Mal durchzog außer dem Duft schon ein leichter Dunst den Gang. Es roch definitiv brenzlig. Es brendelte so stark im Flur, dass ich in die Wohnung zurücklief und die Feuerwehr anrief. Man bringt in solchen Fällen zuerst die Notfallnummern durcheinander, aber ehe man verblutet ist, sagen einem die bei der Polizei gern die richtige Nummer der Feuerwehr. 122, falls Sie diese zu Recht hoch geschätzte zivilgesellschaftliche Institution einmal brauchen sollten.

Die Herren in der Zentrale dieser Institution hoben sogleich ab. Sie wirkten sehr entspannt. Es brennt ja dauernd irgendwo, Zimmerbrände, Katzen auf hohen Bäumen und umgekippte Lkw-Züge werden schnell zur Routine. Leider konnte auch ich keinen Großbrand eines Chemikalienlagers oder einer Feuerwerkskörperfabrik bieten.

Sind Sie sicher, dass es brennt?

Ich sehe Rauch, und es riecht nach einem Brändle.

Die entspannten Herren hatten offensichtlich zum Diminutiv eine weniger entspannte Beziehung als ich: Sie wissen, wenn wir kommen, und es ist kein Feuer, zahlen Sie den Einsatz, sagte der Mann am Telefon der Zentrale.

Kein Rauch ohne Feuer? Ich sah den Löschzug vor mir, zwei Lkw, drei Begleitfahrzeuge, Polizei, Rettung, Notarzt, jede Menge hoch geschätztes, zivilgesellschaftlich wichtiges Personal, überschlug im Kopf die Summe, fand sie zu hoch, bedankte mich höflich und legte auf.

Im C-Dur-Stück, dem letzten, träfen zwei böhmische Nationaltänze aufeinander, erklärte Brendel. Eine Polka und eine Sousedská. Die Polka klinge, als stamme sie aus der »Verkauften Braut«, man höre nur, während die Sousedská in Dvořáks »Slawischen Tänzen« stehen könnte. Er spielte auch diese an.

Ich wurde unruhig und ging ein drittes Mal hinunter. Diesmal war der Gang voll dichtem Rauch. Er quoll in Schwaden unter einer Tür im Erdgeschoß hervor. Der Geruch war beißend. Es roch so eindeutig, dass ich die Kartons sein ließ, an der Rauchquelle Sturm läutete, mit Fäusten an die Tür trommelte, als sich noch immer nichts rührte, wieder die Stufen zu meiner Wohnung im Stock darüber hinaufhetzte und die Nummer der Feuerwehr wählte. Diesmal erwischte ich sie auf Anhieb.

Kommen Sie sofort, es brennt, rief ich ins Telefon, ich

zahle alles!, und eilte wieder ins Erdgeschoß, ohne die Antwort abzuwarten.

Eben öffnete sich die Tür, an der ich geläutet hatte. Eine große, knochige Frau in Unterhose trat auf die Schwelle. Sonst war sie nackt, böhmisch, dachte ich, ich weiß nicht warum, waren es ihre dunklen Haare und ihre großen, schwarzen Augen, mit denen sie mich fassungslos ansah? Hinter ihr stand die Wohnung in Flammen. Die Voilegardinen waren nur noch Fackelstummel, neben einem Polstersessel brannten müde die Reste eines Couchtischs. Der Fauteuil verschmorte und schmolz tropfenweise auf den versengten Teppich. Sie war offenbar von Sinnen und brachte kein Wort heraus.

Im rechten Winkel zu ihrer Wohnung, unmittelbar daneben, eine zweite Wohnungstür. Ihre Bewohner befanden sich in höchster Gefahr, also läuten! Keine Reaktion, es war ja schon fast Mitternacht. Die Knochige drehte sich um, sah mich vorwurfsvoll an, wollte in die Flammen zurückgehen und die Tür hinter sich schließen. Ich fasste sie gerade noch am Arm. Sie begann sich zu wehren. Stumm rangen wir miteinander. Sie war stark, aber zwischendurch gelang es mir, immer wieder beim Nachbarn zu läuten. Endlich öffnete er und streckte sein verschlafenes Grantgesicht heraus.

Wosislos?

Ich versuchte immer noch, meine Arme um die Knochige zu schlingen. Der Anblick ihrer Brüste schien ihn zu wecken, aber auch zu irritieren.

Es brennt!

Wo?

Eine Geste genügte, Schlafmützes Blick folgte meiner Bewegung und sah in einen Glutofen. Jetzt war Schlafmütze wach und bewegte sich, holte Frau, Kind und Hund aus dem Bett und wollte weglaufen.

Moment, rief ich, halten Sie die da fest. Sie will sich umbringen.

Ich drückte dem Kerl die stumme Knochige in die Hand und lief wieder die Stiege hinauf. Blick zurück: Ein schönes Paar, schon ging der Tanz los, sie im Slip, er im Nachthemd mit verrutschter Brille. Wenigstens hatte er kapiert, was los war, und ließ sie nicht zurück in ihre Wohnung. Weiß Gott, wie und warum sie ihr Heim in einen Herd verwandelt hatte. Ihr Fernseher war längst implodiert, es ließ sich nicht mehr feststellen, ob Brendel darauf gelaufen war oder nicht.

Haben Sie je die Feuerwehr angerufen? Sofort hatten die Herren von der hoch geschätzten zivilgesellschaftlichen Institution die Telefone des gesamten Wohnhauses unter Kontrolle, telefonieren war nicht mehr möglich. Statt des Freizeichens hörte man ein Tonband mit nützlichen Verhaltensregeln: Schließen Sie die Fenster, verlassen Sie die Wohnung nicht. Wir werden in wenigen Minuten an der Einsatzstelle sein. Wenn Sie ein Problem haben, rufen Sie.

Hallo!, rief ich laut. Ehe ich hinzufügen konnte, hier spricht Alfred Brendel, meldete sich eine beruhigende Stimme aus der Zentrale. Schweres Wienerisch, das kam dezidiert nicht aus Bangalore. Dort können Sie angeblich texanischen Drawl imitieren oder Dialekte der Inuitsprache so simulieren, dass Rednecks und Eskimos ohne zu Murren ihre Gebühren zahlen, aber das Meidlinger L haben sie gewiss nicht im Repertoire.

Hallo, ich bin der, der Sie verständigt hat! Wann werden Sie hier sein? Haben Sie einen Psychiater im Team? Sollte noch keiner vorgesehen gewesen sein, wurde er vermutlich jetzt verständigt. Ich brauche mich nicht aufzuregen, beschied mir das geschulte L, es könne sich nur um Minuten handeln.

Da war es schon, das Folgetonhorn. Tönt übrigens viermal

so laut wie in den fünfziger Jahren. Blaulicht zuckte, wischte die Wasserspiele auf meiner Decke weg und verwandelte den Albertplatz in eine Notfallsdisco, während im Fernseher noch immer Brendel feurig das dritte der Klavierstücke aus dem Nachlass interpretierte, Deutschverzeichnis 946, in C-Dur, munter wechselten einander Polka und Sousedská ab.

Nie begrüßte ich ein Blaulicht freudiger. Hurtig sprangen die behelmten Männer aus dem Löschzug, rollten Schläuche aus, schlossen Pumpen an, spritzten Fontänen in die zwei Fenster, aus denen Flammen schlugen, trampelten im Laufschritt die Stiegen hinauf, des Liftes nicht achtend, Äxte gezückt. Die Knochige war kaum von ihrer Wohnung wegzubringen, die Rettung kümmerte sich um sie, atemlos erklärte ich dem Einsatzleiter die Lage, während oben Holz splitterte.

Holz? Äxte! Wieder schnellte ich die Stufen hinauf. Ich lernte den Architekten dieses Gemeindebaus zu schätzen, es war eine bequeme Stiege, Stufenhöhe ideal, die Steine an den Rändern rutschfest gestöckelt, prestissimo ließen sich drei Stufen mühelos auf einmal bewältigen.

Mit behaglicher Professionalität hatten die Axtschwinger, die militante Abteilung der hoch geschätzten zivilgesellschaftlichen Institution, gerade die Tür zu meiner Nachbarwohnung demoliert. Niemand zu Hause. Sie zuckten die Achseln und gingen daran, mit krachenden Axthieben den Parkettfußboden aufzuhacken. Es war die Wohnung genau über dem Brandherd, und sie wollten sichergehen, dass die Balken nicht Feuer gefangen hatten.

Immerhin konnte ich sie durch Vorweisen des Schlüssels davon abhalten, die Tür zu meiner Wohnung ebenfalls einzuschlagen, aus der Schuberts nachgelassenes C-Dur-Impromptu gerade in die furiose Coda mündete.

4. Wasserflüsse Babylons

Seit diesem Feuer war ich hinter Brendel her. Einmal saß ich sogar auf der Bühne in seinem Rücken. Von den Beethovensonaten hatte ich ihn einige im Konzert spielen hören, ein Konzert mit der Alban-Berg-Sonate und Mozarts a-Moll-Sonate war mir in besonderer Erinnerung, der Art wegen, wie Brendel den zweiten Vorschlag im ersten Thema des ersten Satzes spielte. Ich meinte ihn beinahe dazu sagen hören: Gewöhnlich hört man diese Stelle so, ich hingegen ... und sah ihn ein kaum wahrnehmbares, diabolisches Lächeln zeigen, ehe er sich zur Tastatur wendete. Zum anderen war da dieser langsame Satz, der einen lehren konnte, was Erhabenheit bedeutet. Unvergesslich bleibt mir das Konzert der letzten Zugabe wegen. Brendel spielte Ferruccio Busonis Bearbeitung des Bachschen Choralvorspiels »Nun komm, der Heiden Heiland«, das große Hände verlangt, wie Brendel sie hat, damit der Canto sich gleichsam ungezwungen von der diskreten, in Oktaven fortschreitenden Orgelpedalbegleitung abhebt.

Brendel spielte das so schön, so orgelhaft und klar, er ließ den Gesang über den Bässen so deutlich hervortreten, hob ihn so trennscharf von den Zwischenspielen ab, wie es selbst der pianistische Halbgott Dinu Lipatti nicht zustande gebracht hatte, jedenfalls auf der letzten Aufnahme nicht, die wir von ihm haben. Brendels Orgelbass, weich durch die Verschiebung, ging samtpfötig und unerbittlich wie der Fluss der Zeit; obstinat schritt er auf den Augenblick der Erlösung zu, ein Stück, um alle Musikstücke zu enden, ein Ende für jedes Konzert und für alle Konzerte, eine Ewigkeit von knapp vier Minuten. Es strömte der Gesang silbrig wie an Wasserflüssen Babylons, ohne dass man eine Sekunde daran gezweifelt hätte, dass Babylons Wasserflüsse silbrig flossen, er strömte hinauf in den dritten Rang des Musikvereins, wo wir saßen; Brendel da unten war ganz klein, aber sein Ton war groß, zart und einfach, und wie er strömte, hielt der Saal insgesamt den Atem an und war still, was nicht so oft vorkommt in diesem Goldenen Saal, wo immer einer hustet, scharrt oder knarrt, aber nun war es nicht toten-, sondern lebensstill, ein inniges Innehalten, eine kollektive religiöse Ekstase ohne einen Gott, ein Augenblick, wie ihn eben nur Musik hervorrufen kann.

Selten genug gelingt es ihr, das liegt an den Musikern, mehr noch an den Hörern, nun aber gelang es, es strömte silbrigzart in die Stille, und silberzart widerhallte es aus den Reihen von uns. Ein Stöhnen der Verzückung, wie es schien, ein epileptischer Anfall, wie sich zeigte, als Brendels letzter Akkord verklungen war.

Brendel merkte nichts davon, er nahm längst den Beifall entgegen, wir brauchten nicht zu helfen. Ärzte sind im Musikverein immer zur Stelle, der Goldene Saal ist voller Ärzte, Ärzte, die ihre Jeunesseabonnements schon vor der Matura hatten, fürchterlich Quartett spielende Ärzte, Ärzte, welche stöhnende Philharmoniker zum Krautfleischessen zu sich nach Hause einladen, Ärzte, die dann Bücher über Todesarten von Musikern verfassen. Auch Manager, Diplomaten und Banker sehen hier aus wie Ärzte. Ein iatrischer, nicht nur ein geriatrischer Saal. Manchmal meint man dort ein wenig Karbol oder Lysoform zu riechen, ein andermal macht sich eine leicht narkotisierte Stimmung breit, immer klingt es wie auf einer pulmologischen Station für nervöse Reizhustenkranke. Bei Herzinfarkt oder einem epileptischen Anfall wäre unbedingt der Goldene Saal zu empfehlen, es ist ausreichend sachverständiges Personal da.

Auf der Treppe hinunter erkundigte ich mich bei einem Musikstudenten nach der Zugabe; während im Saal die Medizinalräte und Professoren überwiegen, bilden Musikstudenten die qualifizierte Mehrheit auf den hinteren Rängen. Am Tag nach dem Konzert ging ich zur Musikalienhandlung Doblinger und kaufte die Noten, um an dem Stück die Grenzen meiner Hand und meines Anschlags zu erfahren. Ich war, wie gesagt, hinter Brendel her, seinen Aufnahmen, seinen Büchern, die Videos waren damals noch nicht als DVD erschienen. Nie wäre es mir aber in den Sinn gekommen, nach einem Konzert ins Künstlerzimmer zu gehen, um zu gratulieren. Das, fand ich, hatte etwas unfreiwillig Komisches, einem Künstler, der alles besser gehört hat als man selber, die Meinung und damit sich selber aufzudrängen.

Auf die Idee, dass man dort nicht Kritik vorbringt, sondern sich selbst präsentiert und damit Zustimmung, ja Anhängerschaft ausdrückt, mindestens freundliche Teilnahme, und dass ein Künstler diese Art der Teilnahme ebenso braucht und unmittelbar nach dem Konzert mehr als Kritik, auf diese Idee kam ich damals nicht. Vor allem wenn man den Sachverstand des überwiegenden Teils der veröffentlichten Kritik bedenkt, sofern das Genre nicht überhaupt durch Ankündigungen oder Societyglossen ersetzt wurde. Die Zahl der Blätter, in denen man Konzertkritiken lesen konnte, nahm stetig ab; für jeden Künstler, der Kritikfähiges zu produzieren, also Kunst im Sinn hatte, eine verzweifelte Situation. Keine Kritiker, bloß noch Marktschreier, Warenanpreiser. Den meisten Musikern konnte es egal sein, sie hatten ohnehin nur den Markt im Sinn, aber das, was einmal kritische Öffentlichkeit hieß, hatte sich auf ein paar spärliche Flecken zusammengezogen, die auszusehen begannen wie die Altersflecken eines letzten Mohikaners.

Seit ich für Brendel sozusagen durchs Feuer gegangen war, seit er mich vor dem Feuer gerettet hatte, änderte sich mein Verhältnis zu Glenn Gould. Man kann Glenn, wie ihn seine literarischen Freunde anbiedernd zu nennen pflegten, Glenn, eine klavieristische Verblüffung undsoweiter, man kann Glenn Gould eines nicht absprechen: Er hatte noch lange nach seinem Tod seine Anhängerschaft. Manche gaben das Klavierspiel angeblich gleich auf, als sie ihn das erste Mal hörten, weil sie solche Vollendung nie erreichen würden, weil Bach nur so zu spielen sei, wie Glenn ihn spielte. Hörte man sein Bachspiel zum ersten Mal, oder sah man ihn im Fernsehen, wo es ja immer wieder seine Videos zu sehen gibt, konnte man sich seiner unmittelbaren und nicht bloß dem Flügel, sondern auch dem technischen Medium virtuos gerecht werdenden Überzeugungskraft nicht entziehen.

Nicht alle verfielen diesem Gouldsog, dieser Glenntrance, in der sie dann Behauptungen aufstellten wie die, Gould habe nur Klavier sein wollen, nicht Klavierspieler. In meinem Artikel hatte ich Brendels mittlerweile weit verbreitete Erzählung wiedergegeben, wie er und Gould einander im Haus des Wiener Pianisten Paul Badura-Skoda Anfang der fünfziger Jahre getroffen hatten. Es ist, als würden sich die Brendelanhänger durch diese Anekdote den Glennanhängern gegenüber versichern, dass ihrer beider Idole glamourmäßig auf Augenhöhe agierten. Brendel erzählt, Gould habe die Klaviersonate von Alban Berg vorgetragen und an einer Stelle den Rhythmus nicht punktiert gespielt. Brendel habe ihn darauf aufmerksam gemacht. Etwas später habe Badura-Skoda ein Band vorgeführt, das Brendel gerade zuvor von der Hammerklaviersonate aufgenommen hatte, und nun habe sich Gould dadurch revanchiert, dass er Brendel auf eine Stelle der Fuge verwies, die dieser in Oktaven verdoppelt habe, obwohl es so gar nicht im Text stehe. Das war ganz lustig, bemerkt Brendel, er müsse auch sagen, dass Glenn Gould sehr charmant war und gut aussah.

Der pianistische Mittagstisch. Bedauerlicherweise oder vielleicht auch erfreulicherweise war Thomas Bernhard nicht dabei, sodass wir uns auf Brendels leisen Bericht verlassen müssen, wenngleich ich bezweifle, dass dieser wirklich auf die Idee gekommen war, bei der Fuge der Hammerklaviersonate in Oktaven zu verdoppeln. Andererseits hatte Brendel damals gerade erst aufgehört, komplexe Fugen zu komponieren, Aquarelle zu malen und Sonette zu schreiben. Seine Hände waren groß genug. Ihm war beinahe jede Teufelei zuzutrauen.

Nach den Oktaven werde ich ihn fragen, dachte ich, als der Anruf aus dem Musikverein kam. Ob ich Interesse hätte, vor dem Festwochenkonzert Brendels ein öffentliches Gespräch mit ihm zu führen. Ich sagte sofort zu. Den genauen Termin würden sie in den nächsten Tagen mit mir klären.

Im Café Diglas traf ich Ralf, den allzeit kritikbereiten Anwalt, der im Unterschied zu anderen kritikbereiten Anwälten ein sehr belesener Anwalt war. Er verbrachte seine Zeit außerhalb der Kanzlei mit Büchern; mit Frauen nur, wenn diese Bücherfrauen waren wie Lena. Entweder schrieb Ralf selber Bücher, jedes Jahr erschien ein von ihm verfasstes, oder er las sie, jeden Tag eines. Samstags ging er auf Raubzug in die Buchhandlungen, vornehmlich in der Wollzeile, wo auch das Diglas liegt. In den Urlaub fuhr Ralf mit seinem maßgefertigten, mit Samt ausgelegten und mit Saffianleder bezogenen Bücherkoffer, dreißig Bücher für dreißig Tage, und die Urlaubsorte wählte er so, dass möglichst wenig Sehenswürdigkeiten ihn von der Lektüre ablenkten.

Das Diglas mochte vor Jahren gerade noch knapp als Wiener Kaffeehaus durchgegangen sein, mittlerweile waren so viele dieser Kaffeehäuser heruntergekommen, dass das Diglas bereits als Kaffeehausinstitution galt. Es hatte immer zu wenig Platz im Diglas gegeben. Zu kleine Tische, zu viele Sessel. Die Ohren stets am Nebentisch, die vom Nebentisch stets am eigenen. Ohrensalat, der Tagesteller im Diglas. Durch die Größe seiner Mehlspeisen versuchte das Diglas die Knappheit seines Raums zu kompensieren. Trat man einander hier schon im Sitzen auf die Füße, sollte einen wenigstens die Dimension des Apfelstrudels trösten, der kaum auf dem kleinen Marmorkaffeehaustischchen Platz fand.

Ralf und ich drückten uns in eine enge Diglasnische. Er hatte gerade Edward Said gelesen, »On Late Style«, über Spätstil, ein Werk, das den Vorzug hatte, nicht auf Deutsch erschienen zu sein. Bei unserer letzten Silvestergesellschaft hatte er mir das Buch geschenkt. Ralf sorgt bei unseren Abenden für die literarisch-intellektuelle Unterhaltung, ich hingegen übernehme die Zubereitung des Menüs, das Ralf mit entsprechendem Gusto kritisiert. Bei Said findet sich ein Kapitel mit einer Abfeierung Goulds, auf die mich Ralf gleich hinwies, als ich ihm von der Einladung des Musikvereins erzählte.

Said, ja, der wirft mit Namen nur so um sich, sagte ich. Misstrauisch stimme mich, dass er Rubenstein statt Rubinstein schreibt und in der Reihe der großen Pianisten Brendel nicht einmal erwähnt. Dessen Existenz hätte man 2006 schon bemerkt haben können. Oder er ignoriert ihn ostentativ, auch nicht besser.

Ralf tat unbeeindruckt. Jedenfalls hat Said einen Punkt, sagte er. Es gehörte zu Ralfs bevorzugten Redewendungen, dass jemand einen Punkt habe. Er selber hatte einen Rossschwanz, wie übrigens einige meiner besten Freunde Rossschwänze haben. Gould scheine Said zufolge etwas in der allgemeinen Vorstellung so gut getroffen zu haben, sagte Ralf, dass er auch noch zwei Jahrzehnte nach seinem Tod im Interesse dieser allgemeinen Vorstellung bleibt. Oder wie solle man *common imagination* übersetzen?

Vielleicht mit allgemeine Einbildung, schlug ich vor.

Es sei mehr als Einbildung, dass Gould zur Hauptfigur mehrerer zeitgenössischer literarischer Werke wurde, sagte Ralf. Said erkläre das damit, dass Gould schon mit seinem ersten Auftreten Virtuosität auf eine neue Ebene gehoben habe.

Oder auf einen neuen Abweg gebracht habe, entgegnete ich. Immerhin räume Said diese Möglichkeit ein.

Das ließ Ralf nicht gelten. Gould sei ein intellektueller Virtuose, der eine ganz neue, quasi literarische Tradition von musikalischem Virtuosentum begründet habe. Goulds Protest richte sich nämlich gegen den Kult jenes virtuosen Musikers, hier sei Said sehr präzise, den Adorno in Toscanini exemplifiziert gesehen habe, eines Typus, der nur mehr für die Kulturindustrie produziert habe und deswegen sein Publikum ständig mit neuen Manieren und Tricks wie der Beschleunigung des Tempos in Atem halten habe müssen.

Die Kulturindustrie taugt als Killerargument nicht mehr, sagte ich. Was existiert denn noch außerhalb? Gould sicher nicht. Selbst wenn es nicht Goulds Absicht war, was anderes hat er denn getan, als sein Publikum mit seinen Exzentrizitäten in Atem zu halten? Zugegebenermaßen aus einer Protesthaltung, aber doch aus einer Protesthaltung, die zufällig einem ziemlich weit verbreiteten Bedürfnis tonangebender intellektueller Schichten zumindest entsprach, wenn nicht entgegenkam.

Ich redete mich warm, wobei mir nicht entging, dass ich längst Brendels Position einnahm. Ich war zu einem aus seiner klavieristischen Verblüffung erwachten Konvertiten geworden. Radical Chic auf Tasten, sagte ich, Glenn-Chic. Seine Verweigerung des Podiums diente gerade der Mystifizierung des exzentrischen Virtuosen zwecks Anfeuerung der Plattenindustrie, oder nicht? Man konnte und kann ihn immer nur als Konservenware haben.

Mitnichten, rief Ralf, beinahe den Topfenrahmstrudel der Nachbarin vom Tisch fegend. Goulds Stil sei der Künstlichkeit und Verzerrung des von Adorno beschriebenen Prozesses entronnen.

Stil, ein großes Wort, sagte ich. Meinst du nicht eher Manier?

Nein, die meine Ralf nicht. Überhaupt solle ich mich bei Brendel nicht verrennen, der habe so viele Aufnahmen für die Plattenindustrie gemacht, dass Kritiker schon behaupteten, er habe damit dem Nachwuchs alle Wege verstellt.

Diesen Einwand erachtete ich als nicht entgegnungsfähig. Könnte es nicht vielmehr wahr sein, fragte ich, dass gerade Goulds Musikalität atomisiert und verkümmert gewesen sei, wenn wir diese postmarxistische Terminologie überhaupt benutzen wollten? Warum habe sie dann so vieler und raffinierter außermusikalischer Mittel wie Vorträge, Videos, Radiosendungen, Essays und anderer Publikationen bedurft? Und Edward Said zitiere zwar Adorno, aber anders als dieser argumentiere er nicht musikalisch, sondern außermusikalisch. Er bleibe der Sache gegenüber so äußerlich wie Gould der Musik gegenüber.

Ralf nahm einen zweiten Apfelstrudel. Postmarxismus lasse er sich nicht vorwerfen, bekanntlich sei er der einzige noch lebende Marxist und stolz darauf.

Deswegen hat Ralf immer noch ein dialektisches Argument parat. Dazu kam es diesmal nicht, Vera erschien und zeigte einen eben in der Buchhandlung vis-à-vis erworbenen Reiseführer Thüringen, der kaum neben Ralfs Apfelstrudel Platz fand.

Wieso Thüringen, fragte Ralf.

Vera muss zu einem Andrucktermin in Gütersloh. Da fahren wir durch Thüringen, klassische Stätten besichtigen.

Ja, sagte ich, Weimar, Welthauptstadt der Stilkunde.

Der Kunde ist Großherzog, grinste Ralf und senkte die Gabel in den Strudel.

5. Das gelbe Pianino

Dennoch war ich Ralf dankbar. Vielleicht konnte ich mit Saids These Brendel aus der Reserve locken. Er würde jederzeit Glenn Gould kritisieren, als Inbegriff jener Art von Virtuosität, die er ablehnte. So brauchte er sich nicht über lebende Kollegen zu äußern, die zu kritisieren er sich nur ungern hinreißen ließ. Niemals jedoch würde ich ihn dazu bringen, zu behaupten, er sei das Gegenbild Glenn Goulds, er sei der moderne Künstler, der Musik unverzerrt und unatomisiert wiedergebe. Das war nicht seine Terminologie. Mit Adorno, wie Brendel selber übrigens ein Schüler des berühmten Pianisten Eduard Steuermann, war er keineswegs in allem einverstanden. So viel stand fest: Brendels Ironie, sein Sinn fürs Bizarre, seine Freude an Diabolischem und an Monströsem richtete sich aufs Außermusikalische, während bei Gould gerade das Musikalische zum Objekt der Verzerrung wurde. Brendel liebte exzentrischen Humor, blieb aber immer zuverlässig und robust. Gould stilisierte sich selber zum Exzentriker und trieb sich bis zur hysterischen Hypochondrie. Das Thema würde Brendel anfeuern. Ich machte mir eine Notiz.

Nein, Bekenntnisse würden Brendel keine abzugewinnen sein. Eher Aperçus. Er bestand auf Distanz, wo es ums Höchste ging oder, wie der letzte Mohikaner der Kritik zu behaupten pflegte, ums Tiefste. Tausendmal habe Brendel das Tiefste berührt, schrieb ihm der Mohikaner zum Abschied, da schade es nicht, wenn der Künstler exzentrischen Hobbys wie dem Sammeln von Kitsch fröne. Darauf reagierte Brendel nicht einmal unwirsch, allenfalls hob er die Braue. Würde er bei mir die Braue heben, wenn ich ihm mit

Said käme, würde er ungeduldig werden, unwillig? Am Ende laut? Schüler und Freunde berichteten von seiner Sanftmut, aber ich sah an ihm auch anderes und hatte in seinem Spiel auch anderes gehört. In Schuberts Abgründe reicht Sanftmut allein nicht hinunter. Auch wenn Brendels sprachliche Virtuosität auf dem Seil der Ironie über Schründe und Schlünde hinüberzuschweben schien, die Sprache seines Klavierspiels maß alle Höhen und Tiefen aus.

Auf der Kärntner Straße war er mir einmal in einem Wiener Winter entgegengekommen, im dunklen Mantel, mit fliegendem Schal, Baskenmütze, die Haare standen wirr vom Kopf, die ganze Figur war geneigt, gegen den Wind und überhaupt gegen alles, ein unbehauster Winterwanderer mitten in der Menge. Das Geschlängel ließ Abstand um ihn. Die Schräggänger, Krängung durch Gewicht am Kopf, Ellbogenausleger, unsteten Blicks mit dem Gerät am Ohr unterwegs, Sprachmüll im Markensack, umtanzt von Gebührenimpulsen, umzwitschert von Toccaten und Ouvertüren als Klingeltönen, hielten unwillkürlich Distanz.

Vielleicht war Brendel nur grau zumute, offenbar war er in Gedanken, möglicherweise erbosten ihn jene läppischen Musikersterne von Léhar bis Placido Domingo, die eine irregeleitete Stadtverwaltung in das Pflaster der Kärntner Straße einbetonieren hatte lassen. Die kümmerlichen Sterne sollten hervorragenden Komponisten, Dirigenten, Musikern und Sängern gewidmet sein, die in Wien künstlerische Spuren hinterlassen haben, wie das die Stadtverwaltung nannte. Siebzig Sterne sind es schon, der Platz wird eng.

Möglicherweise bemerkte Brendel mit Schrecken, während er gerade auf Mozarts Stern trat, dass zwischen Brahms und Bruckner noch etwas frei war auf diesem *Walk of Fame*, dessen Idee, Anordnung und Zustand viel eher den Namen

Walk of Shame oder *Walk of the Lame* verdienten, dachte ich. Mich fröstelte beim Anblick des dahineilenden Brendel. Das war lange vor der Matinee gewesen, aber er hätte mich auch übersehen, wären wir schon miteinander bekannt gewesen. Der konnte, das sah ich deutlich, auch anders, als freundliche Wärme abzustrahlen.

Wie würden wir im Musikverein die Sessel stellen und das Licht gestalten? Der warme Schein einer Stehlampe dürfte sich gut machen, Fauteuils und ein kleines Tischchen für Papier und Wassergläser müssten ebenfalls her. Der Verlauf so eines Gesprächs hängt auch von solchen Umständen ab. Würde die Anekdote, dass mein erster selbstgekaufter Tonträger eine Schallplattenkassette sämtlicher Beethovensonaten mit Wilhelm Kempff war, Brendel bei Laune halten? Fast eine Woche Hilfsskilehrerlohn in den Hochalpen war dafür draufgegangen, Talski belasten, Hüftknick, Stockeinsatz und was für Schabernack man die Touristen damals sonst noch treiben ließ.

Kempffs Kassette war im Schaufenster des Elektrohändlers in Bregenz gelegen. Die Schaufenster der Stadt meiner Jugend hatten auf meine Bildung mehr Einfluss als fast alle meine Lehrer. Beim Elektrohändler fand ich Beethoven, beim Buchhändler »Die letzten Tage der Menschheit« (wer möchte ein Buch mit diesem Titel nicht haben und lesen?) und Gedichtbände mit Titeln wie »Blindenschrift« oder »Landessprache«. Im Schaukasten der Schule las ich einen ausgehängten Text über Kempff. Er übe nie, er blättere vor einem Konzert nur die schweren Stellen in der Partitur durch, stand dort. Ich war beeindruckt und erklärte Kempff unverzüglich zu meinem Vorbild.

Mein Klavierlehrer hatte nichts gegen Kempff, neigte aber doch der Ansicht zu, Üben helfe mir eher als das Lesen

feuilletonistischer Schaukastentexte. Ein kluger Mann, dieser Josef Loidl. Hörte mit einem Kollegen sonntags immer
das Philharmonische Konzert, jeder in seiner Wohnung, in
der Pause und danach telefonierten sie miteinander darüber.
Das »Wohltemperierte Klavier« konnte er auswendig, beide
Bände. Sein Orgelspiel muss gelehrt, wenn nicht gar prächtig
gewesen sein, aber ich kam nie dazu, ihn zu hören, da ich
Sonntags meist Tennisturniere spielte, im Winter Skifahren
ging und Loidl zudem in einer fremden Pfarre orgelte. Dass
ich Tennis spielte, sah Loidl ungern, schlecht für dein Klavierspiel, sagte er. Warum es ihn in die Provinz verschlagen hatte,
fragte ich ihn nie, ich selbst hatte keinen Begriff davon, in der
Provinz zu leben.

Manchmal brachte ich eine Platte von Kempff mit in die
Stunde, um Loidls Urteil zu erfahren. Wir mussten erst ein
Koffergrammophon organisieren, um sie uns anhören zu
können. Man war noch nicht von abspielbereiten Gadgets
umstellt. Ergriffen wies mich Loidl auf Kempffs unwahr-
scheinlich vorschriftsmäßigen Pedalgebrauch im dritten Satz
der Waldsteinsonate hin. Zu Hause langten in monatlichen
Abständen Platten von Concert Hall ein. Aufnahmen mit Lili
Kraus, einer Schnabelschülerin, deren schwarzweißes Porträt
auf der Rückseite der Platte aussah wie die Gemme einer
Liebhaberin auf dem Theater der Goethezeit. Von Artur
Schnabel weiß man mancherorts noch gut, wer er war. Von
Lili Kraus hört man nichts. Brendel müsste sie spielen gehört
haben, dachte ich, zumindest aus sentimentalen Gründen
hätte ich ihn gern nach ihr befragt. Manchmal kamen auch
Einspielungen von Cziffra, Menahem Pressler oder Nikita
Magaloff, Namen, die verheißungsvoll klangen wie fremde
Desserts oder gefährliche Anarchisten, und von Dirigenten
wie Carl Schuricht und Pierre Monteux.

40

Die Eltern waren weder musikalisch gebildet noch übten sie Musik aus, abgesehen vom Hören und Nachsingen populärer Melodien aus Oper und Operette und vom Mitsingen in der Kirche. Sie wollten mir Musikunterricht und Klavierspiel ermöglichen, weil so etwas doch zur Bildung gehört. Ich wurde gefragt, ob ich das möchte. Im Jasagen war ich dieses eine Mal gut. Die Tragweite dieses Ja war mir bewusst, denn es wurde ein Klavier für das Wohnzimmer bestellt, welches in Nuss gehalten war. Aufgrund eines unglücklichen Missverständnisses kam nach langer Lieferzeit aus Wien ein Pianino aus Eiche. Da der Klavierunterricht bald beginnen sollte, schickten es meine Eltern, tapfer wie sie waren, nicht zurück.

Abgesehen davon, dass es lärmte, wenn man es betätigte, war es kein schlechtes Pianino, es war auch nicht billig gewesen, stammte von Hofmann & Czerny und kam lange vor Josef Loidl in mein Leben. Als ich das erste Mal zu Loidl kam, war ich vierzehn, hatte ein paar Klavierlehrer hinter mir und beinahe die gesamte Klavierliteratur noch vor mir. Meine Fortschritte waren ebenso mäßig gewesen wie meine Lehrer, ein sich von selbst regendes Talent hatte ich nicht vorzuweisen. Dafür spürte ich ein gewisses moralisches Gefühl, das mit der Anschaffung des eichenen Pianinos zu tun hatte: Ich wusste, hätte ich gesagt, ich wolle aufhören, wäre nicht nur die Anschaffung umsonst gewesen, sondern auch die ästhetische Entbehrung, welche meine Eltern tapfer über die Jahre hinweg meinetwegen ertrugen. Sie hatten das Gefühl, sich vor jedem Besucher für das eichengelbe Pianino rechtfertigen zu müssen, das sich von der dezenten Umgebung des nussbraunen Gläserschranks, der nussbeinigen neobarocken Fauteuils und des nussfurnierten neobarocken Couchtisches so unvorteilhaft abhob.

Der Mann vom Musikverein rief an, um den Termin für

unser Gespräch festzulegen. Es gehe um die Festwochen, Termin sei der 20. Mai. Der 85. Geburtstag meines Vaters, ich hatte längst versprochen, zur Geburtstagsfeier nach Bregenz zu kommen. Dieses Versprechen konnte und wollte ich nicht brechen. In diesem Alter weiß man bei keinem Geburtstag, ob es nicht der letzte ist.

Es half nichts, ich musste das Brendelgespräch absagen.

In Bregenz fragte mich meine Mutter nach dem Titel des Buches, das ich vorhatte zu schreiben. Sie gab sich mit der Zeitschrift, in der ich publizierte, nicht zufrieden. Auf ihre Fragen, wann ich denn endlich wieder ein neues Buch herausbrächte, hatte ich unbedacht geantwortet, ich sei schon dabei, eines zu verfassen.

Das verschaffte mir keine Atempause, im Gegenteil.

Worüber?

Das kann ich noch nicht sagen, antwortete ich, diesmal wahrheitsgemäß. Wieder etwas Politisches? Du solltest nicht immer politische Bücher schreiben, die sind so kritisch, damit ärgerst du viele Leute.

Mir egal. Aber es wird eher nichts Politisches, sagte ich.

Mutter war froh darüber. Ich hatte wirklich keine Ahnung, wann ich mein nächstes Buch schreiben würde. Und schon gar nicht, worüber.

Ein anderer Journalist, bekannt durch ein Interview mit Thomas Bernhard, würde das Gespräch führen, hörte ich. Es war Bernhards letztes Interview vor dessen Tod, zumindest war es in der Zeitschrift des Journalisten so angepriesen worden. Der Journalist hatte Bernhard im Café Bräunerhof aufgelauert und gefragt, ob er ihm ein Interview geben würde. Als dieser brüsk verneinte, lauerte ihm der Journalist vor der Tür auf, hielt ihm sein Mikrophon unter die Nase und wich ihm nicht von der Seite, bis dieser seine nicht weit entfernt gelegene Wohnung erreicht hatte. Die einzige Antwort Bernhards auf die wiederholten Fragen des Journalisten war die immer lautstärker vorgetragene Wiederholung seiner brüsken Ablehnung, ein Interview zu geben. Dieser für seine Lästigkeit berüchtigte Kerl würde also an meiner Stelle das öffentliche Gespräch mit Alfred Brendel führen.

Ich erkundigte mich nie, was an jenem Abend gesprochen worden war.

6. Loidls Leid

Verglichen mit meinen bisherigen Lehrern war Josef Loidl
ein gutaussehender Mann. Ich fand das nicht unwichtig, denn
ein hasenschartiger Klavierlehrer hatte mich geradezu ver-
stört und mir Czerny für immer vermiest. Bei einem anderen irritierte mich die Brille, was er auch durch das Ein-
studieren von Weihnachtsliedern – »Süßer die Glocken nie
klingen« trieb der Familie unter dem Adventkranz Tränen
der Rührung in die Augen – und leichte Bearbeitungen von
Straußwalzern – »Frühlingsstimmen« machte sich gut bei
Mutters Kaffeekränzchen – nicht wettmachen konnte. Am
besten war noch meine erste Klavierlehrerin gewesen, sie
schrieb mir Tonleitern in ein kleines Notenheft, das ich in
blaues Packpapier eingebunden hatte. In eineinhalb Jahren
brachte sie mich immerhin bis zu Glenn – zu Glenn Miller,
dessen »Chattanooga Choo Choo« ich unbeholfen zu spielen anfing, als sie in Rente ging. Von ihrem besten Schüler,
der in Bregenzer Matineen mit Schumanns »Symphonischen
Etüden« aufgetrumpft hatte, erzählte sie mir, er studiere nun
an der Hochschule in Wien und habe ihr geschrieben, er
spiele wieder Schumann. Allerdings aus dem »Album für
die Jugend«. Nach ihr warf mich Hasenscharte ins pianistische Nichts zurück, ehe das Klavierspiel mit Loidl erst anfing.

Loidl war eher klein, knapp 170 Zentimeter, die blonden
Haare auf dem für den Körper etwas zu großen Kopf mit Fri-
siercreme straff zurückgekämmt, aber nicht anliegend, sondern zu einem Schopf gebündelt, der hinten in einem hinauf-
geschorenen sogenannten Verlauf endete, das Gesicht stets

glattrasiert, unter der großen Nase ein dünnlippiger Mund, Tendenz wehmütig-ironisch. In Konzerten trug er keine Krawatte, sondern einen Rollkragenpullover, was im kleinen Bregenzer Kornmarkttheater durchaus als Geste künstlerhaften Außenseitertums bemerkt wurde. In diesem Theater war alles da: Bühne, Zuschauerraum, Luster, Logen, Garderobe, Spiegel, Foyer. Nichts fehlte, aber alles war auf das Format der Kleinstadt zugeschnitten. Genau genommen eignete sich dieses Theater nur für Kinderkonzerte, die lokalen Potentaten, Ärzte und Zahnärzte nahmen sich darin überdimensional aus, und wenn einmal ein Orchester gastierte, wunderte man sich, wie es auf der Bühne überhaupt Platz fand.

In diesem Zwergenfoyer, in das man über eine Liliputtreppe gelangte, pflegten die musikalisch interessierten oder sich interessiert gebenden Bregenzer Bürger sich in Pausengesprächen über die lyrischen Versuche des lokalen Kulturstadtrats lustig zu machen. Dessen Gedichtzeile – »wie die Augenbraue einer Melodie« – fanden sie urkomisch. Kultur war noch ein Gradmesser des erreichten Stands in der Bürgerschaft, ein sekundärer, verglichen mit Geld, aber immerhin ein Gradmesser. Musik kam einem dabei zupass, bei der hörte man doch gleich, ob falsch oder richtig gespielt wurde! Erblickten sie mich, riefen die Zahnärzte: »Na, da ist ja unser kleiner Pianist!«, wenn sie mich gerade etwas vorspielen hatten hören, denn die Vorspielmatineen der Musikschule Bregenz waren voll von Ärzten und Zahnärzten, die den Darbietungen ihres Nachwuchses lauschten.

Einer von ihnen behandelte meine Zähne, was damals noch mit langsam schleifenden Bohrern ohne Betäubung geschah, sodass die Praxen voll von Schmerzgeheul und dumpfem Gestöhn waren. Er war ein gutmütiger Mensch mit Apfelbäckchen, aber ein fürchterlicher Zahnarzt, der mein junges

Gebiss ruinierte. Er hatte eine Klotzgeige aus Mittenwald, die er winselnd spielte, und er unterhielt sich mit mir über im Radio Gehörtes, vorzugsweise des mit ihm bekannten Eduard Melkus, während er ungeschickt an mir herumbohrte. Irgendwie hoffte ich, durch Musikgerede dem Schmerz zu entrinnen und eine bessere Behandlung zu erhalten, aber das misslang, obwohl ich ihm sogar einmal in seinem Wohnzimmer den halben ersten Satz von Mozarts Klavierkonzert KV 414 vorspielte.

Bei Konzertabenden im Kornmarkttheater, bei denen ausländische Solisten gastierten, sah man Loidl häufig mit ausdrucksloser Miene in einer Partitur mitblättern, wobei er es schaffte, gleichzeitig die Nase in die Partitur zu stecken und in die Luft zu recken. Die trotzig unter den Arm geklemmten Noten richteten auch im Foyer eine Schranke zwischen ihm und den Primarien auf, die dort mit Minikanapees und Sektflötchen herumstanden. Bei solchen Gelegenheiten sah Loidl immer etwas leidend drein, was in seinem Namen bereits vorgezeichnet schien. Ich verstand den Grund seines Leidens nicht, erschien er mir doch verehrungswürdiger als all die Sektglas- und Würdenträger zusammen.

In der Klavierstunde konnte Loidl witzig sein. Er lachte sogar, was ihm niemand, der ihn in den Konzerten sah, zugetraut hätte. Spielte er selbst, saß er aufrecht und steifen Rückgrats da, das Kinn leicht angehoben. Anders als meine anderen Lehrer hielt er mich nie dazu an, aufrecht zu sitzen, hantierte auch nicht an meinen Ellbogen, Unterarmen und Handgelenken herum. Was die schlechten Lehrer allesamt verlangt hatten, führte dazu, dass ich die Übersicht über meinem Körper verlor und vom Kopf gar nichts mehr bis zu meinen Fingern gelangte. Loidls Stunden fanden in einer Außenstelle der Musikschule statt, in einem Wohnheim oder besser einer Zuchtstätte für werdende Priester, hauptsächlich Knaben aus dem Bregenzer Wald, welche von ihrem Dorfpfarrer für den Besuch des nahe gelegenen Gymnasiums ausgesucht worden waren.

Für das Pianino in dieser Zuchtstätte war Loidls Anschlag zu groß, er klang dort ein wenig grob, wenn ich ihn mit meinem verglich; aber was hört man schon selber. Mein eichengelbes Pianino von Hofmann & Czerny klang beinahe von selbst gut, sodass es nicht viel mechanischer Kraft bedurfte, es zum Klingen zu bringen. Das half mir, wenn ich auf fremden Klavieren spielte, zu einer gewissen Dezenz.

Nach meinem ersten Vorspielen war Loidl klar, dass hier einer motiviert werden musste. Er begann mir Stücke vorzutragen, was ich mir gerne gefallen ließ, war es doch für mich mit keinerlei Aufwand verbunden und ersparte mir lästiges Üben. Zudem war die häusliche Auswahl an Platten begrenzt, man lernte Musik durch Aufführungen, durch Vorspielen oder durchs Radio kennen. Loidl versuchte meinen Geschmack auszuloten und kam rasch auf Mozart. Unversehens spielte er mir ein Stück vor, eine so genannte Wiener Sonatine. Als er merkte, dass sie mir gefiel, gab er mir zu verstehen, die würde ich innerhalb weniger Wochen selber spielen können.

Das reizte mich, ich versuchte es, und als ich mich durch die ersten Takte getastet hatte, fragte er mich, ob es mich nicht interessieren würde, das Stück bei einer Matinee der Musikschule vorzuspielen. So fing mich der listige Loidl, und ich spielte meine Wiener Sonatine dann tatsächlich einigermaßen unfallfrei. Viele Sonntage später trug ich Chopins cis-Moll-Walzer vor, eine der letzten Kompositionen Chopins, deren Melancholie ein Knabe schwer erfassen wird, eine »dieser tragischen Progressionen / aus artistischer Überzeugung /

und mit einer kleinen Hand«. Die kleine Hand hatte ich wohl, allein es fehlte die artistische Überzeugung.

Zu meinem Schrecken saß, vom Musikschuldirektor untertänig begrüßt, der Bürgermeister unangekündigt in der ersten Reihe. Der Anblick dieses gewiss völlig unmusikalischen Menschen trieb mir den Schweiß auf die Stirn und drückte meinen Kopf zu den Tasten hinunter, auf die es dann aus meiner rinnenden Nase tropfte, während die Finger anscheinend einen Kälteschock erlitten hatten. Jeder Lauf wurde zum Nervenlauf, und ich weiß bis heute nicht, wie ich durchkam.

Nach der Matinee trat ein etwa 22-jähriger blasser junger Mann auf mich zu und stellte sich vor. Er sei Musiklehrer, heiße Siegfried, spiele Geige und suche einen Begleiter. Nach dem, was er da gerade gehört habe, müsse dieser Begleiter ich sein. Ob ich wohl dazu bereit wäre? Wir könnten vielleicht ein Trio bilden, einen Cellisten habe er bei der Hand.

Siegfried hatte den Schlüssel zum Festsaal seiner Hauptschule, wo sogar ein Bösendorferflügel stand. Gero, der Cellist, war Zögling eines Internats und musste für die Probe abends immer mitsamt seinem Cello ausbüchsen. Er kletterte aus seinem Zimmer die Regenrinne hinunter, an einem Strick schickten seine Kollegen das Cello nach. Die Frage, ob Gero es schaffen würde zu erscheinen, verlieh unseren Proben zusätzliche Spannung. Anschließend lud uns Siegfried in seine Junggesellenwohnung, wo er in kleinen Tonschälchen parfümierten Tee reichte – ein zarter Geschmack von Bohème im Bregenzer Arbeiterviertel.

Er redete mir zu, aufs Konservatorium zu gehen.

Die Aufnahmsprüfung schaffst du mit links, sagte er. Ich sprach mit Loidl darüber.

Willst du Klavierlehrer werden?, fragte er mich. Noch

heute danke ich ihm für seine Deutlichkeit. Wenn du mit sieben so gespielt hättest wie jetzt, hätte man über eine Pianistenlaufbahn reden können, sagte er. Ich war sechzehn. Wir schoben unsere Fahrräder in der Abendsonne durch die Riedergasse. Das taten wir immer, wenn wir etwas zu bereden hatten, Kempffs Beethovenspiel etwa oder eine Sonntagsmatinee im Radio.

Es ist zu spät, sagte Loidl, man muss es realistisch sehen.

Ich verstand, dass er uns beide meinte.

Loidl unterrichtete an der Musikschule und im Internat, nicht nur Klavier, auch Geige, manchmal nahm er mich mit, um mit Geigenschülern irgendwas Barockes vom Blatt zu spielen. Es kam sogar vor, dass er mich bat, seinen Klaviereleven etwas vorzutragen. Einmal spielte unser Trio bei der Eröffnung einer neuen Schule. Der schwarze Unterrichtsminister aus Wien war angereist, damals eine richtige Respektsperson, heute vergessen. Wenn man sich an ihn erinnert, dann wegen seines türenknallenden Abtritts bei einer Preisverleihung an Thomas Bernhard.

Er saß in der ersten Reihe mit seinem prächtigen, oft fotografierten und gern beschriebenen Schnurrbart und wirkte etwas schläfrig, ihm steckte wohl die lange Zugfahrt von Wien nach Bregenz in den Knochen. Dösig sah er aus, bereit, amtsgerecht den Festakt vorzunehmen. So etwas konnte er nun schon im Schlaf, sodass er durch das Haydntrio schlummerte, wir spielten nur das Finale, das »Rondo, in the Gipsies' style«, furios, wie wir meinten, aber doch nicht wild genug, um den Minister zu wecken.

Als ich aufstand, um mich zu verbeugen, verfing sich der Ärmel meines Sakkos am Deckel des Klaviers. Mit einem lauten Knall fiel der Deckel zu, was den Schlaf des Ministers augenblicklich beendete und den schweren Mann ein paar Zentimeter aus dem Sitz hob. Haydns Trio mit dem Tastendeckelschlag. Er rollte die Augen, holte Atem und lächelte ertappt. Er dachte nicht daran, den Saal türenknallend zu verlassen, eher war mir danach zumute.

7. Geheimnis der Buchtel

Schon wieder ein paar Sätze von Brendel auf meinem Anrufbeantworter, irritierend in ihrer feinen, zurückhaltenden Freundlichkeit. Nach unserem nicht zustande gekommenen Publikumsgespräch hatte Brendel darauf bestanden, mit mir reden zu wollen, Montag Abend vielleicht, falls ich Zeit hätte. Ich hatte keine, Montag ist der Produktionstag unseres Blattes.

Wenn Sie einmal nach London kommen, besuchen Sie mich doch.

Hmmm, machte Ferdinand, als ich ihm in einer dunklen Ecke des Café Prückel von dieser Quasieinladung erzählte. Nichts wie hin!

Ferdinand ist der gescheiteste Mensch in meinem Leben, mit Bränden aller Art innig vertraut, er hat über Brände einen weitgehend unbekannt gebliebenen Roman geschrieben. Ferdinand hat nur einen blinden Fleck in seiner Gescheitheit, er versteht nicht, dass andere Menschen seiner Gescheitheit nicht folgen und ihn nicht verstehen können.

Ein großer Mann, dieser Brendel, sagte Ferdinand und schnalzte mit der Zunge. Du musst nach London.

Ich hatte das sichere Gefühl, ich müsse nicht nach London.

Man muss sich entscheiden, was man für wirklich wichtig hält, sagte Ferdinand, und danach handeln.

Nachdem ich sämtliche Versuche eingestellt hatte, Ferdinand zum gleichen Verlag zu bringen, in dem auch meine Bücher erschienen, war Ferdinand natürlich dort gelandet und brachte ein kluges Buch nach dem anderen heraus. Ich hatte vor Jahren eine hymnische Notiz über Ferdinand geschrieben, in welcher der etwas marktschreierische Satz stand, unter den lebenden österreichischen Prosaschriftstellern sei Ferdinand der bedeutendste. So sehr ihn dieser Satz freute, als ich ihn schrieb, so sehr ärgerte er sich darüber, dass die Leute nun jenen Gebrauch von ihm machten, für den er bestimmt war, und ihn serienweise in Rezensionen oder auf Klappentexte druckten.

Ferdinand hat schon wieder ein neues Buch herausgebracht, meldete Mutter am Telefon. Vor Jahren hatte sie ihn bei mir kennen gelernt und seither nicht vergessen.

Er hat einen Preis dafür bekommen, ich habe es im Fernsehen gesehen.

Höchste Zeit, sagte ich, dass man beginnt, Ferdinand öffentlich anzuerkennen.

Da hast du Recht. Wie geht's deinem Buch?

Ich bin dran.

Bei einer Party des Intendanten für Enthusiasmus aller Arten, hauptsächlich aber für neue Musik, stellte mir dieser eine Essayistin vor, eine gebürtige Slowakin, welche eine freundliche Rezension von Brendels Gedichten für die *Neue Zürcher Zeitung* verfasst hatte. Sie wohnt in London und war schon bei Brendel eingeladen gewesen, auch zur Feier seines siebzigsten Geburtstags. Es ist zauberhaft dort, sagte sie, ich entsinne mich deutlich des Wortes »zauberhaft«. Sie begann ein Bild vom literarisch-musikalischen Landleben bei Brendel zu entwerfen. Je plastischer sie die Gästewohnungen schilderte, die Pferde und die Natur, die illustren Besucher und die Kunst, desto sicherer spürte ich, dieses gelobte Dorset würde ich niemals erreichen.

Butter, rief laut der Hausdichter.

Es duftete nach Buchteln. Der Hausdichter pflegte auf den Partys des Enthusiasmusintendanten als Geschenk Buchteln anzufertigen. Er goss warme Butter in den Germteig, riesige Mengen warmer Butter, flüssige Butter ist das Geheimnis der Buchtel, sagte der Hausdichter und knetete den Teig mit seinen Händen, an denen die Teigmasse haftete, als wären diese Hände wie Max und Moritz in den Teigtrog gefallen, aber die Hände tauchten wieder auf, der Buchteldichter blieb heiter und gelassen, verlangte nach mehr warmer Butter und produzierte schließlich aus der buttrigweichen Germmasse Buchteln von geradezu schmelzender Zartheit.

Ich schätzte die Buchteln dieses buchtelgewandten Dichters, eines äußerst sympathischen jungen Mannes, nicht nur ihres Geschmacks wegen. Er pflegte nämlich, während er mit einem sprach oder in Gesellschaft am Tisch saß, unentwegt Notizen zu machen. Unvermittelt und gänzlich unverschämt zog er auf einmal Zettel und Stift heraus und machte sich eine Notiz. Man wusste nicht, war es etwas, das man gerade gesagt hatte, war es ein Gesichtsausdruck, den man gerade darbot, eine Bewegung, die man gerade gemacht hatte, oder nichts von alledem. Jedenfalls fühlte man sich auf- und abgeschrieben, und manchmal, wenn ich den Hausdichter eine seiner flinken Notizen machen sah, hatte ich gute Lust, ihn auf mein geistiges Eigentum an mir selber hinzuweisen.

Nur weil in dieser Küche ausnahmslos Kulturmenschen versammelt waren, sagte niemand, die Buchteln seien ein Gedicht, obwohl es doch wirklich echte Dichterbuchteln waren. Der kultivierte Kulturmanager fehlte, er wohnte vermutlich gerade auf einem fernen Kontinent der Uraufführung einer zeitgenössischen Komposition bei. Aller Enthusiasmus der Kulturmenschen richtete sich nun auf die Dichterbuchteln, die schon im Rohr dufteten, wegen des buttrigmilden, powideligen Buchtelduftes standen alle in der Küche des Enthusiasmusintendanten und warteten auf die Zuteilung der mit Zwetschkenmarmelade gefüllten Prachtstücke, selbst die Essayistin stand da. Aus ihrer Zauberhaft hatte sie mich noch nicht entlassen, animiert durch meine Erzählung vom gescheiterten Publikumsgespräch schilderte sie mir noch immer das Brendelsche Anwesen und überhaupt das Brendelsche Wesen in den leuchtendsten Herbstfarben. Ferdinand und die zauberhafte Essayistin, dachte ich, können mir wünschen, was sie wollen, sie schrecken mich eher ab, Dorset ist weit, und ihre Wünsche und Empfehlungen bringen es mir nicht näher, im Gegenteil. Irgendein Trennteufel war zwischen Brendel und mir am Werk, je öfter und intensiver ich mir wünschte, ihn zu treffen, und je mehr es dieser seinerseits versuchte, desto lustvoller ging der Trennteufel zur Sache. Je intensiver ich mich mit Brendel befasste, je wichtiger mir seine Aufnahmen, Essays und Gedichte wurden, desto stärker schien mir seine Person zu entgleiten.

Nur mehr halb enthusiasmiert schob ich eine warme, buttrige Buchtel in den Mund.

8. Ferdinand und die Talente

Die wärmste Einladung rückt das Objekt meiner freundlichen Begierde schnell wieder ein Stück weiter weg. Mit Ferdinand unterhielt ich eine Freundschaft, die nach einem ähn-
lichen Prinzip funktionierte. Ich hielt ihn für großartig, bil-
ligte das meiste, was er sagte und schrieb, dachte auch oft an
ihn, er war eine Instanz für mich in dem, was ich selber
schrieb und dachte. Gerade deswegen traf ich ihn fast nie.
Ferdinand war früher einmal Mitarbeiter der Zeitschrift gewesen, für die ich arbeite, er hielt sie für wichtig und schätzte
sie. Dennoch veröffentlichte er seine besten Stücke nicht in
diesem Blatt, und zwar keineswegs aus monetären Gründen,
sondern, da war ich mir sicher, unserer Beziehung wegen, die
sich von seiner Seite ähnlich wie von meiner gestaltete.

Als er im Café Prückel gesagt hatte, man müsse sich entscheiden, was man für wirklich wichtig halte, und danach
handeln, hatte er auch unsere Beziehung gemeint. Ich hatte
die Anspielung verstanden. Man kann nicht eine Beziehung
pflegen, indem man sie nicht pflegt, wie es meine Art war. Ich
dachte, an jemanden zu denken wäre Beziehungspflege genug, und wusste, während ich das dachte, dass es natürlich
nicht genug ist, dass man eben anrufen, sich hören, sehen,
treffen lassen muss, dass es nicht genügt, einfach in seinem
Kopf die anderen pfleglich existieren zu lassen und deswegen
zu glauben, man selber existiere in gleichem Maß auch in
deren Köpfen. Es war meine Verrücktheit, meine Lebensun-
fähigkeit, meine Lebensunkunst, die sich hier zeigte, und ich
hatte den Verdacht, dass sich dieses Muster bei Brendel und
mir zu wiederholen begann.

Andererseits müsste Ferdinand verstehen, was in mir vorging, dachte ich, der pflegte jedes Angebot abzulehnen. Je besser der Verlag, je besser er vermeintlich zu ihm gepasst hätte und je höher das Angebot, das er ihm machte, desto lieber lehnte er ab. Kam ein kleines, unbedeutendes Blatt und wollte von ihm einen Text geschenkt, zögerte er keine Sekunde. Kam ein bedeutendes Magazin und machte ein lukratives Offert, sagte er ebenso spontan wegen Überlastung ab. Lange Zeit hatte er seine Bücher in entlegenen Verlagen erscheinen lassen, oder besser gesagt, er hatte sie dort verborgen. Mit grimmigem Behagen wies er die Begehren der renommiertesten Verlage zurück. Was ihn zu seinem jetzigen Verlag brachte, wo er ein erfolgreiches Buch nach dem anderen veröffentlichte, während mir keines mehr gelang, wusste ich nicht. Wahrscheinlich hatte der aufgehört, ihn zu bedrängen.

Es war etwas in uns, das vielleicht öfter nein sagte, als wir selber es wollten. Ob das auf Ferdinand zutraf, konnte ich nicht sagen, ich vermutete es und schalt ihn deswegen, vielleicht auch nur, weil es sich bei mir in mancher Hinsicht, wenn auch in geringerem Maße genau so verhielt. Ein Verhalten, auf das man nicht unbedingt stolz zu sein brauchte, denn die Fähigkeit, bei wichtigen Dingen geradezu unwillkürlich nein zu sagen, ging einher mit dem Zwang, bei unwichtigen Dingen keinen Widerstand leisten zu können. Man müsste es machen wie Brendel, dachte ich. Brendel, stellte ich mir vor, sagt in den richtigen großen Fragen nein und hält sich zugleich die kleinen Zudringlichkeiten elegant vom Leib.

Leute, die zu jedem Angebot ja sagten, vorausgesetzt, es passte in ihren Plan, verachtete ich. Ich fand und ich vermutete, auch Ferdinand fand, die Kunst bestehe darin, auch zu manchen jener Dinge nein zu sagen, die sehr wohl in unserem

Plan gelegen wären, hätten wir denn einen gehabt. Genau genommen bestand die Kunst darin, den eigenen Plan zu durchkreuzen, vielleicht sogar darin, überhaupt keinen Plan zu haben. Damit lagen wir ein bisschen außerhalb der Zeit, wo sich alle in ihre ehrgeizzerfressenen Pläne verbeißen. Die Zerfressenen fressen einander. Ein Zeitalter zerfrisst sich, dachte ich. Hätte Vera nicht auf ihre Karriere als Malerin verzichtet, weil sie nicht vor Kunstfunktionären buckeln wollte, wer weiß, ob ich sie geliebt hätte. War es so etwas wie ein moralisches Gefühl, das wir uns da angezüchtet hatten und das uns nun Verschiedenes untersagte, zum Beispiel einfach nach London zu fliegen, bei Brendel mit einem fröhlichen »Hier bin ich« anzurufen, noch besser, mit einem Blumenstrauß an der Tür zu klingeln und endlich das versprochene Gespräch einzufordern? Oder verbrämte ich bloß moralisch meine Lebensuntüchtigkeit, die mich zum Beispiel so konsequent davon abhielt, Alfred Brendel zu treffen?

Man hat hinter Brendels Entscheidung, sein Repertoire nicht über Schönberg hinaus auszudehnen, es später auf die Zeit von Haydn bis Liszt einzuschränken und sich schließlich beinahe ganz auf die vier Wiener Fixsterne zu konzentrieren, alles Mögliche gesehen, aber nicht die moralische Entscheidung, nein zu sagen, sagte ich zu Ferdinand. Und doch war es nichts anderes. Allerdings hatte er einen Plan, aber der kristallisierte sich wie von selbst heraus, er plante sich sozusagen selbst. Brendels Plan bestand darin, mit fortschreitendem Alter das Unwesentliche wegzulassen und alles Verbleibende auf jenen Zeitpunkt zuzuspitzen, an dem er auf dem Höhepunkt seiner Kräfte aufhören wollte. Ein letzter Soloabend, ein letztes Konzert. So etwas ergibt sich mehr, als dass es sich planen ließe, und als Brendel 75 war, ließ er sich einreden, noch drei weitere Jahre weiterzuspielen, aber im Jahr 2008 trug er seinen Soloabend, dann seinen Mozartklavierkonzertabend durch die Konzertsäle der Welt, und drei Wochen vor seinem 78. Geburtstag, sechzig Jahre nach seinem ersten öffentlichen Auftritt, würde seine pianistische Karriere abgeschlossen sein, das stand für ihn fest.

Man kann sich nicht immer aufdrängen, sagte ich und hoffte, dass Ferdinand in diesem Fall mit mir einverstanden sein möge. Das ganze moderne Leben ist eine einzige Aneinanderdrängung von Aufdrängungen und Aufdringlichkeiten. Wer sich nicht aufdrängt, scheint verkehrt zu leben. Dagegen ist die Kunst des Verschwindens, des Leisen, des Unaufdringlichen überhaupt nicht gefragt. Es gehe darum, in dem zu verschwinden, was man für richtig hält. Statt sich aufzudrängen sollte man in etwas aufgehen, das Verschwindenkönnen sei eine geradezu moralische Forderung, sagte ich.

Ferdinand hatte lange zugehört und war durch mein Brendelgerede etwas genervt. Mit Spitzen selbst gegen Menschen, die auch nach Meinung von Ferdinand verdienten, mit Spitzen durchbohrt zu werden, war er sehr zurückhaltend, und er erwartete diese Zurückhaltung auch von anderen. In dieser Zurückhaltung bei Verletzungsgefahr, in dieser Angst vor der Schärfe der eigenen Verletzungsfähigkeit, dachte ich, war Ferdinand Brendel wesensverwandt. Übermäßige Verehrung einer Person, und sei sie noch so berechtigt, ärgerte ihn aber fast noch mehr als nicht beherrschte Aggression.

Diese Klassiksendungen, sagte Ferdinand unvermittelt mit einem leicht aggressiven Unterton, diese Klassiksendungen, diese permanent auf dem Sender Ö1, dem renommiertesten Klassiksender des Landes, dem besten Europas, ja der Welt, die auf Ö1 in der Früh laufende Barockmusik, all diese Klassiksendungen rund um die Uhr seien nichts als eine Art Klassikerpressung. Der ganze Klassiksender, der sich so hochmütig von Unterhaltung abgrenze, sei im Grunde nur eine Art Hinhaltungsprogramm, um nicht zu sagen ein Hinunterhaltungsprogramm, wobei ja die Hinunterhaltung der Unterhaltung nicht nur dem Wort nach verwandt sei. Wohingegen, wenn er da an diesen Film mit den Rolling Stones denke, in dem auch John Lennon mitspiele, in diesem Film, den er kürzlich gesehen, dessen Titel er jedoch vergessen habe, etwas ganz anderes zu spüren sei, nämlich so etwas wie eine befreiende Energie. Gewiss sei das keine Musik im klassischen Sinne, eine Kulturleistung liege nicht vor, aber doch ein energetisch beeindruckender Befreiungsversuch.

Ich beharrte darauf, die einzig lohnende Art von Freiheit bestehe in der Kunst des richtigen Verschwindens. Von der befreienden Energie in der klassischen Musik wolle ich gar nicht anfangen zu reden, Ferdinand hätte sogleich und zu Recht eingewendet, sie sei durch den Gebrauch jener Klasse, deren Befreiung sie diente, abhanden gekommen. Die höchste Kunst, meinte ich, bestand eben darin, diese befreiende Energie trotzdem hörbar zu machen und hören zu können.

Gegen Brendels Gedichte hatte selbst Ferdinand nichts einzuwenden. Der Pianist schrieb seit einigen Jahren Gedichte, vorzügliche Gebilde absurden, schwärzesten Humors, von denen er behauptete, sie fielen ihm im Halbschlaf ein. Er hatte mit dem befreundeten Pianisten Pierre Laurent Aimard, einem der ausgepichtesten Interpreten neuer Musik, einen Abend zusammengestellt. Brendel las seine Gedichte, Aimard spielte Stücke von Ligeti und Kurtág, der Abend stand unter dem Motto »Ein Finger zuviel«.

Die Wiener Geschmacksgenossenschaft der Kommerzial- und Medizinalräte enttäuschte die Erwartungen nicht, sie blieb beinahe geschlossen aus, sodass selbst der Kleine Saal des Musikvereins nicht ganz gefüllt war. Die Sache fand passenderweise im Brahmssaal statt. Passenderweise, weil Brendel Brahms einige seiner giftigeren Gedichte gewidmet hatte, als Rache für den, wie er zu sagen pflegte, »perversen Klaviersatz« des weißbärtigen Wahlwieners in dessen zweitem Klavierkonzert, mit dem er Brendel tatsächlich eine Körperverletzung zugefügt hatte, welche durch zu heftiges Üben jener Doppeloktaven eintrat, die Brahms »für die zartesten statt für die großen Stellen« vorgesehen hatte.

Im Brahmssaal saß nun Brendel, angetan mit einem dunkelgrünen Sakko, an einem kleinen Pult mit grüner Lampe. Auf der anderen Seite der Bühne Aimard am Flügel. Es war merkwürdig, Brendel die Situation genießen zu sehen. Ständig erwartete man, er würde zum Flügel hinübergehen, aber er dachte nicht daran. Als spüre er die Erwartungen, natürlich spürte er sie, man spürt immer, was da herüberkommt, vom »Mann aus der 26. Reihe«, wie er die Konzertpublikumsmasse zu nennen pflegte. Voll diebischer Freude, der Erwartung nicht zu entsprechen, saß er an seinem Pult. Verhalten, fast scheu, aber deutlich und genau artikulierend las er aus seinen Gedichten vor. Seine Art zu lesen erinnerte mich an einen Weinbeißer, der tut, als wäre er Antialkoholiker. Den Gusto an seinen Formulierungen zeigt er so wenig wie möglich, den Genuss am trockenen Abgang der Pointe kann und will er nicht verhehlen. Der Abend changierte zwischen Konzert und Nichtkonzert, musikalisch in der Lyrik, spitz in der Musik, präzise Pointen in den Gedichten, präzise Pointen am Klavier. Aimard spielte diese affenartig schwierige Musik mit Leichtigkeit und Grazie, er spielte auch Theater, trommelte auf dem Flügel, verschwand aus dem Raum, kehrte zurück, ich meine mich sogar an einen falschen Bart zu erinnern. Zwei der besten Pianisten ihrer Zeit verwandelten sich in subtile Komiker und glitten doch keine Sekunde in bloßen Klamauk ab. Brendel, der Fast-Nichtmehr-Pianist, leitete den Beweis der Humorexistenz in der Musik poetisch ein, Aimard führte ihn pianistisch aus, zusammen boten sie eine doppelt große, komische Aufführung.

9. Ein verhängnisvoller Neubeginn

Ich erzählte Agathe, der Geigerin, und Anton, dem Cellisten, von Brendels Lesung mit Aimard. Die beiden hatten nicht weit von unserem Landhaus ebenfalls ein Landhaus bezogen. Landhäuser sind Punkte, wohin die Wiener aus ihrer Stadt flüchten. Es sind Fluchtpunkte und zugleich Sorgenpunkte im Leben der Flüchtenden, denn die Landhäuser werden mit Krediten finanziert. Die Sorge um die Rückzahlung dieser Kredite wiegt den Erholungswert dieser Landhäuser bei weitem wieder auf, sodass die emotionale Bilanz der Wiener trotz ihrer massenhaften, jedes Wochenende einsetzenden Landhausflucht, die der Gemütsaufhellung dieser grantigen Masse dienen sollte, ein tiefes wattegraues Minus aufweist. Die Böhmische Granitmasse nährt die Wiener Grantmasse.

Agathe und Anton spielten im Klangensemble, einem Solistenorchester für neue Musik. Felix, der Komponist, hatte es gegründet, der Enthusiasmusintendant hatte es groß gemacht, Hägar, der jetzige Intendant, führte es zu internationalem Ansehen. Im Inland bedeutete dieses Ensemble wenig, klarerweise, möchte man sagen. Die Solisten dieses Ensembles waren aber die Besten in ihrem Fach, die Musik, die sie aufführten, war beinahe ausschließlich zeitgenössisch.

Wir saßen im Garten unseres Landhauses unter der großen Buche an einem rostigen Tisch und tranken Wein. Mit Aimard war das Klangensemble vor Jahren aufgetreten. Das Gespräch kam auf Kammermusik. Ich erzählte von Siegfried, Loidl und meinen komischen Erlebnissen mit Haydntrios. Jahrelang hatte ich kein Klavier mehr besessen, und als ich nach zwanzig Jahren Pause wieder begann, konnte man das nicht Klavierspiel nennen. Ich tastete mich an einiges heran, was ich einmal gekonnt hatte. Zu meiner Überraschung erklärten Agathe und Anton, sie spielten außer dem, was sie aufführten, zu Hause viel klassische und romantische Musik, das halte ihr Ensemblespiel und ihren Zugang zur neuen Musik frisch. Selbst Felix, der Komponist, verbringe täglich mindestens eine Stunde mit Beethoven, Schumann, Mozart oder Brahms am Klavier. Übrigens würden sie ab und zu ganz gern mit Amateuren spielen, sagte Agathe wie nebenbei, und fuhr sich mit fünf Fingern durchs brünette Kurzhaar. Schon bei meinen Loidliaden hatten die beiden einander angesehen. Ob ich es nicht einmal mit ihnen versuchen wolle?

Was für eine Frage! Die beiden waren mir stets so streng, musikalisch anspruchsvoll, ja asketisch und unerbittlich erschienen, dass mich ihr Angebot ähnlich verblüffte, als hätte mir ein Muslim gerade angeboten, mit ihm einen Schweinsbraten zu verzehren. Ich hatte auf dem Land nur ein Clavinova, also eine Klapperkiste, die versucht, mit elektronischen Mitteln ein Klavier zu imitieren. Damit waren die beiden nicht abzuschrecken. Über Humor in der Musik war ich bereits hinlänglich unterrichtet, nun machte ich mich auf unfreiwilligen Humor gefasst, und zwar auf meine Kosten.

Nicht einmal beim Anblick des Bregenzer Bürgermeisters in meiner Chopinmatinee war ich so nervös gewesen wie jetzt, da die beiden ihre Instrumente stimmten. Es traf sich, dass interessierte Freunde zugegen waren, die sich nicht entgehen lassen wollten, zu sehen, wie ich mich zum Affen machte.

Außer Vera waren Ralf, der kritiklustige Anwalt, Lena, die tugendhafte Pädagogin, Matteo und Felicitas, die Architekten, und Ferdinand zu Besuch. Mit wölfisch freundlicher

Miene harrten sie dessen, was Haydn und ich einander gleich antun würden. Vor allem Ralf, dessen konnte ich mir sicher sein, würde sich mit Bemerkungen über meine tempomäßigen und sonstigen Verfehlungen nicht zurückhalten.

Ein Amateurmusiker entwickelt beim Selbstbetrug erstaunliche Fertigkeiten. Er spielt sozusagen Karaoke mit der Konzertliteratur, hört, was er tut, ganz anders, als es seine Hörer hören. Deswegen kann man so viele glücklich aussehende Menschen beim Traktieren von Instrumenten beobachten, wie sie sich allein oder vor Publikum produzieren und nicht zu bemerken scheinen, was für unsägliche musikalische Peinlichkeiten sie von sich geben. Nicht einmal das technische Medium kann hier Abhilfe schaffen, der Amateurschrott auf den Videoportalen beweist das Gegenteil. Mir hingegen war das Faktum meines Selbstbetrugs durch Musik vollkommen bewusst, angstschweißüberströmt krallte ich mich mit kalten Pfoten durch zwei Trios von Haydn. Zumindest hatte ich mir solche ausgesucht, die einen gewissen pianistischen Glanz ausstrahlen, ohne viel pianistische Fertigkeit zu verlangen, weil Haydn, der Schwerenöter, sie für die wenig begabte, aber umso hübschere Pianistin Rebecca Schroeter schrieb.

Zuletzt konnte ich dank meiner Loidlschen Internatexkursionen sogar eine gewisse Fertigkeit beim Blattlesen unter Beweis stellen, als ich an den ersten Takten eines Divertimentos von Mozart, das Agathe und Anton aufs Pult gelegt hatten, wenigstens nicht ganz und gar scheiterte. Die beiden, Menschen von geradezu chinesischer Höflichkeit, lobten meine, wie mir nicht entgangen war, einigermaßen täppische Darbietung und meinten, wir könnten es gern wieder einmal versuchen. Das war schon was. Ein erster Erfolg am Klavier.

Sehr nett, aber für Schubert reiche es bei mir wohl nicht ganz, kommentierte Ralf auf erwartet offene Weise. Und

Schuberts Trios, die seien doch der Gipfel der Kammer-musik.

Ein Gipfel, sagte ich, ich bin schon über jeden Hügel froh, den ich bezwinge.

Ferdinand fragte Agathe, wie sie es mit Bach halte, er hätte sie gerne einmal Bach spielen hören. Er dachte offensichtlich nicht an die Trio-, sondern an die Solosonaten.

Üben hilft, sagte Matteo tröstend und anerkennend zu-gleich.

Nach diesem Wochenende fand ich eine neue Nachricht von Alfred Brendel auf meinem Anrufbeantworter vor. Wie-der hatte er mir ein Treffen in Wien angeboten, wieder war ich nicht da gewesen. Diesmal war der Verhinderungsteufel in Gestalt Haydns aufgetreten. Haydn, das sei seine Alters-musik, hatte Brendel gesagt. Abenteuerlustige Musik, die ihm immer wichtiger werde. Haydn spielt er wie keiner: wit-zig, kontrastreich, wild und doch weich. In kaum einem seiner Programme fehlte neuerdings ein Stück von Haydn. Brendel und ich, fiel mir auf, hatten am Telefon noch kein einziges Mal miteinander gesprochen.

Als mein Verleger mich wieder einmal mahnte – ich war ihm ein umfangreiches Manuskript schuldig, dessen Fertig-stellung ich wegen laufender Verpflichtungen dauernd hin-ausschob –, fragte ich, um ihn abzulenken, nach Brendels Londoner Adresse. Er gab sie mir und erzählte, er habe mit Brendel in Salzburg zu Mittag gegessen. Brendel sei außer-ordentlich freundlich gewesen. Behaglich, als genieße er es, in meinen Wunden zu wühlen, wiederholte der Verleger die Worte »sehr nett, wirklich sehr nett«. Ich verfiel. Würde ich je von mir sagen können, ich hätte mit Brendel auch nur ein ein-ziges Gespräch geführt?

10. Jour fixe

Der Verleger war ohne Zweifel trotz seiner 65 Jahre ein
schöner Mann. Stattlich, hoch aufgerichtet, von hoher Stirn,
hohem Sinn, unverlegen, mit einer lockeren Beugung in der
Haltung, die nicht nur davon herrührte, dass er sich meist zu
anderen beugen musste, wenn er ihnen sein Ohr lieh, denn er
war größer als der Durchschnitt, von Natur über diesen er-
hoben, eine Höhe, die er aber um Gottes Willen niemanden
je spüren lassen mochte, deshalb diese leichte Beugung, in der
Sprache der Skilehrer, ich sagte es schon, gab es einst das Wort
Hüftknick, aber der Verleger machte keinen Hüftknick, es
war eher ein Kreuzknick, ein leichter Buckel, ein leichter
Katzbuckel, der umso reizender wirkt, wenn ihn ein Größe-
rer buckelt, einer, der sich gern zu denen beugt, mit denen er
zu tun hat, auch nicht liebedienerisch oder übergnädig oder
gar herablassend, vielmehr einladend, aufmerksam und vielleicht sogar zuvorkommend, und zuvorkommend war er,
hatte ein offenes Ohr für jeden, lieh allen oft und gern sein
Ohr, denn sein Beruf bestand ja darin, jemandem zuzuhören
und dann auch zu beurteilen, was ihm, dem Ohrenverleiher
da zugeflüstert, zugetragen wurde, und dann zu entscheiden,
ob es ihm zusagte, und schließlich abzusagen.

Der Beruf des Verlegers bestand, wenn man es recht be-
dachte, hauptsächlich im Absagen, das musste einer können,
ohne dabei in Verlegenheit zu geraten. Die Petenten gaben
dem Verleger ihre Eingebungen als Pfand, und er lieh ihnen
dafür sein Ohr für dehnbare Frist, aber am Ende der Frist forderte er ein Werk. Unselig die Beliehenen, denn sie besaßen
auf kurze Zeit sein Ohr, ihr Werk aber gehörte für immer

ihm. Selig die, denen er absagen musste, denn sie brauchten nichts zu liefern. Seine Absage war für sie eine Gnade, die sie weder verstanden noch zu schätzen wussten.

Nicht nur abzusagen war die Aufgabe des Verlegers, sondern auch anzusagen. Ansagen zu machen, wenn es um die Zukunft seines Gewerbes ging, einer ratlosen Branche den Lotsen zu geben, der durch kräftige Rufe den einzig möglichen Kurs weist. Auch diese Lotsenhaftigkeit war dem unverlegenen Verleger zugewachsen, umso mehr galt sein Ohr, als er ein Rufer geworden war, umso mehr hob es den empor, der in dieses Ohr rufen sollte, in das Ohr eines Mannes, auf dessen Rufe rundherum alles hörte, dessen Ansagen alles erwartete. Und wenn es nur um die Ansage eines Verlagsabends ging, an dem einleitende Worte zu sprechen waren, begrüßende und solche, welche die aufgeblasenen Egos der armen Tröpfe von Schriftstellern und Intellektuellen streichelten, die kaum verhohlene Gier der Pfründner und Adabeis fütterten und der Neugier der zahlreichen Scharwenzler und pensionierten Prominenten Genüge taten.

Das sage jetzt ich, er sähe die Sache nie so hochmütig, könnte sie gar nicht so sehen, sonst hätte er seinen Beruf verfehlt. Ich bin Journalist, gewohnt, kleine Brötchen in geregelter Form zu backen. Die Woche soundso viel Zeichen, Kleinvieh zwischendurch auf Anfrage. Kategorie irgendwo zwischen Pfründner und Adabei. Einer, der für voll genommen werden will. Einer, der voll genommen wird, volle Länge voll. Der Verleger jedenfalls nahm mich richtig. Er drückte seine echte Hochachtung vor mir und dieser ganzen erschienenen Klientel aus, indem er seiner Hochaufgerichtetheit vor uns durch eine leichte Neigung seines Körpers nach vorn und durch eine leichte Schräglage seines Kopfes den Hochmut nahm oder besser gesagt, indem er seinem Hochmut eine gewisse Ironie unterlegte und damit die Vorläufigkeit allen Hochmuts unterstrich, ohne den Hochmut selbst jedoch gänzlich zurückzunehmen. Wieder einer dieser Schrägleger, Schrägausleger. Es kann ja einer nicht die anderen achten, ohne sie zugleich zu verachten. Die höflichste Form der Achtung bekennt sich zu der ihr innewohnenden Verachtung und versteht es gleichzeitig, ihr einen Ausdruck zu verleihen, sodass man sie spielerisch ertragen zu können meint.

Der Beruf des Ab- und Zusagens forderte nicht nur eine geschäftsmäßige Einstellung. Der Verleger fühlte vielmehr echte Zuneigung zu seinen Partnern, den Schreibern aller Arten, und dies umso mehr, als er selber ein solcher war. In seinen Augen handelte es sich nicht einfach um Lieferanten von Waren, um Produzenten von Literatur, wie sich die Literaten noch vor wenigen Jahrzehnten in der warmherzigen Kaltschnäuzigkeit ihrer marxistischen Phase mit einer Phrase aus dem Ideologiebuch selbst genannt hatten. Für den Verleger war Literatur etwas anderes, viel mehr, vermutlich so etwas wie eine höchstmögliche Form von Artikulation der Gattung. Wenn er sich also zu den Schriftstellern und Dichtern hinunterneigte, brachte er seine echte Neigung zum Ausdruck, eine Zuneigung, wie er sie auch zu Frauen spürte, eine Art umfassenden Gattungserotismus bis zur Neige, zumindest bis dorthin, wo die Schräglage endlich in die Umlage, die Umlegung mündete, Gattung in Begattung. Er legte sie alle flach.

Ich betrachtete die Pfründner, Klienten und Ohrenbläser, die um den Verführer eine Traube bildeten. Ich sah, wie er einzelne aus der Traube fischte und sie beiseite zog, auf ein vertrauliches Gespräch. Der Ohrenverleih ist Vieraugensache.

Keine Ahnung, warum mir »La Neige du Kilimandjaro« einfiel, ein französischer Schlager aus den sechziger Jahren.

Stundenlang hörten wir Pascal Danel ihn in der verbotenen Bregenzer Milano-Bar aus der Musicbox singen, und wir hatten keine Ahnung von Leopold Senghor. »Thighs of a starlet otter, of Kilimanjaro snow / Breasts of mellow rice-fields, hills of acacias under the / East Wind.« Ort der Sehnsucht und der Verführung. Schülerromantik. Wer dort erwischt wurde, wie er Schillinge einwarf, um Pascal Danel zu hören, wäre von der Schule geflogen. Wir wurden nicht erwischt. Einmal mussten uns die Huren in der Küche verstecken, als der Direktor patrouillierte. Poesie und Autorität, das Thema des Abends. Das Buffet wurde hereingetragen, die wärmenden Gasflammen angezündet, es duftete nach Exotismus, aber es war noch nicht eröffnet.

In der Tat war der Verleger ohne auch nur einen Anflug von Schwulität einer der wenigen schönen Männer im Raum. Groß gewachsen, er wusste, es stand ihm gut, er stand sich gut, ein wenig schräg, wie gesagt, aber er machte sich nicht allzu viel draus. Nicht mehr, als er zum Verführen brauchte, und er verführte für sein Leben gern, Verführen war ja sein Leben; was blieb einem über als deutscher Mann von Geist und Kultur, führen kann so einer nicht wollen dürfen. Also verführen; die Menschen achten und sie zur Literatur verführen. Ich muss ehrlich sagen, wenn ein Schriftsteller den Satz »ich muss ehrlich sagen« hinschreibt, hat er sich schon als Lügensack geoutet, die Pinocchionase hängt bis ins Cocktailglas des Gesprächspartners, das natürlich kein Cocktailglas ist, sondern ein Rotweinglas, und zwar Bordeaux, im Normalfall, im österreichischen Sonderfall muss man leider diese Zweigeltkompromisse und Blauburgerkonzessionen machen. Je mehr Kolonie, desto mehr Sensibilität! Darüber sagen wir jetzt nichts weiter, aber ich muss Ihnen doch ganz ehrlich etwas sagen: Wenn es nicht auf den sexuellen Vollzug ankommt, hat der ganz schön was drauf. Ein Casanova der Literatur, hat ein ganzes neues Haus gebaut, ein Verlagshaus, bloß auf Verführung. Verführer Verleger Neuhaus. Verführhaus Bauhaus. Ich, ganz Bettvorleger. Wenn der zu mir was Nettes sagt, entsichere ich sofort meinen Laptop.

Ehrlich gesagt, wollte ich sagen, die Bücher, die ich bisher geschrieben hatte, waren Produkte der Überredung, aber noch nicht der Verführung. Zur gewöhnlichen Verführung bedarf es nicht viel, sie geht von einem vorhandenen, weckbaren Willen aus. Frauen kann man verführen, Männer kann man verführen, denn sie wollen alle meistens nur das eine, wenn auch nicht das Gleiche. Wer will Literatur schreiben? Viele, aber es genügt nicht, es zu wollen, man muss es heimlich wollen und darf sein Begehren nicht zeigen, damit man einen findet, der dieses wache Begehren weckt. Es reicht nicht zu sagen: Ich will es. Es muss jemanden geben, der glaubt, dass man es kann, und erst wenn man die Andeutung dieses Könnenkönnens zu erkennen gibt, aber weder das Können noch das Wollen selbst durchscheinen lässt, keinesfalls das Können, erst dann wird unser Verführer tätig; er, der den ganzen Tag Berge von Manuskripten ablehnt und ablehnen lässt, will natürlich das eine haben, das es nur gibt, weil er in Aktion getreten ist. Man soll können, weil er einen können machen kann. Jesus, und diesem Erwartungsdruck soll man standhalten und nichts schreiben?

Was soll man so einem sagen, wenn man nichts schreiben kann oder will? Habe Kopfweh? Bin nicht in Stimmung? Unpässlich? Auf so was hat der nur gewartet. Mit so was kann er umgehen. So einer hat nie Gesprächscoaching gebraucht. Der wittert das. Wie einem freundlichen, aber nicht ganz berechenbaren wilden Tier möchte man ihm etwas Gesprächsstoff verfüttern. Das können nur Geschichten sein. Man weiß nicht wie, schon ist man dabei, ihm Geschichten vorzuwerfen, dabei könnte man ihm alles Mögliche vorwerfen, den Abend, die Gäste, die Reden, die Lesung, das Verlagsprogramm. Fangen Sie damit nicht an! Er ist nimmersatt, man hat ihm schon Ideen für drei Romane erzählt, er hat alle hervorragend gefunden, die Anekdoten und Schnurren zwischendurch sowieso, aber er bleibt einem auch nichts schuldig: ich eine Geschichte, er eine Geschichte, wenn's sein muss, zwei oder drei. Er ist nicht gierig, nur anspruchsvoll. Wenn kein Futter da ist, streut er selber welches aus.

Besser, man füttert ihn mit Geschichten ab. Man muss ihm Geschichten vorplaudern, dann bleibt er friedlich, man muss Zeug erfinden, während man so dahinredet, um mit dem Druck fertig zu werden, der sich, man weiß nicht wie, während der Verführung auf den zu Verführenden aufbaut, ein sanfter Druck, den man nicht loswerden wollen soll und nicht einmal loswerden will. Man soll verführt werden wollen, und man will ja auch verführt werden. Irgendwas muss man jedem Verführer geben, irgendwie muss man ihm nachgeben, das weiß er, dann wird niemand ungeleitet nach Hause gehen, und sei er noch so wenig schön.

Vor Wut aufeinander schnaubend, umkreisen die Gäste mittlerweile das Buffet. Das Buffet dampft. Die Hufe stampfen. Die Stimmung auf diesem Autorenfest, das nicht zu Unrecht Jour fixe heißt, fester Tag, ist gewaltig. Ein festes Fest! Die besten Schädel der Stadt geraten hier fest aneinander, krachen beinahe zusammen, ein gerade noch sublimierter Schädelbasiskampf, auf der Karte stehen eingelegte Schädel, verführt und abgefüttert.

Der örtliche Banker, ein Jägermeister, ist nie bei diesem Jour fixe zu sehen. Obwohl der Verlag durchaus schreibende Banker im Programm führt, hat der Banker, im Übrigen ein kluger und nicht unkultivierter Bursche, seinen eigenen festen Tag, Festtag des Festgelds, er bittet seine Zunftgenossen jährlich zu einem Sauschädelessen, wo sie sich gebackene und gekochte Sauschädel, panierte Schweinsohren, gesulzte Schweinsschwänze, gesottene Schweinshaxen, fetteste Schweinswürste, Blut- und Leberwürste, glänzende Schweinsschmalzpyramiden, Saumeisen, Saumägen, bergeweise Schweinsgrammeln, schneeweißen Schweinespeck, braunweißes Bratlfett und überhaupt Schweinereien aller Art von einem unvorstellbar schweinischen Buffet hineinstopfen. Dieses Sauschädelessen hat die hiesige Bankenwirtschaft über die Jahre krisenfest gemacht und zusammenwachsen lassen, weswegen man das bodenständige durchwachsene Bankensystem auch das Schweinesystem nannte. Die Haltung, die es sich bei dieser Sauschädelei einzunehmen empfiehlt, ist die bodennahe Haltung.

Der Jour fixe war das literarische Pendant zu diesem Sauschädelessen, der Jour fixe war sozusagen das Sauschädeltreffen, bodennahe Haltung war hier allerdings das Letzte, das gefragt gewesen wäre. Hier stapfte man durchs Zitronengras, mampfte am Koriander und mümmelte den Kreuzkümmel. Der örtliche Verführer, der Wörtermeister, bittet zum Schädeleinlegen beim Schädelsparverein, es ist monatlich Bilanz zu legen, am Ende brennt der Kassier mit der Jahreslosung durch, später kehrt er aus Südamerika zurück, es war zu wenig gewesen, um damit sein Glück zu machen. Sein Glück mit der Schädellosung macht nur der Verführer, der weiß, wie es geht: Man muss die Nerven haben, auf das Weihnachtsgeschäft zu warten. Auf Weihnachten warten und das ganze Jahr verführen, verführen, verführen!, pflegt er im ganz kleinen Kreis immer wieder zu sagen. Wobei der ganz kleine Kreis nur aus dem kleinen Ohr und ihm, dem großen Ohr, besteht.

Bereits im Vorzimmer hatten die Gäste einander belauert, die Hand am Stielglas, lässig gehässig grinsend. Keiner mochte hier den anderen leiden. Ich habe alles Verständnis für die Einsiedler in der Literatur, es gibt ja nur solche, aber warum zwingt man sie in Gesellschaften zusammen, das kann nicht gut gehen. Die Sitzordnung beim Vortrag des Fixabendsterns will eingehalten sein, dem Vortrag hören jedoch nur die Braven zu, die Lamperln unter den Schädeln. Die großen, schlauen Schädel erscheinen erst nach der Lesung, sie schützen wichtige Verpflichtungen vor und kommen gerade zum Buffet zurecht. Die bösen Schädel sind schon da, schwänzen aber im Vorraum draußen die Lesung, der Verführer mitten unter ihnen, als wäre nicht er hier der Fixstern, er, der große Hirsch, das große Ohr! Sein örtlicher Stellvertreter, der kleinere Stern, das kleine Ohr, begrüßt derweil die Gäste und stellt den Abendstern vor.

Es ist Ferdinand, der eines seiner sprachwitzigen und kunstvollen Bücher präsentiert, mit dem er sich wieder einmal allen Ansprüchen und Erwartungen auf unerwartet geistreiche Weise entwunden hat. Ferdinand schreibt Entwindungswerke, jedes Mal schafft er ein großes Werk, indem er sich dem Anspruch des großen Werks entwindet. Sein Vater war Ringer gewesen, aber er erst: Egal ob Griechisch-Römisch oder Freistil, geölt und geschürzt ringt er mit seinen Werkansprüchen, die Werke entschlüpfen ihm, eins nach dem anderen neu geformt, scheinbar anspruchslos, zugleich jedoch den höchsten Ansprüchen genügend. Höre ich da einen Unterton von Neid? Ja, ich höre richtig, gibt es Bewunderung ohne Neid?

Ferdinand muss im Sitzen lesen, hier haben wir für einmal einen Mann ohne Schräglage, denn Ferdinand kann nicht lange stehen, Ferdinand sitzt also, er sitzt kerzengerade. Fer-

dinand hat marode Knie, wahrscheinlich eine Folge seiner
vielen Kuraufenthalte, ich habe ihn immer vor den Folgen
dieser Kuraufenthalte für seine Knie gewarnt, er aber winkte
nur müde ab, winkte meine Kuraufenthaltswarnungen mit
einer seiner kleinen, umso tödlicheren resignierten Abwink-
bewegungen weg. Kuren gehen auf die Knorpel, hatte ich gesagt, aber Ferdinand hatte, statt auf mich zu hören, wie immer
nur milde gelächelt und war auf Kur gegangen, zu irgendwel-
chen Franziskanern im Innviertel. Die Franziskaner sind die
schlimmsten Knorpelkiller, hatte ich ihm gesagt, er hatte es
besser gewusst. Jetzt saß er da. Ich habe noch Fußball gespielt
mit Ferdinand, bisweilen spricht er mit Wärme über meine
Ballbehandlung, er schätzte, glaube ich, auch meine Übersicht
auf dem Feld, deswegen ist er mir wichtig als Zeitzeuge, man
muss sich um eine kritische Nachrede beizeiten bemühen,
und wenige haben mich als Fußballspieler in so guter persön-
licher Erinnerung wie Ferdinand, der übrigens schon damals
an Knieschmerzen litt, eine Knorpelsache, wie ich mich zu erinnern meine.

So verschwenden wir unsere Knorpel sinnlos ans Leben.
Man kann sie nicht mitnehmen, pflegte mein Großvater zu
sagen, ein großer Freund des schweinernen Knorpels, noch
mehr des Kalbsknorpels, man kann sagen des Knorpels insgesamt, er mochte Knorpel in jeglicher Gestalt, Korporal im
Ersten Weltkrieg, Korporal Knorpel, das war noch eine andere Generation, die nicht Kalbsknorpel aus dem Braten-
fleisch lutschte und angeekelt an den Tellerrand schob, das
waren Leute, die sie mit Gusto und im hohen Alter mit den
eigenen, zweiten Zähnen knackten. Kruspel nannte der
Großvater diese Knorpel. Um genau zu sein, sagte er Krüsch-
pele, wir reden vom Kernland des Diminutivs, wenn er einen
gekochten Schweinsschwanz knackte, ein Bild, das ich als

Kind mit einiger Skepsis betrachtete, obwohl das gallertige Rosa des Schweinskringels sich gut von der grauen Gerstensuppe abhob, in der außerdem orange Würfel von Karotten sichtbar waren.

Draußen häuften sie Basmatireis mit diversen Thaicurrys auf die Teller, schlabbrige vietnamesische Reisteigröllchen, Krabben am Zitronengrasspieß und dergleichen, es war ein knapp noch nicht exquisites, ein mehr erdig globalistisches, ein geradezu weltensammlerisches Buffet, das fein tariert die Waage zwischen großzügig und doch nicht verschwenderisch hielt. Das große und das kleine Ohr klagten über von Jahr zu Jahr schlechter werdende Geschäfte, da wären Hummer, Chablis und Bordeaux in der Tat unangebracht gewesen, obwohl keiner der das Buffet draußen wütend umschnaubenden Schädel auf die Idee gekommen wäre, dass er es war, der das Ganze hier mit finanzierte.

Ich saß mit dem Ohrengestirn drinnen. Es gab nämlich draußen drei größere Räume, aus denen man die Büromöbel völlig entfernt hatte, und neuerdings auch einen Raum drinnen, auf der anderen Seite der Garderobe, wo man auf Sesseln inmitten von Schreibtischen saß, etwas abgesondert von der Menge, deren entferntes Schnauben und Stampfen man deutlich hörte. Dem kleinen Ohr hatte ich schon vor sechs Jahren einen Verlagsvertrag unterschrieben, wofür ich mir nicht zu blöd war, einen Vorschuss zu kassieren, allerdings einen kläglichen, aber er reichte, um mich in ein Schuldverhältnis zum kleinen und zum großen Ohr zu bringen. Kleinohr und Großohr, ihre Mischung aus Mahnung und Ermunterung hatte sich wirklich gewaschen! So geschickt gingen die beiden ihrem Geschäft nach, Verführer der eine, Mahner der andere, dass ich mich nach sechs Jahren noch zu ihrem Jour fixe traute, mich willkommen geheißen und zugleich in ihrer

Schuld stehend fühlte. Wie auch wir vergeben unseren Schuldigern.

Nach all den Österreichbüchern, die ich geschrieben hatte, konnte und wollte ich nicht noch eines schreiben, was man ja jedes Jahr tun könnte, im Grunde war mein Lebenswerk so etwas wie der österreichische Almanach, der in wöchentlichen Lieferungen erschien, warum sollte ich da auch noch Bücher daraus machen. Ferdinand hatte mit seiner Kritik Recht, die Österreichkritik taugt nichts, die Österreichkritiker bestätigen in ihrer monothematischen Vernagelung nur ihre eigene moralische Schlichtheit, die Österreichkritik ist eine Branche geworden, sagte Ferdinand, wobei auch Ferdinand von Zeit zu Zeit der Versuchung nicht widerstehen konnte, als Österreichkritiker hervorzutreten, man kann ja nicht in Österreich leben und schreiben und nicht Österreichkritiker sein, wobei er, wenn er den Österreichkritiker gab, Österreich aufs Großartigste kritisierte und sich zugleich seiner Aufgabe selbstkritisch entwand, indem er in Form seiner Österreichkritik zugleich die Unmöglichkeit von Österreichkritik dartat. Ein echter Österreicher!

Ich wollte kein Österreichbuch mehr schreiben, ehrlich nicht, wenigstens vorläufig nicht, jedoch der Weg zum Österreichbuch ist gepflastert mit Vorsätzen, keines zu schreiben. Deswegen hatte ich dem kleinen und dem großen Ohr bei einem Essen ein paar Projekte hinphantasiert, die ich vielleicht irgendwann einmal schreibe oder vielleicht nie mehr schreibe. In eines dieser Projekte hatte ich mich verbissen und hatte nichts Rechtes zustande gebracht, was die Ohrensterne mit großer Fassung, stetig anhaltender Verführung und konstant sanfter Mahnung quittierten. Aber jetzt! Endlich hatte ich ein Projekt, eines, das ich sicher schreiben würde, ein Projekt, das sich schon zu schreiben schien, wenn ich nur davon erzählte.

Die Verfehlung des Alfred Brendel wird es heißen, sagte ich, aber natürlich ist nicht seine gemeint, sondern meine. Wie ich ihn seit Jahren verfehle und er mich auch, und wie niemand daran schuld ist, wie sich dieses Verfehlen einfach ergibt, aber doch auch mehr ist als bloß eine subjektive Verfehlung, denn Brendel hat als Künstlerfigur etwas in die Moderne herüber-gerettet, ein Gelingen von Kunst, das es so eigentlich nicht mehr gibt, ein Ideal, das man nur verfehlen kann, wenn man nicht Brendel selber ist. Das würde ich beizeiten gern ver-suchen aufzuschreiben, sagte ich, denn es gingen Gerüchte um, Brendel würde seine Karriere beenden.

Schreibe das, antwortete der Verführer und war vergnügt, weil er merkte, diesmal würde ich es vielleicht wirklich tun. Er wusste natürlich längst alles über Brendels Pläne, auch Brendel ist sein Autor, hat sein Ohr, wird von ihm verführt. Schreibe das, sagte das kleine Ohr, das erst gar nicht glauben wollte, dass ich tatsächlich einen Erzählband vorhatte. Das kleine Ohr trat einen Hauch stärker fordernd auf, das war seine Rolle, in die es sich manchmal etwas missvergnügt fand, wie mir schien, aber mit stoischem Duldermut, seine Aufgabe bestand weniger darin, zu verführen als heimzufüh-ren, die verlorenen Schädel in den Stall zu führen. Das kleine Ohr hatte außerdem schon die Verlagskonferenz im Auge, brauchte eine Skizze, demnächst einen Titel, und vor allem Text. Text, Text, Text. Was zum Lesen! Du musst liefern, musst erzählen!

11. Im Schwarzen Kameel

Ich kann kaum glauben, dass ich denen soeben einen Erzählband versprochen habe, dieser Erzählerbande, die da beim Jour fixe mit Ferdinand und anderen Großschädeln im Extrazimmer sitzt und Anekdoten erzählt. Sie haben es geschafft, dachte ich, die Renaissance des Erzählens ist durch, also erzähle ich schnell, was ich alles von Brendel und mir erzählen werde. Selbst das Mittagessen im Schwarzen Kameel werde ich erzählen, bei dem du mir erzählt hast, wie Brodsky bei Brendel am Londoner Küchentisch saß, sage ich zum großen Ohr.

Nicht nur Brendel, auch Brodsky ist sein Autor gewesen, Verführer Großohr ist ein Meister des Fädenziehens, weiß über jeden Autor eine Anekdote. Er muss sie ja alle lieben, er hat sie alle verführt, gewiss liebt er sie alle noch wirklich, wenngleich die Anekdoten, die er über sie hat, ein wenig Distanz durchscheinen lassen: Fädenziehers Distanz, fadenscheinige Nähe? Zu so vielen? Aber das ist Ranküne, Neid, Missgunst eines Kleingeistes, den man an seiner Angst vor der Nähe zu den Großen erkennt. Ich knüpfe mühsam aus meinen Anekdoten, wie ich Alfred Brendel nicht treffe, eine Art melancholische Erzählung. Im Grunde treffe ich, der doch ununterbrochen von Leuten umgeben ist, eigentlich überhaupt niemanden, fällt mir auf, nicht einmal mich selber. Er aber hat sie alle getroffen!

Bei einem einzigen Mittagessen in diesem Kameel, dessen Speisen und dessen denkwürdigen Ober das Ohrengestirn beinahe nonchalant missachtet, erzählt mir der Verführer von Treffen mit einem Dutzend Meistern der Gegenwartsliteratur. Der Ober, ein Herr Gensbichler, hinter seiner skurril-backenbärtigen Pseudo-Ischler Erscheinung ein witziger Meister seines Fachs, wäre einer näheren Beachtung durch das Ohrengestirn durchaus wert, aber so etwas ist zu wienerisch, dafür hätte höchstens das kleine Ohr Sinn, dass man in einem Lokal eine spezielle Beziehung zum Ober braucht, die Wiener gelten ja erst dann als Stammgäste, wenn sie von einem Ober mit Namen gegrüßt und ganz persönlich schlecht behandelt werden. Aber das kleine Ohr hat wenig Lust zu reden oder Lust, wenig zu reden, jedenfalls redet fast ausschließlich das große Ohr, und dieses ist nicht hier, um zu essen, sondern um zu erzählen und erzählen zu lassen. Um zum Erzählen zu verführen. Erzählen Sie, Ganghofer, sagt er in einem fort zu mir, während ich esse, als gäbe es kein Morgen, auch wenn er es nicht genau so ausdrückte, hörte ich es so, erzählen Sie, Ganghofer, erzählen Sie!

Zwischen Suppe und Kaffee kam Joseph Brodsky vor, den der Verführer am Küchentisch des Londoner Hauses von Alfred Brendel angetroffen hatte, wo die beiden, Brodsky und der Verführer, wohnten. Brodsky übersetzte Rilke ins Russische und suchte ein Wort, das in den Rhythmus einer Verszeile passte. Wie in Trance habe er die übersetzten Verse vor sich hin gemurmelt, dschadschám, dschadschám, dschadschám, ganz weich, immer wieder habe Brodsky das große Ohr gezwungen, ihm diesen Vers auf Deutsch vorzusagen, und dabei habe er verzweifelt gestöhnt: »Es funktioniert nicht, es funktioniert nicht, dschadschám, dschadschám, dschadschám.«

Charles Simic, Stephen Spender und Joachim Kaiser rauschen durch die Konversation. Kaiser lässt sich neuerdings mit Indianerfeder fotografieren, als letzter Mohikaner. Ist man mit ihm intimer, hat man ihn »Jochen« zu nennen, wie man auch gut daran tut, den Germanisten Gumbrecht nicht als Hans Ulrich anzusprechen, sondern als »Sepp«. Wegen seiner schlechten Tischmanieren beim Knacken eines Hummers hatte Jochen die Chance vertan, eine Theorie der neueren Musik zu schreiben, warum genau, habe ich vergessen. Peter Handke geht zwecks Inspiration in den Wald, rennt zurück an den Schreibtisch, wie unsereiner mit voller Blase aufs Klo, und dann geht's los, ein Genuss! Wir hecheln die Freunde durch, Freunde des Verführers, des kleinen Ohrs, meine Freunde, Freunde bedeutender Männer wie wir alle. So bedeutend möchte ich auch sein, aber wenn der Kopf aus dem österreichischen Sumpf schaut, heißt das noch lange nicht, dass er etwas darstellt. Hierzulande kennt jeder jeden Kanzler persönlich, was hat das schon zu bedeuten.

Eco hätte ich fast vergessen, mit dem hat er kürzlich zu Mittag gegessen; er liefert eine freundliche Parodie von dessen ausladenden Bewegungen, ich komme nicht umhin, mir mich selbst als Parodie zu vorzustellen, die bei einem anderen Mittagessen einem anderen vorgeführt wird; ja, das wäre schon etwas, das man anstreben könnte, dass einer woanders Spaß daran hätte, einen selbst als Parodie serviert zu bekommen!

Ich revanchiere mich, indem ich ein paar Ideen von Dingen aushecke, die ich schreiben möchte. Der Verführer findet alle gut. Sonst rede ich in diesem Lokal, in dem ich mich selten befinde, lieber übers Essen und Trinken, das dort ausgezeichnet ist; aber das Ohrengestirn hatte am Vortag sein Verlagsfest, jetzt ist Geschäftstag, das heißt, man hat nichts als Literatur und Erzählen im Sinn. Mit schnellem Blick stuft der Verführer einen vorbeigehenden Kunstmanager als Arsch mit Ohren ein, das schafft er so nebenbei. Menschenkenner auch noch, aber gut, wie könnte er sonst Verführer sein? Er ist wirklich witzig, und ich bin nach diesem Essen ganz sicher, er liebt mich, weil er mir ins Ohr bläst, dass er alle meine Ideen gut findet, nicht einmal gegen ein Streitschriftenbuch hat er etwas. Aber ich, so etwas hatte ich gar nicht vorgeschlagen.

Du musst dich hinsetzen, sagt er, kannst du nicht aufstehen in der Früh und erst um elf im Büro erscheinen? Da schaut er, als ich ihm erkläre, dass ich meistens um sechs aufstehe. Du musst sitzen, sagt er, sitzen, das ist das Wichtigste! Was ich zu Cato immer sage, meinem Hund, einem gelben Labrador von geringer Folgsamkeit.

Oder mach's wie der Handke. Hund oder Handke, ich kann mir's aussuchen. Einen Plan brauchst du, mit Abgabeterminen, die Figuren musst du haben, du musst wissen, wie sie sprechen, wenn du den Klang im Ohr hast, dann geht's los!

Ich meine, das ist wirklich ohrnett, dieses Vertrauen, er hat seiner Lebtag noch keinen Dialog von mir gelesen, wo denn? Aber so läuft das Geschäft, in der Krise ist Vertrauen alles, Literatur ist ein Geschäft, ist auch ein Geschäft, noch dazu eines auf dem absteigenden Ast. Nur Leute wie das große und das kleine Ohr stützen den Ast, an dem andere sägen, deswegen lässt man sich gern mit ihnen ein. Und die Schalmeienmelodien, die sie einem ins Ohr blasen, lösen einem irgendwann doch die Zunge oder den Laptop.

Schreib!

Zum Abschied küsst mich das große Ohr voll auf die Wange. Er ist einer der wenigen Männer, von denen ich mich gern küssen lasse.

12. Der Selbstmord des Friedrich Gulda

Mein Brotberuf wird mir immer merkwürdiger. Manche meiner Kolleginnen und Kollegen hängen mit jeder Faser an den Aktualitäten und können es kaum erwarten, bis man ihnen Sensoren ins Hirn pflanzt, damit sie noch näher an den Vorkommnissen dran sind. Andere versuchen sich vom Betrieb, den sie selber mitbetreiben, in mehr oder weniger eleganten Posen abzusetzen. Wir müssen fast so schnell sein wie das Ereignis, wenn nicht schneller als dieses, sagen die einen. Wir kümmern uns nicht um das Ereignis, sagen die anderen. Beide meinen inbrünstig dasselbe, nämlich: Wir selber sind das Ereignis.

Sind sie nicht. Was sich ereignet, ist konzentrierte Ungerechtigkeit. Medien müssen ungerecht sein, weil eine übergroße Masse an Wünschen, Sehnsüchten und Begierden auf sie eindringt. Die Masse der Sehnsüchtigen möchte ebenfalls zum Ereignis werden. Wie können wir, fragt sie, unser Bild der Allgemeinheit so darbieten, dass es jenem Bild entspricht, das wir von uns selber haben? Jeder strebt danach, die anderen von seiner eigenen Vorstellung von sich zu überzeugen. Weil sie nicht so sind, wollen sie, dass man sie genau so sieht. Das Bild aber machen immer die Medien. Die Hölle, das sind die Bilderwünsche. Die Teufel, das sind die Redakteure.

Der Pianist Friedrich Gulda, ein Leben lang damit beschäftigt, nicht nur Musik zu machen, sondern die öffentliche Meinung über sich zu gestalten, verspürte in den Jahren vor seinem Tod immer stärker den Wunsch, sich jung darzustellen, um mit der so genannten Jugend in Kontakt zu treten. Mit an ernster Musik interessierter Kritik hatte er sich längst überworfen. Das sah wie ein genialischer Kraftakt aus, war aber keine Kunst. Bei diesen Kritikern handelte es sich hauptsächlich um Krautfleischkritiker. Sie forderten von Gulda, er möge Mozart oder Bach spielen statt Jazz oder gar eine seiner Kompositionen, die nicht nur Alfred Brendel als beklagenswert empfand. Weil es die Krautfleischkritiker waren, die von Gulda verlangten, er solle Mozart spielen, schien ihm dieses bloße Verlangen schon recht zu geben, und indem er es ablehnte, schien er damit die Kritiker in ihrer ganzen Krautfleischhaftigkeit anzugreifen. Sie wollten ihre Mozartabende frei von jeder Beunruhigung halten, und Gulda meinte, schon allein deswegen die notwendige Beunruhigung zu sein, weil die Krautfleischkritik von ihm jazzfreie Konzerte haben wollte.

Ein monumentales Missverständnis. Gulda fühlte sich als Aufrührer, bloß weil er die Krautfleisch- und Szegedinergulaschkritiker gegen sich hatte. Leider irrten sie nicht, Gulda spielte Mozart besser als Jazz. Zudem war Gulda ein entschlossener Antimodernist und wähnte sich darin im Bunde mit der so genannten Jugend. Gulda meinte, die Zeitung, an der ich mitarbeite, habe das Ohr dieser Jugend oder sei gar selber so etwas wie eine Jugendzeitung – eine rührende Fehlinterpretation. Unser Blatt war vielmehr eine Zeitung der alten Männer. Eine Zeitlang verstarb nämlich jeder ältere Herr, den wir interviewten, in den Wochen nach der Publikation des Gesprächs. Nachdem uns ein Bankenfachmann, ein Nobelpreisträger für Chemie und ein Physiker so dahingestorben waren, zerbrachen wir uns ernstlich den Kopf darüber, ob nicht ein Interviewwunsch unseres Blattes für den Betroffenen das Todesurteil bedeutete.

Gulda hatte davor keine Angst. Seine Furchtlosigkeit sollte ihm nicht gut bekommen. Im Irrtum über die Art unseres

Blattes befangen, machte er sich über seinen Agenten an uns heran. Er plante, im Wiener Konzerthaus mit Gogo-Girls aufzutreten, dabei selbst am Synthesizer tätig zu werden und bei einer von ihm so genannten »Paradise Night« etwas wie eine Fusion von Mozart und Disco darzubieten. Man musste nicht Krautfleischkritiker sein, um dieses Vorhaben zu bedauern. Gulda war erst 69, also hatten wir wenig Bedenken, ihn zu interviewen. Schließlich hatte er uns gefragt, nicht wir ihn. Sollte ihm bald nach dem Gespräch mit uns etwas zustoßen, war es nicht Mord, sondern Selbstmord. Das Befürchtete trat mit etwas Verzögerung ein, aber es trat ein. Gulda simulierte vorerst geschmackssicher seinen Tod, um Aufmerksamkeit für dieses Paradieskonzert zu erreichen und um die Krautfleischkritiker zu provozieren. Wenige Monate nach dem Interview mit unserem Blatt starb er tatsächlich.

Nachrufe hatte sich Gulda verbeten. Ein Schwall von persönlichen Erfahrungsberichten ergoss sich daraufhin in die Feuilletons, darunter einer von mir. Er erschien in jenem Blatt, mit dessen Hilfe der große Pianist Selbstmord begangen hatte. Wahrheitsgemäß berichtete ich, vergangene Woche habe mich Friedrich Gulda besucht. Im Fernseher, schrieb ich, plätscherte ein Fußballspiel, Galatasaray Istanbul gegen Schalke 04. Der einzige Grund, warum es meine Aufmerksamkeit überhaupt für mehr als drei Sekunden fesselte, war das Mitwirken des Spielers Feldhofer, der meines Wissens damals bei Sturm Graz unter Vertrag stand; von einem Transfer hatte ich, sonst aufmerksam im Vermerken solcher Einzelheiten, nichts gelesen. Als der Moderator erklärte, Schalke habe im Trainingslager so viele verletzte Spieler gehabt, dass Trainingsnachbar Sturm Graz mit Spielern ausgeholfen habe, stellte ich den Fernseher ab und ging zum Plattenregal hinüber.

Ich erzählte diese Vorgeschichte auch mir selbst, schrieb ich weiter, damit, was dann geschah, einen zeitlich überprüfbaren, realen Rahmen erhalte; andererseits, wie real ist ein ausgeborgter Feldhofer im türkischen Trainingscamp, live und lustlos auf einem gottverlassenen Sportkanal? Jedenfalls wollte ich Bach hören. Ich dachte nicht einmal an eine CD. Es musste Vinyl sein, das schränkte die Auswahl ein. Obwohl Glenn Gould und Gustav Leonhard auf Schallplatte zur Verfügung gestanden wären, griff ich wie selbstverständlich zu Gulda.

Ich sah nur kurz hin. G-Dur lag zuoberst. Ich dachte an den ersten Band, an die motorischen Triolen des Präludiums und an die am Schluss fast händelartig jubilierende, virtuos blitzende Fuge. Ich hatte mich verschaut, es war G-Dur aus dem zweiten Band, mit jenem lieblichen Präludium, bei dem kaum ein Kommentator dem Adjektiv »graziös« widersteht. Am Schluss der Plattenseite dann gis-Moll. Der Gulda hat beim Jazz kein Bergwerk da drinnen, sagte mir einmal ein befreundeter Jazzpianist, aufs Zwerchfell deutend. Dieses Guldasche gis-Moll-Fugenbergwerk aber enthält ein ganzes unterirdisches, chromatisches Zwergenkönigreich, ein Minensystem voller gleichförmiger, immer neu und anders glitzernder Kristalle: keine Engführung, keine Parallelführung, keine Zuspitzung, keine Dur-Moll-Kontraste, nur harmonische Entwicklung. Gulda erreicht eine quälend manische Steigerung der Intensität, ohne das Tempo – das ist flott genug – oder gar die Lautstärke zu steigern. Nachtandacht ohne Religion. Mit Gulda im Ohr und Bach im Herzen schlief ich ein. Das Erste, was ich in der Früh im Radio hörte: Friedrich Gulda ist tot.

War Gulda wirklich vergangene Nacht gestorben? Tatsächlich an Mozarts Geburtstag? Das wird er sich nicht selbst eingeteilt haben. Obwohl: Ist nicht alles Einteilungssache? Eine schöne indischstämmige Pianistin erzählte mir, ihre Mutter habe die Geburt frühzeitig einleiten lassen, damit das Töchterchen an Mozarts Geburtstag auf die Welt kam. Jedenfalls nahm ich, selbst jeder Mystik abhold, mit geringem Erstaunen zur Kenntnis, dass Gulda noch kurz bei mir vorbeischaute, ehe er sich als Pünktchen in die Milchstraße einreihte.

Ich hatte meinen Mittelschulgulda gehabt, wenngleich er keineswegs meine musikalische Hauptquelle bildete. Mein Heros hieß Loidl, dann kam Kempff. Der Elektrohändler hatte die Entscheidung für Kempff getroffen, Loidl hatte sie gebilligt, anders als mein modernistischer Musiklehrer am Gymnasium, der selbst komponierte und Gulda favorisierte. Loidl hätte nie öffentlich zugegeben, dass er komponierte, obwohl ich ihn im Verdacht hatte und er auf Wunsch Kompositionsunterricht erteilte. Zu einer Zeit, als Platten noch Luxusgüter darstellten und knapp waren, besaß ich von Gulda immerhin Schuberts Impromptus und Beethovens Fünftes Klavierkonzert in den Ausgaben jener vom Vater abonnierten Plattengemeinschaft.

Später hörte ich Gulda als Golowin, den Wienerliedersänger, und als Jazzer. Naja. Ein Rebell halt. Man begrüßte es, wenn er den Krautfleischkritikern und dem Publikum der Medizinalräte den nackten Arsch zeigte; nicht bedenkend, dass gerade Medizinalräte durch nackte Ärsche am wenigsten zu schockieren sind. Aber die Musik? Im Konzerthaus habe ich ihn dann und wann gehört; man musste den Preis für etwas Bach oder Mozart mit dem Aussitzen von allerhand Spleens und Marotten bezahlen. Allerdings brachte Gulda mit seinen Orchesterkompositionen, die er arschwackelnd, vor dem Ensemble auf und ab stolzierend dirigierte, den ganzen Saal zum Lachen. Als Komponist beklagenswert, als Musikclown großartig. Er war nicht der Einzige, der sich in der Dreiklangwelt zu Hause fühlte und nicht in der verstörenden Welt der neuen Musik.

Ich erinnere mich an ein Konzert, an dessen Beginn die Aufführung der C-Dur-Sonate KV 330 von Mozart stand. Gulda stellte sie derart swingend, schwingend, geradezu flatterhaft an der Grenze zum fledermausartig Verhuschten in den Raum, aber mit einer solchen Eleganz, die man mit dem Ausdruck eines Musikologen nur »echsenartig« nennen konnte, dass ich daheim sofort die Noten herausholte und das Stück zu üben begann. Das ist gewiss nicht das einzige Kriterium für gelungene Kunst, aber es ist eines: andere zur Imitation anzuregen. Warum würde sonst so viel Lyrik geschrieben?

Wenige Wochen später gaben mir Freunde in Genua ein Zimmer zum Übernachten, in dem ein spielbarer Erardflügel stand. Chopinklavier. Neben dem Erard lag wie zufällig ein Band Mozartsonaten. Eine junge amerikanische Pianistin war zu Gast gewesen; ich hatte angenommen, nach dem Abendessen würde sie sich verabschieden. Am nächsten Morgen war das Erardzimmer sonnenhell, das Fenster voll mit nichts als glänzendem Meer. Gulda im Ohr, spielte ich vor dem Frühstück auf dem Erard Mozarts C-Dur-Sonate ungeniert ins Blaue hinaus. Und Gulda, schräger Vogel, der er war, muss mir auf der Schulter gesessen sein, denn ich spielte etwas weniger kläglich als sonst.

Die Pianistin trank oben ihren Kaffee und hatte alles gehört. Sie war über Nacht geblieben, lachte in mein ertapptes Schafsgesicht und log, so schlecht sei ich gar nicht gewesen; zur Strafe musste sie mir die Sonate noch einmal vorspielen. Es waren ihre Noten. Sie plane, sagte sie, demnächst einen Soloabend mit dem Stück zu eröffnen. Später machten wir mit einem am Goetheinstitut für Nietzsche zuständigen kahlköpfigen Dozenten längere Spaziergänge Richtung Rapallo, unten blinkte das Meer durch die Pinien der Riviera di Levante, oben sprach der kahlköpfige Dozent, der etwas triefende Augen hatte, lange und enthusiastisch über Nietzsche, den Teufel, den Wahnsinn und die Musik.

Vor ein paar Jahren, schrieb ich weiter, sei also das Angebot von Guldas Agenten eingetroffen, den Pianisten am Attersee zu besuchen und zu interviewen. Sofort bemerkten wir Guldas Hintergedanken, bei vermeintlichen neuen Publikumsschichten Reklame für sein Discokonzert zu machen. Dolly, die popbeschlagene Redakteurin, und Harry, der dralle, stets gut gelaunte Fotograf, gingen eben noch als jung durch; mich musste er in Kauf nehmen. Er wusste wohl nicht, dass ich einst das Wort Popschreiber erfunden und in Verkehr gebracht hatte, wobei ich mich besonders daran erfreute, dass die Popschreiber selbst am meisten zur Verbreitung des Wortes Popschreiber beitrugen. Sie wollten jede auch nur entfernte Ähnlichkeit mit Krautfleischkritikern vermeiden; wie weit ihnen das gelungen ist, sei dahingestellt. In mir wohnt die finstere Vermutung, das Herz manchen Popschreibers sei vollkommen verkrautfleischt. Die Popschreiber nannten sich anfangs freudig selber so. Den Sinnwechsel, der sich ergab, wenn man die Silben dieses Wortes anders trennte, bemerkten sie erst später.

Das Interview mit Gulda sei lustig verlaufen, schrieb ich in meinem Nekrolog. Ich schrieb das aus Pietät; in Wahrheit verlief es gespenstisch. Die Autofahrt von Wien her hatte sich gezogen, auf der Autobahn war mir klar geworden, dass wir uns verspäten würden, was ich in Anbetracht der erforderlichen Höflichkeit vermeiden wollte, umso mehr, als die Launenhaftigkeit des Einladenden bekannt war. Ich ließ den BMW über die Westautobahn fliegen, zahlreiche Baustellen hielten uns auf und zwangen mich, das Tempo auf den freien

Streckenstücken immer mehr zu erhöhen, sodass die beiden jungen Leute, denen die Omertà der Coolness Schweigen geboten hätte, Angst um ihr Leben äußerten, was mich jedoch wenig beeindruckte. Ich wollte nicht, dass Gulda des Wartens überdrüssig würde und wir unverrichteter Dinge zurückfahren müssten.

Auch die Bundesstraße entlang des Attersees war ein einziger Hindernislauf gewesen, der mich zu riskanten Überholmanövern zwang. Als wir endlich in Weißensee ankamen, fanden wir Gulda sofort. Er saß vor dem Ausweichlokal der Post auf einer Bank am Rand einer Wiese, die Schiebermütze in die Stirn gezogen, in sich verkrümmt, für das sonnige Wetter zu warm angezogen. Seine Körperhaltung bekundete üble Laune. Er sah aus wie ein Pensionist in einem Wiener Park, der sogleich Grantiges über zu laut spielende Ausländerkinder äußern würde. Trotz meiner atemlos vorgebrachten Entschuldigungen fiel es ihm nicht leicht, von Grantler auf Gulda umzuschalten, vor allem, da meine bleichen Begleiter noch sprachlos von der Autofahrt dastanden, andererseits der Fotograf mit dem sicheren Taktgefühl dieser Spezies, der peinlichen Situation nicht achtend, bereits am Gerät hantierte – Gulda auf Blumenwiese, das war doch was. Immerhin tat die schiere Präsenz der angereisten Jugend ihre Wirkung, hier stand die bestellte Zielgruppe, der konnte nicht einmal Gulda böse sein. Der schon gar nicht.

Wir gingen die paar Schritte in das Hotel Post hinüber, das Gulda, der es wissen musste, weil er im Ort wohnte und arbeitete, als den einzigen Platz bezeichnete, wo man hier etwas essen könne. Sogleich orderte er Schnitzel für vier, man könne hier nur Schnitzel essen, sagte er, alle Alternativen unterbindend. Schnitzel mit Gurkensalat. Meine Fragen nach klassischer Musik ertrug Gulda sichtlich nur, weil er sich am

Anblick der ansehnlichen Kollegin erfreute; unverblümt und unausgesetzt starrte er ihr in den Ausschnitt. Bei Nennung des Namens Schönberg, den ich schon aus Selbstachtung gleich zu Beginn des Gesprächs aussprach, als Gulda erzählte, er wähle die Gogo-Girls für seine Discokonzerte selbst aus, zog eine dunkle Wolke über sein Gesicht. Ein-, zweimal drohte er mit dem Abbruch des Gesprächs, vor allem, als ich die beiden anderen aus der Trias erwähnte, Berg und Webern. Den Abbruch konnten wir nur dadurch vermeiden, dass wir nach seinem Ferrari fragten, nach seinen so genannten Paradise Girls, und wie er die denn auf Ibiza aussuche, wirklich mit eigener Hand? Darauf war er sichtlich stolz. Die glänzende Geschwindigkeit des Ferrari, den von Wien hierher zu haben ich froh gewesen wäre, verglich er mit Mozarts Musik: Glanz, Speed, Glück und Sex, darum gehe es.

Am Ende ließ sich Gulda nicht davon abhalten, die Zeche für das Mittagessen zu bezahlen. Als es zum Fotografieren kam, führte er uns in ein Kämmerlein mit einem ausgesteckten elektrischen Klavier, einem Clavinova, setzte sich hin und legte die Hände auf die toten Tasten, etwa so animiert wie Checkers, der Hund von Glenn Gould, den man auf einer bekannten Fotografie neben dem Exzentriker seine Pfoten auf die Tastatur legen sieht; ich sagte, die jugendliche Zielgruppe würde auf dem Foto gleich sehen, dass kein Leben in der Sache sei. Damit lockten wir ihn doch noch in sein nebenan gelegenes Studio zum Steinway. Vom Bösendorfer Imperial, der irgendwo in diesem nur für die Verabreichung von Schnitzeln und für das Abhalten ministerieller Tagungen geeigneten Hotel Post herumstand und auf dem Gulda manche Mozartsonatenaufnahme gemacht hatte, die nach seinem Tod zu Recht veröffentlicht wurde, obwohl sie des einen oder anderen Mozarttaktes entbehre, wusste ich damals nichts.

Im Studio begann der Meister zu improvisieren, immer mit Kontrollblick auf den Ausschnitt von Dolly, barmusikartigen Jazz zu spielen, stimmungslose Eiswürfelmusik, ohne Zug. Es gab weder Eiswürfel noch Drinks. Keine Reaktion bei den drei Zuhörern. Harry fotografierte lustlos. Gulda suchte herum, die fehlende Beziehung zu seinem Publikum war ihm nicht entgangen, echsenartig glitt er mit drei Akkorden in den langsamen Satz der D-Dur-Sonate KV 576 hinüber. Er ist in A-Dur geschrieben, der Verführungstonart Mozarts, wie sie Gulda einmal nannte. Schon stand der Raum unter Strom.

Meine beiden klassikmäßig ahnungslosen Mitreisenden merkten plötzlich, was da los war. Gulda merkte, dass sie es merkten, und spielte gleich auch den polyphonen Finalsatz zu Ende. Über die Tastatur gebeugt, seine Finger gelblich, beinahe wie Vogelkrallen hackten sie die Tasten, brachte er einen unlieblichen, aber durchaus swingenden Sound voll eigentümlicher Kraft heraus. Gulda spielte einen Habichtmozart, greifvogelartig, scharf, grell und zu schnell, und doch war es ein Mozart von unmittelbarer Evidenz. So konnte, ja so musste diese Musik gemeint sein.

Wir redeten nicht mehr viel, ehe wir fuhren. Ich versuchte noch Gulda zu fragen, wieso er im langsamen Satz fast kein rechtes Pedal genommen habe und im Finale mächtig draufgestiegen sei, und warum das pedalfreie Adagio dennoch zu triefen und zu tropfen schien, während das Allegretto trotz des vielen rechten Pedals so durchsichtig geblieben sei? Und hatte er überhaupt die Verschiebung benützt? Ja, ja, sagte er, seine Pianistensöhne würden ihn auch immer fragen, wie er das alles mache. Er wisse es nicht. Er mache es einfach.

Sonst gab es wenig zu sagen. Alles war am Steinway gesagt. Auf der Rückfahrt blockierte ein Baum die Straße. Wir setzten uns ans Ufer des Sees, während die Feuerwehr den Baum entfernte. Wenn Gott gut drauf ist, spielt er Mozart wie Gulda und wackelt mit dem Arsch vor dem Publikum, dachte ich. Die Sonne stand schon tief, das Wasser des Sees war ein bisschen milchig, die Musik ging uns noch immer durch und durch. Wir hatten Gulda im Rücken. Ab und zu läuft er mir heute noch darüber, in gis-Moll. Ich hoffte, schrieb ich, er würde mich wieder einmal besuchen.

13. Brendel oder Händel

Wolfram, ein ehemaliger Musikkritiker, las diesen Nachruf. Er hatte bereits meinen Essay über Brendel gelesen, wohlwollend und mit Zustimmung. Nun rief er an, um es mir zu sagen. Dass ein politischer Journalist mit Mozartsonaten im Gepäck reise, habe ihm imponiert, sagte er. So genau hatte er also nicht gelesen, denn ich reise keineswegs mit Mozartsonaten im Gepäck, die Mozartsonaten waren auf dem Erard nur zufällig herumgelegen, weil sie die amerikanische Pianistin dort liegen gelassen hatte. Trotzdem freute mich sein Anruf, und er freute mich sogar noch, als er eingestand, er arbeite jetzt für Steinway, jene Klavierfirma, von der jeder Klavierspieler gern ein Klavier zu Hause stehen hätte.

Ging ich am Wiener Ring an der Steinwayniederlassung vorbei, stellte ich mir oft vor, wie es wäre, hineinzugehen und einen Steinway zu bestellen. Mittlerweile wäre ich so weit, nicht nur auf die Furnier zu achten. Ich würde mich dennoch für einen schwarzen Flügel entscheiden. Einen Steinway habe ich vor vielen Jahren bei Musik Hug am Zürcher Limmatquai ausprobiert, als es dort noch nicht so etwas wie eine Steinway-Gallery gab, sondern man im ersten Stock einen riesigen Raum betrat, in dem Klaviere aller Marken aufgereiht waren, zwei lange Reihen chinesischer, japanischer, amerikanischer, österreichischer, deutscher Klaviere standen da, und man konnte sich von den niedrigen Preisklassen in die höchsten hinaufspielen. »Als unsere Firma gegründet wurde, lebte Ludwig van Beethoven noch. Später waren Richard Wagner und Johannes Brahms unsere Kunden.« Gern wäre auch ich Kunde einer Firma geworden, die mit einem solchen

Satz für sich wirbt. Wenn Geschichte sich in Diskretion der Manieren umsetzt, dann glaubt man den Schweizern diese Geschichte, auch wenn sie kein Pianohaus mehr sind, sondern eine Musikfirmengruppe.

Ich war für einen Tag allein nach Zürich gefahren, weil ich mich bei einem Vertrauensarzt der USA untersuchen lassen musste, um das Visum für ein Stipendium nach New York zu erhalten. Ich hatte noch etwas Zeit, ehe der Zug zurück nach Bregenz ging, nahm meinen Mut zusammen und betrat den ersten Stock dieses Pianohauses, das mir beim Flanieren aufgefallen war. Diskret schlossen die Verkäufer hinter mir die Türen. Die ersten Klaviere schienen mir schon seidenweich und sangbar im Anschlag, aber mit jedem weiteren entdeckte ich neue Klangmöglichkeiten, und als ich schließlich zu einem Steinway vorgedrungen war, merkte ich, welche Vielfalt an Farben ein einziger Anschlag hervorbringen konnte. Es schien mir, als beginne der Hammerkopf bereits auf dem halben Weg der Taste den Kontakt mit der Saite aufzunehmen, dabei lag noch eine weite Reise vor dem Finger, ehe er am Ende seiner Druck- und Ausdrucksmöglichkeiten angelangt war. Das erste Klavier, ein Yamaha, das mir anfangs recht gut behagt hatte, klang im Vergleich mit dem Steinway nun geradezu blechern, der Finger schien weit ins Leere zu fallen, ehe er sich schlagartig dazu entschließen musste, einen Ton hervorzubringen, der entsprechend grob ausfiel. War mir dieser Fingerweg vor zwei Stunden noch kurz vorgekommen, hatte ich den Klang für seidenweich gehalten? Erst dort, in diesem Pianohaus Hug, merkte ich, wie anders jene Stücke, die ich bei Loidl leidlich eingeübt hatte, auf einem Steinway klingen konnten.

Wolfram rief mich an, nicht nur, um mir zu zu gratulieren, sondern um mich persönlich zu einer Veranstaltung einzuladen, die Steinway zum 75. Geburtstag Brendels durchführte. Ich weiß, wie schwer es ist, stets auf den richtigen Anlass zu warten, um ein Kompliment auszusprechen, aber ist der Anlass erst einmal da, entwertet er das Kompliment. Ich für meinen Teil nahm es mit Freuden an. So viele Komplimente kriege ich nicht. Der Verführer war längst wieder in München oder in Kiew, das große Ohr von Kiew, und das kleine Ohr musste Maß halten. Zu viele Komplimente, und ich hörte vielleicht auf zu schreiben. Oder fing erst gar nicht damit an.

Mutter am Telefon. Nach dem Schädelfest hatte ich ihr mein Nachgeben den Verführern gegenüber gestanden und erzählt, was für ein Buch ich zu schreiben beabsichtigte, oder besser, welche Absichten mir die Verführer eingeblasen hatten, deren Einflüsterungen ich von meinen Absichten kaum mehr unterscheiden konnte.

Hast du schon damit angefangen?, fragte sie. Hast du mit Brendel schon geredet?

Klar, log ich.

Sie möchte es gern noch erleben, mein Buch in Händen zu halten, sagte sie. Mütter können sehr gut insistieren. Ich nenne sie Hilti, der bohrenden Qualität ihrer Insistenz wegen. Das hört sie ungern.

Brendel würde an diesem Abend lesen, hieß es, in den Räumen des Steinwayhauses, und die Veranstaltung stehe nur geladenen Gästen offen. Nach einem ängstlichen Blick in den Kalender sagte ich sofort zu. So half mir Gulda noch zu Brendel.

Es waren zirka achtzig Leute da, ein kleiner Kreis, wie Wolfram es versprochen hatte. Die Flügel waren hinter Vorhängen verborgen, man saß im nicht allzu großen Schauraum, das Fenster zur Ringstraße war ebenfalls verhängt.

Artig trat Brendel auf und las aus seinen Gedichten. Die Wirkung war ganz anders als beim Auftritt mit Aimard. Dort hatte es sich zwar nicht um Klamauk gehandelt, aber doch um eine bühnenhafte Art von Komik. Das hier war Kammerspiel, nicht nur der Kleinheit des Raums wegen. Brendels Lust am Absurden schien hier im Ton noch mehr zurückgenommen, leise, wenngleich nicht unbrachial. Ein stilles, keineswegs resigniertes, eher aufgeklärt-abgeklärtes Lächeln war die einzig sichtbare Emotion. Hier verschwindet einer, dachte ich beim Zuhören, während Brendels Welt aus kleinen Teufeln, bösen Weihnachtsmännern, suspekten Engeln, Klavieren, Komponisten und Klavierspielern vor uns die verschiedensten komischen Gestalten annahm. Angesichts der verborgenen Flügelgalerie wirkten Gedichte wie jenes über die Herren Stechbein und Weinsteg oder den Pianisten Fischkemper besonders apart. Es wurde nicht laut gelacht, weniger herzlich grell als vielmehr freundlich gedämpft. Hier malte einer Bilder, aber er ging nicht, wie der chinesische Maler, in sein Bild hinein. Eher stahl sich einer sachte aus seinem selbstgemalten Bild davon, dachte ich. Übergang in einen anderen Zustand, Beginn eines Finales.

Nachher gab es im vorderen Schauraum kleine Brötchen und kleine Getränke. Ich sprach mit Till, dem Wiener Brendelschüler, dessen pianistische Entwicklung, obschon sie noch nicht lange währte, bereits die gleiche Stetigkeit aufzuweisen begann wie jene des Meisters, der dem allgemeinen Urteil nach nun, mit 75, so gut spielte wie nie zuvor, was man im Übrigen schon seit ein paar Jahrzehnten über ihn sagte. Ich kannte Till von einem Interview und wusste, dass er meine Kommentare las. War er's, war es Wolfram, der den umhergehenden Brendel zu mir oder mich zu ihm brachte? Ich genierte mich für die läppische Geschichte der gescheiterten

Zusammentreffen, für diese an Slapstick grenzende Verfehlungsgeschichte, von der ich hoffte, dass ihm wenigstens die unfreiwillige Komik daran gefalle. Dessen ungeachtet fragte ich ihn, ob er sich an mich erinnere.

Ach, Sie sind das!, rief er, anscheinend höchst erfreut. Er hatte, was in Anbetracht jener zwei Minuten in der Hochschule kein Wunder war, zwar mein Gesicht vergessen, wusste aber noch, wer ich war. Mein Abend war gerettet. Wir beide müssen unbedingt miteinander reden, sagte Brendel, um die Rettung abzurunden.

Nur zu gern, sagte ich, aber wann?

Vielleicht heute, meinte Wolfram, und lud mich ein, in eine Pizzeria mitzukommen, die Brendel offenbar zu besuchen schien, wenn er in Wien war. Es war einer jener Italiener, die nur aus Verlegenheit gegenüber der gastronomischen Phantasielosigkeit des Gastgebervolks Pizza in allen Variationen anbieten, die aber daneben mitunter ganz ordentlich kochen.

Wenn ich auch an Konversation größtes Interesse habe, versäume ich es doch nie, auf Speisen und Getränke zu achten, ein sicheres Zeichen, an dem man den Parvenu erkennt. Aristokraten und Arbeiter halten das anders. Der Chef dieses Italieners erschien und machte mit Kennermiene die Honneurs. Er sprach die Namen der italienischen Spezialitäten so outriert italienisch aus, dass mir sofort der Verdacht kam, es handle sich mindestens um einen Kroaten oder noch wahrscheinlicher um einen Araber, der sein Italienertum nur vortäuschte, weil die Wiener, die von Essen außer bei Krautfleisch, Gulasch und Mehlspeisen wenig verstehen, so großen Wert auf La Cucina Italiana und überhaupt Italianità in jeder Form legen, dass sie sich diesbezüglich gern von jedem Perser, Syrer oder Ägypter hereinlegen lassen.

Dieser arabische Italiener hier war ein großer Leger vor

dem Herrn, und die Brendelgesellschaft ließ es sich wohl oder übel gefallen, die Rechnung würde an Steinway gehen, da mochte man sich mit diesem Schmierenschauspieler von Wirt abfinden. Ich unterhielt mich mit Wolfram, Till und dessen koreanischer Freundin, einer Pianistin. Till hat immer koreanische Freundinnen, die er ermahnt, selbst zu empfinden und nicht eine Schallplatte von Alfred Brendel zu imitieren. Mit Brendel konnte ich kaum ein Wort wechseln, weil wie aus dem Nichts eine Jugendfreundin von ihm aufgetaucht war, die man neben ihn platzierte und mit der er sich den ganzen Abend lang unterhielt, sodass von einem Gespräch zwischen ihm und mir keine Rede sein konnte. Nur manchmal, wenn das Gespräch allgemeiner wurde und über den ganzen Tisch ging, konnten wir ein wenig miteinander reden.

Immerhin hörte ich, wie er mich zwischendurch halblaut seiner Freundin beschrieb: ... politischer Journalist, aber sehr kenntnisreich ... Des nicht ganz unberechtigten »aber« wegen hob ich meine Augenbraue, ich bin die Augenbraue einer Politik. Wüsste nicht so leicht etwas, vor dem es mich derart graut wie vor dem meisten Politikgewäsch, eine halbe Minute politischer Phrasenmüll, und meine Phantasie ist tot. Dennoch erfüllte mich Brendels Urteil mit ungerechtfertigter Zufriedenheit. Ich versprach seiner Freundin, ihr meinen Brendelartikel zu schicken.

Till äußerte, er glaube, er müsse sich demnächst die Brahmsschen Händelvariationen vornehmen. »Ich glaube nicht, dass Sie das müssen«, sagte Brendel, dessen Haltung Brahms gegenüber bekannt war, mit schalkhaftem Unterton, aber durchaus respektgebietend. Hatte nicht Brendel die Händelvariationen bei seinem ersten Konzert gespielt, 1948 in Graz? Warum wollte er nicht, dass Till sie spielte? Weil schon Clara Schumann sich daran »die Hände verdorben«

hatte, wie sie schrieb? Brahms, Verderber der Jugend? Das würde ich Brendel fragen, käme es je zu unserem Gespräch. Wie auch immer, Till würde die Händelvariationen nicht so bald öffentlich spielen. Er revanchierte sich, indem er versuchte, Brendel zu Urteilen über Kollegen zu veranlassen, was dieser verabscheute. Reizte man ihn geschickt, indem man zum Beispiel die neueste Aufnahme eines Beethovenkonzerts lobte, welche er abscheulich fand, konnte er jedoch nicht widerstehen, und das verunreinigende Gewitter brach los. Kurz und erstaunlich heftig. Bald hatte er sich selbst wieder in der Gewalt und ärgerte sich, dass er sich dazu hatte verleiten lassen.

Auf der Straße vor dem Italoaraber verabschiedeten wir uns voneinander und vereinbarten, uns demnächst auf ein Gespräch zu treffen. Er sei bald wieder in Wien, sagte Brendel, da er plane, gemeinsam mit seinem Sohn Adrian eine Serie von Platten aufzunehmen. Er werde mich anrufen.

14. Karlsbad, Goethe, Gummibrot

Wolfram ruft an. Nicht Brendel. Wolfram sagt mir, was ich schon von Brendel weiß, dass nämlich Brendel demnächst nach Wien kommt, um mit seinem Sohn Adrian, dem Cellisten, Beethovens Cellosonaten aufzunehmen, und zwar auf dem Steinhof.

Steinhof? Ich hebe die Augenbraue. In Wien verbindet man mit dem Steinhof Ungutes, eine idyllisch gelegene, aber übel beleumundete Nervenheilanstalt, Euthanasie an Kindern während der Nazizeit, jahrzehntelang vertuscht, fatale Primare wie der gottgleiche Internist, der hier im Lungenspital Thomas Bernhard quälte, oder der mörderische Kinderarzt, Gerichtsgutachter bis zuletzt, hochdekoriert und geehrt, der, als man ihn endlich doch vor Gericht stellte, Demenz simulierte und ungestraft in den Tod ausbüchste.

Das Jugendstiltheater am Steinhof klinge gut, erklärt Wolfram. Er sagt: Im Jugendstiltheater herrschen hervorragende akustische Verhältnisse.

Richtig, am Steinhof spielen sie seit Jahrzehnten Oper und Theater, dort hatte ich in einer Marthalerinszenierung über die Kinder vom Steinhof den Musikintendanten der Salzburger Festspiele ein paar Präludien und Fugen von Schostakowitsch spielen hören. Er war Mitregisseur, aber auch Teil der Inszenierung und saß mit einer Maske am Klavier, was zeigen sollte, wie Stalin den Komponisten Schostakowitsch quälte. Nun quälte die Maske den Pianisten-Intendanten bei seinem Schostakowitschspiel.

Qualbedingt achtete ich kaum auf die Qualität der Akustik. Es war ein, wie man sagt, außerordentlich berührender

Abend gewesen, und ich bereute es nicht einmal, zur Premiere gegangen zu sein. Als Journalist hatte ich mit Theaterkritiken angefangen, davor war mir als blutjungem Theaterautor ein unverdienter und, wie mir schien, allzu leichter Theatererfolg zugefallen, weshalb ich das Theater bald verabscheute, das Stückeschreiben bleiben ließ und nur mehr selten eine Vorstellung besuchte. Premieren hatte ich immer gemieden. Diesmal blieb ich sogar zur Premierenfeier nach der Vorstellung, als der Wiener Festwochenintendant, natürlich ein Schweizer, freundliche Worte an die Premierengäste richtete, und unterhielt mich mit dem Salzburgintendanten, natürlich kein Salzburger, über Schostakowitsch. Die Konzerte des Salzburgintendanten hatten zu schönsten Hoffnungen Anlass gegeben. Er wuchtete bei diesen Auftritten monumentale Brocken der russischen Komponistin Galina Ustwolskaja, der Gotikerin von St. Petersburg, in den Saal, muskelkräftige Sonaten, sechs auf einmal, Klangquader, die man nur mit angespannten Kaumuskeln und am Rand des Platzens dahinvibrierenden Halsschlagadern aus dem Klavier herauszumeißeln vermochte. Unter diesen sechs Monumentalquadern pro Konzert tat es der spätere Salzburgintendant nicht. Obwohl er behauptete, es handle sich um introvertierte Musik, musste man ernstlich befürchten, er würde mit dieser Musik explodieren, die wie Gesteinstrümmer ins Publikum barst, wenn er sie spielte, und mit ihr in den Saal hineinfliegen.

Insgeheim, gestand mir der Salzburgintendant an diesem Abend, arbeite er sich an Schostakowitschs Präludien und Fugen ab. Mit dem Ergebnis war er nie zufrieden, nur im Rahmen dieser Inszenierung spielte er ein paar dieser Präludien und Fugen öffentlich, und zwar so schön, dass man seine Unzufriedenheit nicht verstand. Vielleicht, dachte ich, hatte ihn diese Nichtzufriedenheit in das Amt des Salzburgintendanten fliehen lassen. Niemand verstand das besser als ich, der aus der Möglichkeit, Autor zu sein, in das Amt eines an Politschmiere desinteressierten politischen Redakteurs geflüchtet war. Es kann höchste Erfüllung bedeuten, wenn einer auf verschiedenen Gebieten viel erreicht. Aber die multiple Identität stellt als Modekrankheit der Epoche eine der traurigsten Ausreden dar. Alle machen alles, niemand macht was richtig.

Wieso laden mich alle ein? Der Salzburgintendant lädt mich ein, nach Salzburg zu kommen. Ich war noch nie in Salzburg, sage ich. Will sagen, ich sei oft in Salzburg gewesen, aber nie bei den Festspielen. Der Salzburgintendant versteht mich recht. Kann ich Sie nicht verführen?, fragt er. Als wäre ich nicht verführt genug. Das große und das kleine Ohr sitzen mir im Nacken und verführen mich an der Nase herum, nun schickt sich dieser nette Kerl an, mich zu versuchen. Mit seiner dunklen Kleidung und seinen langen, schwarzen, etwas fettigen und am Hinterkopf bereits schütteren Haaren beginnt er auszusehen wie ein weniger seiner Schauspielkunst als seiner schlechten Manieren wegen berühmter Wiener Schauspieler. Vielleicht erinnert mich sein sardonisches Lächeln an den Schauspielerrüpel. Aus dem dunklen Künstlerernst seiner Miene, der sich gut zum dunklen Gewand trägt, leuchtet es immer wieder auf. Kann ich Sie nicht verführen?, fragt der Salzburgintendant, dessen Manieren über jeden Zweifel erhaben sind, lächelnd noch einmal.

Kann ich Sie nicht zu den Aufnahmen der Brendels verführen?, fragt der ernste Wolfram, dieses Inbild der Wohlerzogenheit. Anscheinend wäre Brendel mit meinem Kommen einverstanden. Man sucht sich seine Kiebitze aus, wenn man kann. Wolframs Einladung und Brendels Einverständnis, welch wunderbare Geschenke!

Danaergeschenke. Ich brauche nicht in den Kalender zu

schauen. Längst habe ich Vera versprochen, sie auf ihrer Reise nach Gütersloh zu begleiten. Sie soll den Andruck eines von ihr gestalteten Kochbuchs überwachen. Wir wollen über Südböhmen fahren, die klassischen Stätten in Thüringen besuchen und ein paar Bildungslücken schließen. Farewell, Brendel! So ein Drucktermin lässt sich nicht verschieben, ich bin eine Unverschiebbarkeit, bin in einen Just-in-time-slot gepresst, bin disponiert und übel dazu, bin das Bedauern persönlich, bin untröstlich. Ich sage Wolfram ab. Ich sage dem Salzburgintendanten ab. Ich sage mir selber ab. Ich komme mir vor wie Benedetti-Michelangeli. Nein, schlimmer, ich bin nicht einmal launisch, kapriziös oder unberechenbar, ich bin die Zuverlässigkeit in Person. Ich verpasse zuverlässig, was zu verpassen ist. Dort, wo ich nicht bin, dort ist Brendel. Wie geplant, so geplatzt. Tausche Lücke gegen Versäumnis.

Es war heiß in Wien. Hatte ich nicht eben noch den unbehausten, windumbrausten Brendel kärntnerstraßenabwärts gehen sehen, vorbei an irren Winterhunden und vor Kälte klirrenden Straßenmusikanten, in Richtung Musikverein? Jetzt war es vorbei mit dem Frost, jetzt regierte die Wiener Hitze, die in den Hundstagen eine Affenhitze sein kann. Diese Tage vermögen selbst eine so gute Konstitution herauszufordern, wie Brendel sie hat. Klimaanlagen surren und brummen, die Beethovenaufnahmen würden ohne Kühlung in dieser von den Mauern nicht mehr abzuhaltenden Hitze kräfteraubend und mühsam werden.

Wiener Mauern heizen sich langsamer auf und kühlen langsamer ab als die Luft. Sie speichern die Temperatur der früheren Jahreszeit. Man geht in der größten Hitze an einem Hauseingang vorbei, und es weht einen kühl an, nicht weil eine Klimaanlage herausbläst, sondern weil in den Mauern noch das alte Wetter sitzt. In den Wiener Wohnungen herrscht immer altes Wetter. Kommt man aus der Hitze hinein, ist es kühl; hat sich die Hitze drinnen einmal festgesetzt, kann es draußen abkühlen wie es will, man wird noch wochenlang gesotten. Hier hockt das Gestern in den Häusern. Eingeweckte Zeit.

Ich würde die am Steinhof vorhandene klimatische Ungleichzeitigkeit nicht prüfen können. Ganz unfroh war ich nicht, aus der Stadt hinaus zu kommen. Statt mit Wolfram und den Brendels gemeinsam in der Wiener Steppenhitze dahinzuschmelzen, würde ich in grünen deutschen Kleinstädten den Goethe- und Bachtouristen machen.

Ich rufe Mutter an, um mich für ein paar Tage zu verabschieden.

Wie geht's dem Buch?

Welchem Buch?

Dem Brendelbuch.

Es wird kein Brendelbuch, die haben mich da in was hineingeredet, ich weiß selber nicht, was es wird.

Spann mich nicht auf die Folter, dafür bin ich zu alt.

Nein, ich weiß es wirklich nicht. Entschuldige, ich muss jetzt.

Fahr vorsichtig. Lass was hören. Und ruf mich an, wenn du wieder zurück bist.

Das kuriose Karlsbad hat kein Zentrum, jedenfalls finden wir es nicht gleich. Karlsbad scheint aufs erste nur aus bleichen, kastenartigen Hotels zu bestehen, die sich die gewundene Hauptstraße entlang hinter Bäumen mehr verstecken als aufreihen und allesamt keine Zimmer für eine Nacht vermieten wollen; vor lauter Zimmersuche übersehen wir das Karlsbader Zentrum. Dann finden wir es doch, das Zentrum, besser die Zentren, genau genommen sind es drei.

Die Eröffnung des Filmfestivals steht unmittelbar bevor.

Wir treiben mit Mühe eine Unterkunft in einem von Vietnamesen geführten Stundenhotel samt Chinarestaurant auf, wo zwei russische Zuhälter mit mächtig wattierten Sakkos herumstehen. Halten sie bloß Maulaffen feil? Handelt es sich um Filmschaffende? Warten sie auf Anschaffende? Globalisierung in Karlsbad. Offenbar sind noch nicht genügend cineastische Zuhälter eingetroffen, also überlassen uns die Kerle gnadenhalber ein Zimmer. Wir bleiben die einzigen Gäste.

Karlsbad, Goethegelände. Was der alles zugleich konnte: der schönen Habsburgerkaiserin Ludovica ebenso wie dem Habsburgerfeind Napoleon huldigen. Und huldvoll der deutschen nationalen Jugend begegnen, die wiederum ihm, Goethe, huldigte. Ein Riesengehuldige. Dabei nichts verhuldigen, nichts verhudeln, nichts verhuren. All die widerstrebenden Elemente aufs eleganteste im Schwebezustand halten – allein dafür muss man ihn bewundern, sage ich zu Vera.

Wir hatten uns doch darauf geeinigt, die Verehrung nicht bis zur Anbetung zu treiben? Vera bleibt marmorkühl.

Wenn wir schon in Karlsbad seien, und ich doch gerade allerhand über Goethe gelesen hätte, murre ich.

Bildungshuber! Das sitzt.

Jeder Dummkopf könne sich mit goethekritischen Anekdoten wichtig machen, Goethe das Talent eines großen Dichters, aber den Charakter eines Speichelleckers attestieren, erwidere ich.

Ob ich jetzt in Ermangelung Brendels mit Goetheanbetung anfangen wolle? Kann man nicht bei dem sein, den man liebt, liebt man den, bei dem man ist, das sei ja wohl das Motto meiner Generation.

Keine Rede von Anbetung meinerseits, widerspreche ich. Weißt du, dass Goethe ein Paket Noten, das ihm der vor unterwürfiger Verehrung zitternde Schubert durch seinen Freund Spaun senden ließ, nicht einmal öffnete, geschweige denn beantwortete?

Vielleicht war es nicht korrekt adressiert oder formuliert? Vera versucht weniger Goethe in Schutz zu nehmen als mich zu ärgern.

Nein, das Empfehlungsschreiben hat Spaun verfasst. Der war Freiherr und wusste, wie man so was macht. »Diese Sammlung nun wünscht der Künstler Ew. Exzellenz in Unterthänigkeit weihen zu dürfen, dessen so herrliche Dichtungen er nicht nur allein die Entstehung eines großen Teils derselben, sondern wesentlich auch seine Ausbildung zum deutschen Sänger verdankt.« Bedeutungsvoll lese ich es Vera vor. Und lese in ihrem Gesicht: Schon wieder falsch, den Text gleich bei der Hand zu haben!

Sie tut, als ließe sie es durchgehen. Merkwürdige Härte, so ein Schreiben zu ignorieren, sagt sie dann doch. Möchte man Goethe nicht zutrauen.

Fängst du jetzt wirklich an, ihn zu verteidigen?, frage ich. Ich dachte, das sei meine Rolle.

Ich müsse nicht mit allem Unrecht haben. Auch sie finde es idiotisch, einiger unverständlicher Dinge wegen den ganzen Goethe zu verachten. Höfling sei zwar Höfling, aber Amt sei nicht Mensch.

Und Charakter sei nicht gleich Werk. Darin sind wir uns also einig, stelle ich, Freund der Harmonie, zufrieden fest. Sonnenauge und Schattenseite gehörten eben zusammen. Ohne Verfehlung keine Verehrung, ich möchte beinahe behaupten, ohne Verfehlung verfehlen wir die Verehrung.

Dir darf man nie Recht geben, gleich übertreibst du wieder. Vera, Freundin der Dissonanz.

Ich übertreibe nicht, ich will bloß verehren können. Kritik

als konditionierter Reflex ist ein Problem, das solle man zwar nicht laut äußern, als so genannter kritischer Journalist schon gar nicht. Wahr sei es doch. Wir sind umstellt von kritisch gestimmten, auf kritisch getrimmten Meerschweinchen. Kritikfähigkeit ist kein individuelles Vermögen mehr, sondern ein angesagtes soziales Verhalten.

Ob ich vorhätte, den Beruf zu wechseln, fragt Vera. Oder eine Berufsunfähigkeitspension anstrebe?

Nein. Sie könne mich auslachen, aber eine verehrungswürdige Autorin habe festgestellt, unser Selbstbewusstsein beruhe mittlerweile geradezu darauf, dass wir uns weigern, jemanden zu verehren. Verehrung widerspreche unserer kritischen Grundeinstellung. Da sei was dran.

Kritische Grundeinstellung, was soll das heißen? Dass man alles mit seinem Verstand annagt, zersetzt, nichts und niemanden unversehrt lässt?

Nein, eben nicht. So habe man immer die Aufklärung diffamiert. Mir gehe es auf die Nerven, alles unverehrt zu lassen.

Vera ist nicht zufrieden. Ob Verehrung denn bloß bedeute, jemanden nicht anzutasten? Dann hast du mit deinem Tastengott ein Problem!

Den Ausdruck Tastengott verbitte ich mir. Auf die Herren Brendel und Goethe eifersüchtig zu sein habe sie wahrlich keinen Anlass.

Wahrlich? Vera schüttelt unwillig ihre langen, silberblonden Locken. Ob ich jetzt wunderlich würde? Sie sei nicht eifersüchtig, und ich wisse es.

Wozu auch? Sie könne eben nicht die Einzige sein, die auf meine Verehrung Anspruch erhebe, sage ich. Man müsse die Anbetung, die falsche Verehrung, bei der man sich selbst aufgebe, von der Ehrerbietung unterscheiden, die man einem großen Werk, einer großen Person entgegenbringe. Verfehlungen müsse man sehen, sie dürften einem aber nicht das gesamte Bild zerstören, siehe das ignorierte Schubertpaket.

Du schaust ja auch nicht alles an, was auf deinen Schreibtisch kommt, sagt Vera, das ist bekannt.

Ich bin nicht Goethe, und es ist nichts von Schubert dabei.

Weißt du, was sich unter deinen ungelesen gelöschten E-Mails für Wunder befinden?

Mein wunder Punkt – ich weiß es nicht. Ich rufe Leute absichtlich dann an, wenn ich weiß, ich erreiche sie nicht, wie umgekehrt sie mich nicht erreichen, wenn ich erreicht werden möchte. Wichtige Mails beantworte ich umso weniger gern, je wichtiger sie mir scheinen. Ich brauche Zeit für eine gute Antwort, und die Zeit vergeht, während ich mir Zeit nehme. Die zu beantwortenden Mails sinken tiefer und tiefer in die Mailkiste, bis sie im Bodensatz der abgelagerten Elektropost verschwunden sind und der digitalen Selbstauflösung entgegendämmern. Der Meeresgrund meines Tiefsinns ist übersät mit versunkenen Botschaften.

Zeitungen kann ich nicht wegwerfen, weil sie Wichtiges enthalten könnten, das lang erwartete Wunder, das alle verfehlt haben, außer mir. Das nur für mich erschienene Schubertlied, in einem Paket, das ich nie öffne, aber aufhebe, weil darin dieses Schubertlied enthalten sein könnte. Sinnlos fülle ich meine elektronischen Speicher über jedes Maß. Digitaler Sand. Stummes Silizium. Die sieben sandigen Jahre. Ich: eine übergehende, tiefgründig sandige Leere.

Man bräuchte einen Sekretär, klage ich. Brendel hat ein Sekretariat. Goethe brauchte seine Ideen nur zu diktieren, der musste seine Post nicht selber aufmachen. Null E-Mail für Goethe, außerdem.

Wie man sieht, schützt das nicht vor Katastrophen.

Goethes Sekretär – der Schuldige des Schubertdebakels? So

leicht lassen wir den Geheimen Rat nicht davonkommen. Wahrscheinlich spielte das schnelle Wort eines Beraters vom Format Carl Friedrich Zelters eine Rolle, des »wackeren Zelters«, auf den Goethe hörte und der was Abfälliges über Schubert brummte. Berater: zu allen Zeiten unheilvoll. Nie gab es mehr davon als heute. Die Epoche der Berater. Zu viele Ratgeber treffen auf zu viele Meerschweinchen: schönes Epochenende!

Der Sekretär hat die Existenz des Pakets Goethe nicht verheimlicht, erkläre ich. Der Eingang der Sendung ist im Tagebuch vermerkt. Vielleicht hat sie sogar jemand aufgemacht. Angeblich war kein Klavierspieler zur Hand. Da kriegt der seine eigenen Lieder ungefragt vertont zugeschickt, darunter »Gretchen am Spinnrade«, und hört sie sich nicht einmal an!

Aber täglich diktieren, um nachweltfähig zu bleiben, das konnte er, der feine Herr Goethe. Geht's nach Vera, ist Machismoverdacht nie unangebracht. Jetzt tickt sie wieder richtig.

Meerschweinchenalarm! Diktieren ist nur dann ein Privileg, wenn man einen Sekretär hat, präzisiere ich.

Wie alle Schreiber wünsche ich mir, keinen Gedanken unerfasst zu lassen, ihn zu haben, ohne ihn aussprechen und aufzeichnen zu müssen. Erst einmal Zeit haben, ihn zu haben! Balduin Bählamm, Wilhelm Buschs stets an der Ausführung gehinderter Dichter, erleidet es: Immer hält einen wer vom Werk ab. Dazu das Geflüster der Verführer, man hört sein eigenes Wort nicht mehr. Als wüsste man noch, was das eigene Wort ist. Ginge es nach dem Tüchtigen in mir, hätten meine Sakkos längst Mikrophone und kleine Speicher eingebaut, in die ich meine Einfälle beiseite sprechen würde; das wäre übrigens eine für den Buchteldichter praktikable Erfindung. Wenn man schon in einem fort Gedanken festhält, sollte man die Hände tunlichst teigfrei halten. Weder Teigware noch Software! Für eine warenfreie Literatur! Ach, unsere losungslose Zeit.

Software, die Gesprochenes in Schriftdateien verwandelt, gibt es bereits. Horrorvision: Die hysterischen Schwärme der Blogger bräuchten bloß ins Mikrophon zu blöken, schon stünde es in allen Netzen geschrieben. Noch schneller, noch spontaner, noch schwachsinniger. Hirnsandstürme. Homunculus acervulus. Die letzte, die heißeste Höllenstufe: der Stecker im Hirn, die Sonde im Sand, die alles gleich in Schrift übersetzt. Zeitenende: Alle gehen allen überall unausgesetzt gleichzeitig auf den Wecker. Müllgebrüll. Nie Stille.

Du bist aber drauf!, sagt Vera. Was, nebenbei gefragt, Brendel mit alldem zu tun habe? Habe er je die Verfehlung Goethes an Schubert beklagt?

Mir ist nichts Derartiges bekannt. Aber er zitiert einen Satz von Goethe: Der wolle »das Positive nicht zu sehr verehren, sondern (...) es ironisch behandeln und ihm dadurch den Charakter des Problematischen erhalten«. Für diesen Satz, sagt Brendel, möchte er Goethe die Hände küssen, was, von Bürgerlichem zu Bürgerlichem gesagt, selber wieder eine ironische Figur ist.

Selbst Vera muss zugeben, dass beides schön ausgedrückt ist, die Rettung des Positiven durch dessen ironische Behandlung und die Annahme der Rettung durch einen virtuellen Doppelhandkuss. Dein Tastengott muss Hände mögen, er hat einen manuellen Beruf, schiebt sie maliziös nach.

Wenn die Ironie dazu dient, das Positive problematisch zu erhalten, soll sie mir recht sein, sage ich. Als Abschaffung des Positiven, als dessen Ersatz durch umfassende Ironisierung von allem und jedem, als schwacher Kritikersatz, als Pose und als kritikbereite Stimmung kann sie mir gestohlen bleiben.

Es riecht nach Heimat, stellt Vera fest, als wir uns Weimar nähern. Sie stammt aus Ex-Jugoslawien, kennt den Geruch billiger Braunkohle und behauptet, ihn sogar im Sommer riechen zu können. Ich wittere nichts Außergewöhnliches, sie hingegen ist einmal im Winter da gewesen und hat die Braunkohle noch in der Nase. Seltsamer Ort, dieses Weimar. Voller Wunder, aber bar jeder Lebensart. Kein brauchbares Kaffeehaus, kein Restaurant, nichts. Gedenkstätten, aber keine Bäckerei. Was aussieht wie eine Bäckerei, stellt sich als brotlose Filiale einer seelenlosen Brotfabrik heraus. Hier backen sie jetzt andere Brötchen. Ahnt der Deutsche die Verachtung, mit welcher der Österreicher das Wort Brötchen ausspricht?

Rostbratwürste, gut. Die kann man gelten lassen. Aber nur die und sonst nichts. Sie riechen nach Kohle. Holzkohle, Braunkohle. Ein geselchtes Land. Man kommt, wenn auch mit Vorbehalten, voll geistiger Erwartung und trifft auf Biedersinn, Geschmacklosigkeit und Unform in jeder Lebensäußerung. Dass der ortsansässige Musikologe einen Abend organisiert hatte, an dem er Brendel-Gedichte vortrug, die er mit Maurizio Kagels »Zehn Märsche, um den Sieg zu verfehlen« und mit pantomimischen Darbietungen garnierte, war mir entgangen.

Bratwurst auf dem Marktplatz, avec Gummibrötchen. Über uns, auf dem Balkon des Hotel Elephant, eine gelbe Plastikstatue, Thomas Mann darstellend. Im Baedeker zitieren sie sieben Zeilen aus »Lotte in Weimar«, natürlich die Stelle, wie der Dichterfürst nach dem Theater im Wagen auf Lotte wartet. Der Roman ist rostbratwurstfrei, aber voller Sekretäre und voller Elephant. Dieses von den Nazis in kläglichem Stil neu erbaute, zur Goethezeit von Berühmtheiten besuchte und bewohnte Haus wird nun durch die gelbe Figur auf dem Balkon vollkommen entstellt, auf eine

Art, die wahrscheinlich »Intervention« genannt werden will. Der Versuch, in diese historische Umgebung etwas Querliegendes zu platzieren, im Klassikreich der Denker für einen so genannten unkonventionellen Denkanstoß zu sorgen, Sehgewohnheiten zu irritieren, und wie man künstlerischen Provinzialismus sonst noch definieren mag, ist auf quälende Weise missglückt. Mannomann: Kunst und Gummibrot, eine wie das andre tot.

Im Goethehaus am Frauenplan der Gelbe Saal, das Empfangszimmer. Die Farbe Gelb erleichtert das Gemüt, den Gästen sollte warm ums Herz werden, anders als den Rostbratwurst Kauenden beim Anblick des plastifizierten Thomas Mann. Hier saß der arme, aus dem Elephant herübergekommene Grillparzer und drehte vor Verlegenheit das Brot zu Kügelchen, was »unschöne Brosamen erzeugte«, wie er berichtet, worauf Goethe, der Grillparzer neben sich gesetzt hatte, »mit dem Finger auf jedes einzelne tippte und sie auf ein regelmäßiges Häufchen zusammenlegte«. Der in Gegenwart des auf ihn halb wie ein König, halb wie ein Vater wirkenden Geheimen Raths vor Ehrfurcht gelähmte Grillparzer fügt hinzu: »Spät erst bemerkte ich es und unterließ denn meine Handarbeit.« Salve!

So sind wir Österreicher, servile Naturen, wie Friedrich Hebbel bemerkt, dessen Tagebücher übrigens Alfred Brendel in einer Auswahl herausgegeben hat, Brödler, Brösler, achtlose Krümler. Brotsauhaufenproduzenten. Ösibrösis. Nur wir konnten das Wiener Schnitzel erfinden. Es braucht das deutsche Genie, um durch unser Bröselchaos den Flor der Häufchenordnung schimmern zu lassen. Unsereiner sieht zu, dass die Panier souffliert und hübsche Blasen wirft, unter denen das zart geklopfte Kalbfleisch durchscheint. Das Aufgehen der Panierblasen bewirken wir durch bedachtsames Erhitzen des Schmalzes und kunstvolles Schütteln der Pfanne. Servus, die Herren, das ist unsere Klassik!

Wir und ihr, eine Verfehlungsgeschichte auf allerhöchster Ebene. Franz Grillparzer bringt vor Ehrfurcht kaum ein Wort heraus, Goethe öffnet aus Achtlosigkeit nicht einmal Schuberts Notenkonvolut. In Weimar bluten auch unsere Wunden. Nur Ludovica in Karlsbad machte alles richtig. Mir würde es schon reichen, gäbe es in Weimar Brot, das sich krümeln lässt.

Brot ist ein Streitpunkt zwischen Vera und mir. Wir führen eine Brotbeziehung, Brotschneidbeziehung, eine Brotstreitbeziehung. Sie als Slawin ist der Meinung, man müsse alles Brot aufschneiden und den Gästen hinstellen. Potlatsch. Ich, Diminutivwestler, sparsam und immer ein Plänle in der Hinterhand, bin der Ansicht, man gibt ihnen Messer und Brot, sollen sie sich schneiden, abschneiden, so viel sie wollen und brauchen. Einmal aufgeschnitten, trocknet Brot aus. Du Verschwenderin, sage ich. Du Klemmer, sagt sie. Man soll die Leute nicht bevormunden, sage ich. Man darf sie nicht entmündigen, sagt sie.

So teilen wir unsere Tage ein, so teilen wir uns ein und teilen einander aus. Der Mensch hat im Leben, wenn's hoch kommt, eine Idee, die meisten können nicht einmal die ausdrücken. Und er hat ein einziges Muster, nach dem er sich verhält. Unser Muster ist Brot. Das Muster zu durchschauen ändert nichts. Betäubung hilft. Wein zum Brot.

Machen wir einen Plan, ein Nacheinander, wir haben ja nicht ewig Zeit, sage ich. Sie will das noch sehen, und jenes auch noch, was ihr halt gerade ins Auge fällt, das Bauhaus, eine Expressionismusausstellung, die Bibliothek sowieso, die Liste hatte sie erst begonnen. Sie ist Malerin, Augenmensch, wie man sagt, und sieht ständig etwas, was ich nicht sehe, weil ich etwas plane. So hindern wir uns an der Verständigung über die simpleren Tatsachen des Lebens.

Ich: Warum willst du immer alles auf einmal?

Sie: Warum siehst du überhaupt nichts?

Ich habe das alles anders gesehen, sagt Vera im Auto. Für mich ist Weimar voller Ginkgo, Ginkgoblätter in den Auslagen der Juweliere, auf Ansichtskarten und in Büchern, sogar bei den Konditoren. Überall Ginkgo, sogar Ginkgo-Foodstyling, hast du das nicht mitgekriegt, du in deinem Bratwurstwahn? Und die Studenten von der Uni, das schicke Lokal an der Ecke mit Aussicht auf den Frauenplan – also ich finde Weimar nicht so schlecht.

15. Eisenach

Vera, Vera, gibt mir meinen Brendel wieder! Das soll wehleidig klingen. Am Rand der Autobahn der Teutoburger Wald. Arminius, der Freiheitskämpfer. Der sich am Ende, wie die meisten, auch bloß zum König aufschwingen wollte, doziert Vera.

Was soll das heißen, auch?, frage ich, stets auf der Hut. Spezialität des Cheruskers: Überfall auf Marschkolonnen, am besten in Engpässen. Feiner Taktiker, ausgepichter Feldherr. Kultivierter Mann, keinesfalls Barbar. Legte gern selbst Hand an beim Metzeln, watete im Blut römischer Legionen, alles im Rahmen zeitgenössischer Feldherrnkultur, zwang nur im Notfall das Schlachtglück durch Einsatz von Stimme und Körper.

Brendel nimmt am Steinhof gerade die A-Dur-Sonate auf, bei der ich so gespannt darauf war, wie er das Scherzo anlegen würde. Ich bin ein Mann der Scherzos. Die Schwierigkeit liegt in den gebundenen Noten des Klavierthemas – soll man die zweite hören oder nicht? Soll sie wie ein Echo klingen, soll eher ein Vibratoeffekt erreicht werden, sollen deutlich zwei Töne oder soll bloß einer hörbar sein? Till, von dem bereits eine Aufnahme mit einem berühmten Cellisten existiert, spielt sehr prononciert das Echo, eine überzeugende Lösung. Brendel, der Anschlagkünstler, von dem man Spektakuläres erwartet hätte, nimmt's dezenter, also weniger wichtig, spielt zuerst glatt gebundene Viertel, lässt den Halleffekt erst im Lauf der Entwicklung des Stücks stärker hervortreten, betont am Anfang stärker die Basslinie. Wodurch Adrians mit großer Würde und schönem Ebenmaß gespieltes Cello besser hervortritt. Zurückhaltung im Einzelnen erhöht die Wirkung im Ganzen. Schönes Zusammenspiel unter Verwandten ist selten. Arminius wurde am Ende von Verwandten mit der von ihm selbst bevorzugten Strategie umgebracht. Sie lockten ihn in einen Hinterhalt. Ich fahre im fadesten Westfalen herum, statt am Steinhof zuzuhören.

Gütersloh: bestehend aus zwei Weltkonzernen. Welthauptstadt der Hausfrauenträume. Miele weiß, was Frauen wünschen. Ein Spritzer ins Becken, und die Hausfrau strahlt, sagte man zu Zeiten des Wirtschaftswunders. Hier die Wunschzentrale, aus der die leise schnurrenden, ewig haltenden und sauteuren Haushaltshelfer kommen. Dort der zum Medienweltkonzern hypertrophierte Buchklub: monumentaler Biedersinn, Bertelsmann-City. Mohnstadt. Zum Vergessen.

Komfortabel trostlose Unterbringung im konzerneigenen Hotel, dem ersten Haus am Platz, Sechzigerjahrechic, tadellos gezapftes Pils, funktionierendes Breitbandinternet, damals noch nicht selbstverständlich. Umsorgung. Service rund um die Uhr, weil auch rund um die Uhr gedruckt wird. Arbeitet sie, versteht Vera keinen Spaß, dann ist es aus mit Potlatsch. Malt sie, gibt es weder Gespräch noch Pause, bis das Bild fertig ist – der umgedrehte, nach innen gerichtete Potlatsch, der so genannte Schaffensprozess. Kreative Konzentration als Zerstörung des Sozialen. Und du, beim Schreiben?, stichelt sie zurück. Schon gut.

Andruckkontrolle, Farben prüfen, Farbchemie schnüffeln unter dröhnenden Drucktürmen, von Facharbeitern per Knopfdruck reguliert. Zwischendurch Herumhängen in neonbeleuchteten Aufenthaltsräumen bei Teutoburger Kaffee. Kaffee auf der ersten Silbe betonen. Káffe. Geblendet in Gütersloh. Die Beleuchtung denken die sich aus, um Qualitätskontrollore zu entnerven. Wie jemand nach dieser Neonkammer noch eine Farbe erkennen kann, ist mir ein Rätsel. Das Ergebnis scheint passabel zu sein, Vera lässt es passieren. Später stellt sich heraus: alles bestens. Der Kundenbetreuer weicht nicht von ihrer Seite, es ist ein Großauftrag. Kontrolliert die Kontrollore!

Draußen die alten Fachwerkhäuser wie geschrubbt, merkwürdig patinalos. Der ganze Ort das Museumsdorf eines Updikeromans. Gehsteige, staubgesaugt. Nix wie weg hier. Eisenach haben wir uns für die Rückfahrt aufgehoben.

Auf der Autobahn ist der Ossi bereits gleichauf. Dunkle Limousinen in Dreierpulks, Wildes Heer, das einem mit der Lichthupe meterknapp im Nacken sitzt, obwohl man selbst 160 fährt: das ist bundesrepublikanische Normalität. Moderne Aufklärung im Rückspiegel. Einleuchtende Massenpoesie. Sterne des Bundes. Herren der vier Ringe. Stoßstange an Stoßstange. Blutsäufer. Kannibalismus erst seit zwanzig Generationen ausgestorben. Einzelfälle werden immer wieder mediennotorisch. Unwillkürlich schaut man ab und zu über die Schulter: Glatzenkontrolle. Braunkehlchen. Braunkohle, in Eisenach rieche auch ich sie. Rostschwaden über der engelsgrauen Stadt. Ungeheilte Flucht, Industrieflucht, Sozialismusflucht, Bachflucht, Lutherflucht.

Nicht einmal Homosexuelle wissen, wo man hier gut isst. Wir fragen aus Verzweiflung und Wurstüberdruss einen schwulen Buchhändler, er freut sich unserer Anfrage und schickt uns in ein Landgasthaus, wo sie mit heißem Bemühn und bar jeden Stils fette Stücke Schweinefleisch braten, mit triefenden Bratkartoffeln dazu, nicht ein Hauch Gemüse, kein Blatt Salat, immerhin haben sie trinkbares Bier. Man sitzt in einer Art Garagenbunker, umschwelt von Rostrauch. Neubaustimmung, sie erweitern. Freundlich grunzende Thüringer an den Nebentischen. Unser Herkommen weist uns als Kenner des feinen Essens aus. Östreicher, naturgemäß. Lebensart. Dafür dreißig Kilometer. Zum Verzweifeln.

Das Hotel eine Abzockbude ohne Internet. Obwohl es im Prospekt als inkludiert angekündigt ist, wollen sie massig Extraeuro. Streit. Dann funktioniert's trotzdem nicht. Egal, wir sind in Bachs Geburtsstadt. Während Brendel vom Problem der gebundenen Viertel in der A-Dur-Sonate zu einem Variationenwerk übergeht, geben wir es auf, gierigen Postkommunisten zu erklären, was wir als minimalen zivilisatorischen Standard voraussetzen. Die lernen's nimmer. Nicht, solange wir hier sind.

Jetzt noch die Wartburg. Der Raum mit dem grünen Kachelofen, dem dreibeinigen geschnitzten Sessel, dem alten Tisch, der rohen Holzwand, dem von den Burgwarten über die Jahrhunderte eifrig erneuerten, stets als original hergezeigten Tintenfleck in der Lutherstube: Wie Luther den Teufel in Gestalt eines Hundes mit dem Wurf eines Tintenfasses vertrieb. Hunde sind seither im gesamten Burgbereich an der Leine zu führen und dürfen während der Führung im Museum nicht mitgeführt werden, sagt die Eintrittskarte. So sind sie, unsere deutschen Freunde, immer ein Führungsproblem. Statt Führung sofort Rührung und Sehnsucht nach Cato. Thomas Mann hatte, als er den »Doktor Faustus« schrieb, ständig einen schwarzen Pudel namens Nico um sich. Furry Underground: das Hundsvieh in Geschichte und Literatur. Karl V., in dessen Reich die Sonne nicht unterging, ließ sich von Tizian mit einem Hund porträtieren, der genüsslich an Karls Gemächt schnüffelt. Die Bibel, hier unter Plexiglas auf dem Tisch, übersetzte Luther, der Gegenspieler Karls wie auch des Höllenhundes, als er auf der Wartburg untergeschlüpft war, in angeblich nur drei Monaten. Deutsche Touristen, Belly-Dimension-T-Shirt-Parade, Rundköpfe, Kahlköpfe, meistens bärtig, bemüht, Betroffenheitsgesichter zu zeigen. Bloß kein Nationalstolz, auch besser so. Nur beim Tintenfleck so etwas wie Belustigung, dann gleich wieder zu viel davon, kollerndes Lachen. »Wie ihr seit so waren wir und wie wier sein so werdet ihr« – auf Pferden reitende Skelette als Wandmalerei. Weiß der Teufel, was das für welche sind.

Das Bachhaus ist nicht das Bachhaus. Bachs Geburtshaus ist weg, das Bachhaus ist das Bachnachbarhaus. Vom Bachhaus ist nichts mehr da, weder Möbel noch Instrumente. Butzenscheiben, Partituren, Briefe, Notenschriften und Dokumente, sympathisch zurückhaltend arrangiert; Hausgarten mit Zierfischteich. So hätte es im Kommunismus sein können, wahrscheinlich war es so, Bach entzog sich dem Krieg der Systeme. Der VEB-Führer, den ich im Gepäck habe, mäßigt seinen Histomatton, der Marketingkelomat hat hier noch keinen Druck aufgebaut.

Beruhigend: Bach kochen sie nicht weich. Die federleichtesten Oberironiker kommen bei Bach nicht ums Absolute herum. »Vielen Dank für die Wolken / Vielen Dank für das Wohltemperierte Klavier / und, warum nicht, für die warmen Winterstiefel.« Ja, Bach ist Allzumenschliches in vollkommener Unschuld. Bach ist die Erfahrung der Unendlichkeit für Sterbliche, Bach ist ein vollendeter Kosmos für Skeptiker, Bach ist Frömmigkeit für Atheisten. »Allein der Name, die vier musikerfüllten Lettern«, vier Töne, oft auch von ihm selbst in Kompositionen verwendet, besitze »Strahlungskräfte, wie sie in solcher Gewalt nur von einem religiösen oder weltanschaulichen Glaubensgrundsatz auszugehen vermögen«. So fromm schreibt der Pianist Edwin Fischer, der Josef Loidl Alfred Brendels. Vielleicht hätte ich mehr Bach spielen sollen, sagte dieser, als man ihn fragte, was er in seinem Leben anders machen würde, könnte er es. Welche

Platte er auf die einsame Insel mitnähme? Das Wohltemperierte Klavier, gespielt von Edwin Fischer.

Ein Musikstudent übernimmt die Moderation der nächsten Stunde, erzählt aus Bachs Leben. Wie der Waisenknabe heimlich nachts Noten abschrieb, aus einem Klavierbüchlein, das er mit seinen kleinen Händen aus einer mit Gitterstäben verschlossenen Truhe fischte. Sechs Monate hindurch kopierte er die Stücke bei Mondlicht. Als er fertig war, entdeckte sein böser großer Bruder, der obsorgende Organist, Johann Sebastians Geheimnis und nahm ihm unbarmherzig das Heft weg. Herzzerreißend gut erfunden, denke ich. Wäre es Mozart gewesen, hätte das Wegnehmen nichts genützt, der hätte sich die Noten auch so gemerkt.

Der Student spielt auf den vorhandenen zeitgenössischen Instrumenten kleine Präludien von Bach. Nein, jetzt nicht an die D-Dur-Fuge Beethovens denken, die Vorläuferin der großen Hammerklavierfuge, die gerade am Steinhof eingespielt wird, letztgültig eingespielt wird, während eine glückliche japanische Touristin die Blasbälge der kleinen Orgel bedient. Brendel würde das Wort »letztgültig« milde belächeln.

Im Saal des Bachhauses ist es, als stöbere man auf einem gemütlichen, leicht verstaubten Dachboden in fremdem Eigentum. Schräges Licht, lauter Holz: Balken, Bänke, Boden. Stille zwischen den Stücken, aufmerksam lauschen die zwei Dutzend Anwesenden dem feinen, leisen Klang des Clavichords. Es ist natürlich nicht aus dem Besitz von Bach, die Japaner glauben es trotzdem, bei denen ist nicht einmal frommer Schwindel nötig. Möchte wissen, was die über unsereinen denken, wenn er sich vor einem Shintoschrein danebenbenimmt.

Ein Clavichord dieser Bauart sei Bachs liebstes Instrument gewesen, sagt der Student, das konnte man im engsten Haushalt spielen, sogar des Nachts, wenn Anna Magdalena und die Kinder schlummerten. Sein Klang füllt nicht einmal den kleinen Saal. Keine Lärmmaschine. Ein Gerät, mit dem man Träume sanft poliert. Schlaf wohl, Johann Sebastian, schlaf wohl.

Ich schreibe Wolfram eine Postkarte aus dem Bachhaus, mit höflich-wehmütigem Gruß an Brendel. Sie wird ankommen, nachdem er abgereist ist.

16. Dareis Anthropos

Noch einmal läutet das Telefon.

Nicht dass ich abheben möchte.

Ich bin nicht zu Hause.

Hallo, hier ist Alfred Brendel!

Der Anrufbeantworter übermittelt einen neuen Vorschlag für ein Treffen.

Hallo, ich bin nicht da, ich bin verzweifelt, doppelt verzweifelt, denn wäre ich da, müsste ich absagen, im fernen Bregenz liegt mein Vater im Spital.

Es war nicht lustig.

In diesem schrecklichen Provinzspital kämpfte er um sein Leben. Der Hausarzt hatte ihn mit einem Herzkammerflimmern eingewiesen, damit ihm nichts zustoße, und alles, was ihm zustoßen konnte, stieß ihm dort zu: ein Schlaganfall, weil ihn der ebenso muskulöse wie gutwillige und dumme Rehabilitationskünstler überanstrengt hatte, Rossschwanz- und Goldkettenträger, Streitwagenfutter für die erste Schlachtreihe der Achaier; eine Lungenentzündung, weil kein Schild an Vaters Bett die Schwestern darüber informierte, dass er Abstinenz zu halten hatte, und ihm die Nächstbeste gedankenlos ein Joghurt fütterte, das er erbrach und dann in die Lunge einatmete.

Sprechen konnte er nicht mehr, pfeifend rang er um Atem. Gleichgültige Ärzte sahen bei der Visite verstohlen auf die Rolex. Schwestern wechselten in undurchschaubaren Schichten, keine teilte der Nachfolgerin etwas über den Patienten mit. Wir wachten rund um die Uhr am Bett, um das Schlimmste zu verhindern. Hätte sich nicht eine junge Ärztin gefunden, die meine Schwester kannte und die Zeitung las, für die ich schrieb, hätten sie meinen Vater dort in dieser elenden, von keiner dicken Mauer abgehaltenen Hitze umgebracht.

Man sitzt hier nicht und hört Musik, dachte ich, als ich dort saß, nicht mehr an Brendel denkend, dem Atem meines Vaters lauschend, seinem Atem nachdenkend, was er wohl denkt?

Der Atem: Er geht, nie geht er recht. Zu schwer, zu leicht, und ewig rasseln die Bronchien. Draußen rattert konstant der Kompressor für ein Paar harter Hiltihämmer, sie brechen breiweichen Asphalt. Auch das Baugewerbe ist in der Krise, hängt ab von der öffentlichen Hand. So baut sich ein neuer Flügel für die Anstalt, ein Flügel ohne Schatten, für eine Anstalt, worin anderes abhängt.

Dort gurgelt Sauerstoff, Stufe drei, durch den Schlauchweg zur Nase, Ernährung per Sack, viel Nadeln in wehen Venen, Gestocher, ein Blutfeld zitternder Turnusärzte, halbe Portionen in Weiß. Stechen, stechen, stechen, darüber weht tüchtig die Fahne mit den Befunden, oder auch nicht. Und draußen geht der Hammer. Kanülen geflickt mit Netzgebinde, stets bringen die Schläuche, darin das Rettende rinnt, zugleich die höchste Gefahr. Blutige Wattebäuschchen kleben am Finger, schwer atmet offenen Mundes der Patient, sprachlos gefangen im schattigen Käfig der Lähmung. »Bewegen Sie die Finger, spielen Sie Klavier, oh-wie-wohl-ist-mir, kühler Wiesengrund, o Voradelberg, aber verschlucken Sie sich nicht, das wird schon.«

Jeder Schluck eine Todesfalle, jede Hilfe ein Stich, gestochen gestochen, und es ist viel zu heiß. Nüchtern und schmucklos das Holzkreuz an der Wand, unbarock schauen dem Tod wir ins Auge, nicht eben todschick das Kreuz da, doch bedarf der Trost nicht des Zierats, so wenig wie der Patient der elektrischen Kühlung; immer die Frage der Kosten: Schmuckkosten, Fixkosten. Nüchtern und hölzern im Weiß hängt das Kreuz. Schweres Paket hängt mit faltiger Haut an diversen Schläuchen, gewogen und für 57 Kilo befunden, »Gewicht machen« nennen sie es, jede Barbarei spricht stolz ihr Argot. Umdrehen zu zweit, mit Kissen sichern, sauberhalten mit Windeln, die Creme für den Hintern kommt von Penaten, den guten Göttern der Ankommenden wie der Absterbenden, Amen.

Pilzlösung für den Mund auf das Schwämmchen am Stiel, es ist rosa. Die große Trockenheit aller Märtyrer. Blick in entzündete Augen von unterschiedlichem Blau – komme ich hier je wieder hinaus? Und wenn sie mich abhängen, wenn ich je rauskomme, nüchterner Herr, in welchem Zustand? Panik im Tigerkäfig. Gitterstäbe, dezent am Bett, den Knopf kann ich nicht ziehen, kann mich nicht heben und senken, entmündigt zu meinem Besten. Über mir schwebt am Kabel die Fernbedienung, wie schnell ich dort hinkomme, bedient wie ich bin, bleibt die Frage, und kann ich dann drücken, und werde ich wissen, was ich da drücke? Ferner Lichtspielalarm.

Auf dem Gang liegen Türken. Fenster auf oder zu, das ist die Frage, kommt nichts Kühleres nach. Als Stütze für den wunden Fuß, den wir salben mit elastisch übergezogenem Schutz, haben wir einen Handschuh aus Gummi, gefüllt mit Wasser, ein Wasserbett im Kleinen sozusagen. Wir sind erfinderisch, sprechen von uns im Plural – *pluralis excludens:* Wie geht's uns? –, drucken Speisekarten, machen Übergaben, schicken Speichel und Blut ins Labor. Trotzdem kann es passieren, dass es passiert, wir sind Menschen, und Sie hier sind unser Job, kann passieren, dass eine vergisst, die Übergabe zu lesen, zu schreiben, den kleinen Fehler macht, zu hastig füttert den Bissen, und aus ist das Leben, an ist das Kerzenlicht. Es fliegen die Türen ...

Ärzte sind ein Orakel. Das müssen sie sein, was liegt und was steht, Patienten, Verwandte wollen belogen sein, es ist die Mitleidlosigkeit nicht jedermanns Sache. Was alle wollen ist psychische Teilnahme, Mitnaschen am Plural. Unsere ist die exakte Wissenschaft von der frommen Lüge, wider besseres Wissen trösten wir, es fällt uns nicht immer leicht. Rätselraten auf unserer Seite, untermauert mit Daten aus dem Labor; dort wird das Ergebnis gebrütet, aber noch nicht mit Bedeutung versehen.

Laboranten haben keinen Namen für Atropos. Diagnose ist unser Job. Anrufung des Schicksals: ein Achselzucken. Gott des Zweifels, der auf der Schulter sitzt, räudige Elster, die uns das Beste stiehlt, Diebsvogel, der meine Zunge nahm. Der Metzger hier ums Eck heißt Schmuck. Kein Aufschnitt appetitlicher. Das Bett heißt Evolution, Englisch ausgesprochen, wie Design. Ein jedes Englisch ist schrecklich. Man kann es mit Knopfdruck in jeder Richtung bewegen, heben, senken, die Räder blockieren. Bei Herzalarm: wie's saust!

Am Haken über dem Kopf der Sack; Nahrung tropft in die Vene, wenn sie noch eine finden, wehe Vene, Blutstätte Brutstätte. Schlägt mir der Sacktropfen an, verliere ich jeden Appetit, es rostet der Darm, es verdorrt die Flora, florlos entdarmt ist so gut gestorben wie erstickt. Ich Vitaminensack! Bewirkt der Sack nicht, was er soll, müssen sie andere Öffnungen suchen.

Das Blut. Erst verdünnt zum Schutz von Hirn und Herz, müssen sie's wieder verdicken. Zum Schutz vor Dick und Dünn. Sack oder Schlag, unterschrieben »für Sack« von den nächsten Verwandten der Elster. Sack schlägt Kopf. Ohne den Kopf, den zustimmend Ablehnung lallenden, ohne die

Freude der Therapeuten – »Paah! – spitz die Lippen!« – kopfloses Ich, kann nicht einmal mehr entscheiden, ob ich entscheiden mag. Meine Hand wirft mich weg.

Die Farben sind weiß oder chamois. Fast alles hier hat Rollen. Ein Rollenreich, nur von außen bedienbar. Was himmelwärts strebt, ist verchromt, chromatischer Glanz der Aspiration, und Aspiration heißt hier so viel wie Einatmung: das hohe Ziel eingeatmeter Kotze, die nun meine Lunge verwüstet, verschattet, vereint mit Bakterien, denen sie Nährboden bietet. Sie haben ein Wort dafür: Infiltrat. Infiltrat: Das bin ich, die gute Osmosehaut, schon etwas brüchig, fleißig geschmiert, eingetropft nach den Regeln der Kunst.

Linoleum, schlampig gewischt von der Türkin, aufmerksam muss der Stationschef nachwischen, ein freundlicher Pfleger, mitleidsvoll gnadenlos, schmieren, immer schmieren. Über ihm Haken am Chrom, Haken im Kalkweiß der Decke, leere Haken greifen aus, die Sehnsucht des Hakens nach dem Schlauch. Kabel und Schicksal und Ich, was halt so hängt, ein Galgen aus Chrom, daran hanget das Schicksal und tropfet von chromenen Höhen in der Stunde unseres Absterbens in uns hinab, davon aber, vom Absterben, soll keine Rede sein.

Beweglich gemacht mit Rollen, gleitet der tropfende Galgen über das blanke Linoleum, den Türken zur Freude, die ihn mitrollen zur Rauchpause draußen am Balkon, Feinripp ärmellos, Trainingshose Seidenglanz, die Frau am Arm, den Schlauch in der Vene, freie Sicht auf den Hammer. Unten strahlt der Glanz in den Gängen, wo schimmernd das Gerollte sich spiegelt. Wer immer tropfend sich bemüht, den können wir erlösen, nach unten, nach unten, *non micat in vertice*, unten glänzt es finster, aus Höhlen, Schläuchen, Schächten, Tunnels, ich bin unterwandert, unterminiert, etwas kommt aus den Schächten, was sie dem Sauerstoff beimischen, was durch die Schläuche marschiert, Virenkommandos, Bakterienattacken, Keimkompanien, Bataillone aus dem Dunkel.

Sie haben ihnen die Einfallstraße in mich hineingestochen. Eine Sonde in meinem Bauch, durch die sie Wasser pressen, das läuft einseitig, keine Frage. Es geht in mich hinein Leben vielfältiger Art; manches aber von mir geht zurück in den Schacht. Datenaustausch von Lebewesen, Untergrund und zurück auf der Schlauchbahn.

Ich: ein Dunkel, in das man Löcher macht.

17. Ein heißer Tanz

Das Schlimmste verhindern? Das Schlimmste ist schon eingetreten: Vater wird nie mehr sprechen können, und er weiß es. Eine Träne rollt aus seinen verschieden blauen Augen über seine Wange, er, den wir nie haben weinen sehen, weiß, was wir wissen, als wir ihn liegen sehen, um Luft ringend: dass wir einander sehen, auch irgendwie miteinander kommunizieren, aber nie mehr miteinander sprechen würden können. Er sieht das Ende klar, aber dieses eine Mal nicht tränenlos. Dass es so enden muss, dass dieser sanfte Mann, den wir lieben und der für uns und viele andere alles getan hat, was er konnte, so daliegt, war kaum zu ertragen. Er war einer, der an sich selbst zuletzt dachte und diese Feststellung mit einer verächtlichen Handbewegung abgewehrt hätte.

Noch mehr als ein Jahr lang würde er darum kämpfen, ein paar unartikulierte Laute, ganz wenige Wörter hervorzubringen. Darum kämpfen, gehen und nicht bloß von anderen gestützt ein paar Schritte dahinstolpern zu können. Darum kämpfen, nicht als an den Rollstuhl gefesselter, anderen völlig ausgelieferter Pflegefall dahinzuvegetieren. Vergebens kämpfen. Das war zu viel für ihn. Erst als er niemandem mehr helfen konnte, kam er sich selbst in den Sinn, dachte ich. Was er erkannte, war zum Weinen.

Er schafft es in die Rehabilitation, die an seinem Zustand nichts ändert. Die Reha dient, so scheint mir, nur dazu, die Verwandten auf das Unabänderliche einzustellen. Vater weiß Bescheid, trotzdem versucht er alles, mit tugendhafter Disziplin tut er im Angesicht des Aussichtslosen, was angesagt ist, spielt mit Klötzchen, auch wenn er weiß, es ist sinnlos.

Mutter lässt ihn nicht gehen, er lässt sich nicht gehen. Da sitzt er auf seinem neobarocken Sessel im Wohnzimmer mit dem eichengelben Klavier von Hofmann & Czerny, eine karierte Decke über den Knien, von einer netten, ihm zu betriebsamen slowakischen Pflegerin umsorgt, den anschmieglichen Cato zu Füßen.

Ich weiß nichts zu tun, als ihm Mozart vorzuspielen, versuche es erst mit einer CD, aber die Musik dringt nicht zu ihm durch, mit Hofmann & Czerny scheint es besser zu gehen, die Schwingungen erreichen ihn, sein Gesicht, verquält vom Bemühen, zu hören und sich zu artikulieren, sieht nachher freier aus als vorher, die Lippen formen langsam das Wort: schön. Es kommt herüber wie von einem traurigen Clown und ist nicht ohne Ironie gesagt, denn schön war es nicht, aber gut gemeint, Mozart aus einem kunstledernen Band mit sämtlichen Sonaten, einer unmöglichen Uraltedition.

Jedes Mal habe ich ein schlechtes Gewissen, wenn ich aus diesem weinroten Band spiele, denn der weinrote Band gehört Loidl, ich hatte ihn nie zurückgegeben, das heißt, er gehört der Musikschule, die hat ihn Loidl wahrscheinlich längst vom Gehalt abgezogen. Ich kann nicht nach mehr als vierzig Jahren hingehen und die Sache zur Sprache bringen, da ich es versäumt habe, den Band rechtzeitig zu retournieren. Also lieber gar nicht hingehen. Lebenslang schlechtes Gewissen, wer möchte das missen?

Agathe und Anton wohnen auf dem Land nicht weit von uns und spielen jedes Jahr ein Konzert als Geschenk für die Bauern ihres Dorfes, wofür, ist nicht ganz klar, vielleicht dafür, dass die Landbevölkerung ihr Hiersein klaglos akzeptiert, nur eine Nachbarin hatte ihnen beim Umbau ein Fenster nicht genehmigt, sonst war alles ohne gröbere Bosheiten abgelaufen, dafür kann man schon konzertieren. Wohltätige

Einnahmen kommen der längst renovierten Kirchenorgel zugute. Eher als eine Spende ist das Konzert vielmehr eine Wohltat, um künftige Wohltaten zu erwirken, eine Geste, die zeigt, dass man sich aus der Dorfgemeinschaft nicht ausschließt, auch wenn man sich ihr nicht anschließt.

Nun haben die beiden eine diabolische Idee, und ich bemerke nicht, dass ihr Muster der seinerzeitigen Verführung des Josef Loidl gleicht. Bei einem Glas Wein unter der Buche fragen sie mich nebenbei, ob ich bei ihrem Konzert, bei dieser beiläufigen Geste zur Bannung ländlicher Bosheit, nicht mit ihnen auftreten möchte, das Repertoire an Duos sei doch etwas schmal. Zu dritt mache es mehr Spaß, und wir seien gewissermaßen schon eingespielt. Für gute Werke bin ich immer zu haben, geschmeichelt und in Weinlaune sage ich rasch zu, ohne die Konsequenzen zu bedenken.

Loidls List, da war sie wieder. Ich, wieder reingefallen. Lass das Kind vorspielen, das zwingt das Kind zu üben. Vermutlich dachten die beiden, ich bräuchte Stücke wie die ausgewählten überhaupt nicht einzustudieren, so leicht waren sie. Das spielst du doch vom Blatt! Das Programm enthielt jenes Haydntrio mit dem Tastendeckelschlag, mit dem ich den schnauzbärtigen Minister aus dem Schlaf gerissen hatte, der letzte Satz ein zigeunerischer Feger; das vom Blatt ertastete B-Dur-Divertimento von Mozart; außerdem Barockes, eine Triosonate von Corelli zum Beispiel, das spielst du sowieso vom Blatt, sagen Anton und Agathe. Und noch etwas mit den Mädchen. Die zwei Töchter der beiden sind junge Musikerinnen; naturgemäß, wie man sagen möchte, spielen sie mich an die Wand, es dauert nicht lange, da geht's uns genau so, erklären die stolzen Eltern. Im Musikaliengeschäft Doblinger greife ich nach einer Triosonate von Händel, g-Moll, meine Lieblingstonart. Treffer, sagt Agathe.

Als ich Vater besuche, ist es höchste Zeit, mit dem Üben zu beginnen. Hemmungslos führe ich ihm unser Programm vor. Das Klavier hat eine ähnliche Farbe wie Cato, mein dankbarster Zuhörer. Vater, der Hunde stets geliebt hat, ist unsicher, beinahe scheint er den großen Kerl zu fürchten, der sich an ihn schmiegt, dann fasst er ihm zögernd ins Fell und lässt ihn nicht mehr los. Cato liebt Mozart, er presst seinen Hintern an Vaters Schenkel. Schön, sagt Vater. Cato grunzt. Ich erzähle Vater vom Konzert. Er wird nicht dabei sein können, ebenso wenig wie meine Mutter und meine Schwester, die ihn pflegen. Sie bedauern ihre Abwesenheit schon jetzt.

Ehe ich abreise, fragt Mutter, wie es meinem Buch gehe. Ob ich Brendel schon getroffen hätte.

Nein, habe ich nicht. Aber ich bin dran.

Du spannst mich auf die Folter.

Was soll ich machen? Ich bin dran!

Meine Lügen in der Not hat sie immer durchschaut. Neuerdings kommt mir der Verdacht, sie steckt mit dem kleinen Ohr unter einer Decke.

An Proben ist nicht zu denken, Agathe und Anton sind auf Tournee, geben Konzerte, haben keine Zeit. Wir erledigen das in den Sommerferien konzentriert, meinen sie. Ich übe früh, ich übe spät, dazwischen kommt die Redaktion. Ich beginne wieder mit Tonleitern. Was heißt wieder? Ich habe nie Tonleitern geübt, jetzt muss ich mir eine minimale technische Grundlage schaffen. Also Skalen. Arpeggien. Oktaven. Fingerübungen. Das Konzert ist noch drei Monate entfernt, als wir uns in Wien zu einem ersten Durchlauf einfinden.

Meine Mitspieler versuchen danach höflich zu bleiben wie immer, aber ihr Chinesisch fällt ihnen schwerer als sonst. Ich hatte mich derart verkrampft, dass mir nicht ein halbwegs ebenmäßiger Lauf gelungen war, die Triller blieben mir in den Fingern stecken, die Akkorde klangen plump und ungleichmäßig, der Bass polterte laut, wo er begleiten sollte, und versteckte sich, wo man ihn hören wollte. Das war gar nicht gut. Überhaupt nicht gut. Es war alarmierend schlecht.

Das Konzert würde ich auf einem Clavinova spielen, nicht als Reverenz an Gulda, der dieses Instrument mochte, nein, es lässt sich ohne Aufwand in die Kirche transportieren. Fatal nur, dass mein Clavinova am Land und jenes in der Stadt jeweils einen anderen Anschlag haben. Das eine geht zu leicht, das andere zu schwer. Auf den gewohnten Flügel muss ich verzichten. Ich übe hart, ich übe weich, ich übe wie verrückt.

Sie habe einmal ein ganzes Jahr lang langsam geübt, sagt Agathe, dabei habe sie am meisten gelernt. Ich erhalte Anweisungen dezent in Form von Nebensätzen oder Anekdoten, Agathe und Anton wollen auf keinen Fall belehren, aber wenn man aufpasst, kann man von ihnen was lernen. Ich übe Mozart in Zeitlupe, diese quälend schlichten Tonleitern, die gleichmäßig schweben, aber nicht mechanisch laufen sollen, nur hingetupft sein dürfen, aber doch klingen müssen. Ich schwitze, mein Rücken schmerzt, von der Handwurzel aufwärts spüre ich an der Unterseite meines rechten Unterarms ein leichtes Ziehen.

Das kenne ich noch nicht. Ich war Turniertennisspieler gewesen, unter den Jugendlichen meines Bundeslands die solide Nummer zwei, Finale 1967 glatt verloren, zuvor zweimal das Halbfinale erreicht. Darauf brauchte man nicht weiter stolz zu sein, für die Charakterisierung der Spielstärke der dortigen Tennisspieler reichte der landesübliche Diminutiv. Ich musste mein Tennisspiel vor Loidl verbergen, es sei schlecht für das Handgelenk, sagte er. Das war kein Problem, Loidl las im Lokalblatt keine Sportseiten, ich trug ein Stützband am Gelenk und verletzte mich nie. Ich beachte das Ziehen nicht weiter, versuche krampfhaft locker zu bleiben. Mit einem Midi-Wandler nehme ich mein Spiel direkt vom Klavier auf dem Laptop auf. Es klingt schlimmer, als ich befürchtet hatte. Ich bin nahe dran, alles aufzugeben. Wieso sagt ihr nichts zu mir?, beschwere ich mich bei Agathe und Anton. Sie beschwichtigen, es gehe doch gut, sie seien ohne Sorge. Ich bin es nicht. Die Läufe kollern dahin wie verschüttete Erdäpfel. Die einzelnen Töne der Akkorde erklingen nicht gleichzeitig, das Tempo schwankt wie bei einem Betrunkenen, vor schwierigeren Stellen setze ich unwillkürlich ab. Akzente wirken unerträglich maniriert, von Übergängen keine Rede. Und mein Anschlag? Ein Anschlag auf den guten Geschmack. Den Kerl, der da so talentlos spielt, kann man nicht vor die Leute lassen.

Es bleiben sechs Wochen. Jetzt nehme ich auf die Hand keine Rücksicht. Den Haydn habe ich noch eher im Griff; was man als Knabe lernt, verlernt man nie ganz. Dass ich viel Mozart gespielt habe, nützt mir wenig. Er schreibt Fertigteile, mag sein, aber man muss ein Ganzes draus machen. Zu leicht für Kinder, zu schwer für Meister, heißt es. Ich bin nicht einmal Lehrling! Die Zweiunddreißigstel im langsamen Satz sollen die Violinstimme dezent regelmäßig und zart umspielen. Ein Kartoffeltornado dröhnt mir vom Laptop entgegen.

Die Hand schmerzt stärker. Ich brauche keinen Arzt, um zu wissen, was gespielt wird: Sehnenscheidensonate. Ich schmiere Pferdebalsam und andere mir aus meiner Sportlerzeit geläufigen Mittel drauf, trage die Handstütze wie in alten Zeiten, diesmal nicht zum Tennis, sondern am Klavier, kühle den Arm mit Coldpacks. Der Computer untertags in der Redaktion macht die Sache schlimmer, diese Mäuse mit Scrollrädchen sind Höllteufel für die Sehnenscheide, pianistische Mäusefallen. Noch ertrage ich den Schmerz. Mein Spiel beginnt sich sogar etwas zu normalisieren, wenigstens den gröbsten Unfug, so scheint es mir, wenn ich meine Bemühungen auf dem Laptop kontrolliere, konnte ich abstellen. Ankündigungen des Konzerts sind in Lokalzeitungen abgedruckt. Es gibt kein Zurück.

Bei den Proben an Ort und Stelle simulieren Agathe und Anton beste Laune. Sear gutt, sear gutt, sagt Agathe, papageienartig den Ton eines Kapellmeisters der Karl-Böhm-Ära nachahmend. Er wisse nicht, was ich habe, sagt Anton. Das klinge doch prima, er gebraucht dieses Wort tatsächlich. Die beiden beginnen sogar, Passagen mit mir zu erarbeiten, wovon sie zuvor wegen Hoffnungslosigkeit abgesehen hatten.

Ich bleibe Realist, aber das Stechen in der rechten Hand beunruhigt mich. Am Tag vor der Generalprobe gehe ich spazieren und wage es nicht zu üben. Die Probe überstehe ich einigermaßen schmerzfrei. Seit Wochen nervös, bin ich nun richtig aufgeregt, versuche mich wie früher vor Tennisturnieren unter Kontrolle zu halten. Wenigstens ist kein Trainer da, der Blödsinn quatscht. Konzentration auf den Ball aufbauen. Nur an den Ball denken, jetzt schon. Jede kleinste Handlung bewusst vornehmen. Duschen. Abtrocknen. Rasieren. Wäsche und Socken anlegen wie einen Schienbeinpanzer, Hemd und Hose wie Kettenhemd und Harnisch. Gürten. Jedes Kleidungsstück so sorgfältig anziehen, als gehe es ums Leben. Alles ritualisieren. Noch einmal die Stücke durchdenken. Passagen in Gedanken durchspielen. Nur die Noten im Kopf haben. Notenkopf sein.

Mit dem Auto langsam hinfahren. Den Kirchturm am Horizont auftauchen sehen. Kampfstätte. Unausweichlich. Nerven, allen Ritualen zum Trotz: aufflatternd. Agathe in einem Samt- und Seidenkleid, so etwas trägt sie sonst bei Konzerten nie, wir mit unseren Anzügen haben sie gezwungen, ebenfalls aufzurüsten, ist mindestens so nervös wie ich. Anton tut seelenkühl, der hat bei Janos Starker gelernt, wie man seine Nervosität bezwingt. Seltsam, Agathes Unruhe macht mich ruhiger. Die Kirche ist voll. Der Körper ist voll, mit heißem Nervengift. Nicht nur Bauern aus dem Ort, auch ein paar Zweitwohnsitzer aus Wien sind da. Kulturmenschen. Krautfleischtypus. Medizinalräte. Ohgott, ein paar Musikerfreunde vom Klangensemble. Hören alles. Höchststrafe für mich. Agathe und ich sind uns einig: Wäre Brendel da, wir brächten keinen Ton heraus.

Der Corelli geht gut, Agathe in Form, spontan gestaltete Verzierungen steigen in unerhörter Frische zur Decke, Anton meine kontinuierliche Stütze, das Cembalo zwitschert nähmaschinenhaft. Gut gegangen, die Hand zwitschert nicht. »Umschalten!« habe ich mit Bleistift auf die erste Seite des Mozartdivertimentos geschrieben. Ich sehe es in meinem Nervenzustand, bedenke es wohl und weiß nicht, was es bedeutet. Mit dem Auftakt weiß ich es wieder, der kräftige, gebrochene B-Dur-Akkord, den ich anschlage, schnarrt in frohem Forte als rustikal-elektrischer Cembaloton in die Kirche hinein. Meine Hand zuckt von der Tastatur weg, entsetzt schaue ich zu Agathe. Die spielt weiter, als wäre nichts geschehen, als würde sie von einem Klavier begleitet und nicht von einem elektronisch karikierten Cembaloid, und dann von nichts, gespielt von einem Versager. Abzubrechen und noch einmal anzufangen kommt für die beiden nicht in Frage.

Affenartig handeln. Pfoten zurück aufs Klavier. Der erste Takt ist noch nicht vorüber, da habe ich umgeschaltet, schon spiele ich die Terzen des Themas in Takt zwei, die hätten wirklich gefehlt. Alles nimmt seinen Gang, als wäre nichts gewesen. Schweißausbruch, zeitverrückt. Ab und zu zuckt es im Arm, aber nicht besorgniserregend. Der Händel, kein Problem. Umschalten. Auch kein Problem. Jetzt weiß ich wieder, was es bedeutet.

Haydn haben wir an den Schluss gesetzt, des Fegers »In the Gipsies' Style« wegen. Der erste Satz verläuft gut. Sogar der mysteriöse Charakter des zweiten scheint mir zu gelingen, als sich auf einmal das gelegentliche Zucken in meinem rechten Arm in einen ausgewachsenen Krampf verwandelt. Kein Schmerz. Ein Krampf, der beginnt, meine Finger zu lähmen. Ich höre nicht auf zu spielen, aber ich versuche verzweifelt, aus dem Mysteriösen eine Entspannungsübung zu machen, was in Yogasälen mitunter gelingen soll. Ich spiele Haydn-yoga, denn der dritte Satz braucht Lockerheit, Funktionstüchtigkeit und Kraft. Alles, was ich nicht mehr habe. Bringe ich es nicht zustande, mich in vier, fünf Minuten zu entkrampfen, werde ich aufgeben müssen. Ich Yogihaydn, unter Wunderselbstheilzwang.

Geschafft. Durchs Poco Adagio restauriert, rette ich mich ins Finale. Ein Mirakel, das keiner bemerkt hat außer mir, aber irgendwas in mir sagt jetzt, ich muss da durch. Und zwar flott. Den letzten Satz, ein Presto, beginne ich solo, ich kann meine Mitspieler düpieren und das Tempo bestimmen. Ich nehme nicht das flottestmögliche Tempo, ich nehme das nächstflottere, das teuflische. Die beiden schnappen nach Luft, was bleibt ihnen übrig, als mir zu folgen? Aus flott wird Flucht, verflucht sei die Flucht, Feuer brennt in der Hand, ein Fegefeuer, Zigeunerschärfe im ganzen Körper, jetzt all die hart und härter werdenden Muskeln zusammenreißen, aus dem Inneren kriecht der Krampf, ihm muss ich entkommen: nach vorn! Flackernd springe ich durch die lodernden Ringe der Takte, die beiden mit mir, gezwungen, getrieben, unabsichtlich aufs Äußerste gefordert, ich mehr Fackel als Fackelträger. An beiden Händen versengt, platsche ich mit dem letzten Akkord ins Löschwasser des Applauses. Bist du wahnsinnig!, ruft Agathe in der Sakristei und springt aus dem Samtkleid in ihre Jeans.

Das Publikum tobte. Ich war glücklich, ich hatte es überstanden, die Zweitwohnsitzer taten erbaut, die Bauern sagten, ihre Musik sei das nicht gewesen, aber wir hätten schön gespielt, die vom Klangensemble lachten und machten chinesische Komplimente. Agathe sagte beim Wein: Unglaublich, der Kerl, spielt das einfach cool herunter. Das Wort cool fand ich unpassend, ich hielt mir die Pfote und redete wenig.

Das tägliche Telefonat mit Mutter entfiel wegen Erleichterungstrinken. Am nächsten Tag rief ich sie an.

Ja, danke, es ist gut gegangen, es hätte dir gefallen. Schade, dass ihr nicht da sein konntet. Wie geht's Vater?

Gleichbleibend. Ach. Wie geht's deinem Buch?

Es kommt voran.

Ich glaube, du hast noch nicht einmal angefangen! Ob ich das noch erlebe?

Söhne zittern, wenn Mütter wittern. Die slowakischen Pflegerinnen kamen und gingen, angekarrt und abgeholt von dubiosen Begleitern, deren Gesichter meiner Mutter nicht gefielen. Vaters Zustand besserte sich nicht.

Vera, die unter meinen Probeverrücktheiten für das Dorfkonzert viel gelitten hatte, ließ sich nichts anmerken und schenkte mir Karten für ein Konzert mit der Geigerin Hilary Hahn, die ich schätzte, wie sie wusste. Alfred Brendel ließ mir vom Verlag seine eben erschienenen gesammelten Gedichte schicken, mit einer freundlichen Widmung auf dem Vorsatz. Sogleich fasste auch ich einen. Würde ich es schaffen, sie zu rezensieren? Ein großes Projekt, das vorerst Aufschub erforderte.

Brendel wurde in Wien erwartet, um bei den Festwochen

die Diabellivariationen zu spielen, jenes Spätwerk, über das er schreibt: »Seit ich sie in den sechziger Jahren zum erstenmal spielte, sind Beethovens 33 Veränderungen über einen Walzer von Diabelli für mich der Höhepunkt der Klaviermusik geblieben – ein unvergleichlicher humoristischer Kosmos, ein Werk, das die Variationenform neuartig bereicherte, indem es das Thema nicht bloß benützte, sondern in bis dahin nie gewagter Weise veränderte, ein Werk, das alle Bestandteile eines Thema ausweidet, wie dies sonst in der Sonatenkomposition geschieht, ein Werk, schließlich, das keineswegs über den Wolken schwebt, sondern inmitten kühner Virtuosität Durchblicke ins Erhabene gestattet.«

Es würde wohl, dachte ich, seine letzte Aufführung der Diabellivariationen in Wien sein. Ich sah im Kalender nach. Brendel spielte im Musikverein am gleichen Abend, an dem Hilary Hahn mit den Symphonikern im Konzerthaus auftrat.

18. Zwei Amseln

Brendellose Tage.

Brendel meldet sich nicht mehr.

Er muss annehmen, ich habe es mir anders überlegt.

Das Gegenteil ist der Fall. Ich überlege es mir so gründlich, dass er glauben muss, ich überlege mir nichts. Die souveränste aller Verfehlungen: Der Schütze zielt so lange auf sein Ziel, bis niemand mehr an die Möglichkeit des Schusses denkt. Ob er trifft oder nicht, spielt keine Rolle, denn sein Zielobjekt, sein Publikum und er selbst sind eingeschlafen. So schlafen wir vor uns hin wie im Märchen. Welcher Prinz wird uns erlösen?

Es hat es sich anders überlegt, nicht ich.

Ich bespreche Brendels Lyrik nicht, aber ich erwäge lange die Möglichkeit einer Besprechung. Die *Neue Zürcher Zeitung* erscheint mit einer freundlichen Rezension, welche behauptet, diese Gedichte seien menschenfreundlich. Wenn denn Menschen drin vorkämen!

Ich sehe Teufel, Engel, Quäler und Gequälte, bizarre, verzerrte Monsterfiguren, Kostümierungen von Verrückten. Menschen als verhuschte Zerrgestalten ihrer verrutschten Vorstellung vom Menschsein. Das durch die Umstände des Menschseins am Menschsein verhinderte Ich. Gezwickt, gepiesackt, kujoniert, molestiert, von großen Hunden in die Flucht geschlagen.

Menschengeruch geht anders.

Ich rieche Schwefel.

Das Jahr beginnt nicht gut. Mein Schwager ruft aus Bregenz an. Es steht schlecht um Vater. Ich solle kommen. Sofort.

Ich nehme den nächsten Flug nach Altenrhein, der Flieger hat zwanzig Minuten Verspätung. Der Schwager holt mich ab, er weint, es gehe zu Ende. Wir fahren schnell, wir laufen im Haus die Stiegen hinauf. Ein Zimmer voller Tränen.

Vater ist vor zwanzig Minuten gestorben. Er hat den ganzen Tag gekämpft. Er hat auf dich gewartet, sagt Mutter.

Schweißgebadet lag er auf dem Bett, mit einem Laken zugedeckt. Er war noch warm, beinahe heiß. Er hatte sich die Sonde aus dem Leib gerissen. Ins Spital, sagte der Arzt. Vater konnte nichts sagen, aber Mutter verstand, was er sagen wollte. In dieses Spital wollte er nie mehr wieder.

Vor dem Fenster lag eine tote Amsel im Garten. Die slowakische Schwester hatte die Balkontür geöffnet, damit seine Seele entweichen könne. Slawensitten. Die Seele hatte wohl die Amsel gestreift. Auch ein Geldstück steckt man dem Toten in die Tasche, fürs Himmelstor, auf alle Fälle. Mit irgendwas muss man sich in solchen Augenblicken beschäftigen.

Wir wuschen ihn, zum ersten Mal sah ich meinen Vater nackt. Nein, nicht ganz zum ersten Mal. Beim Baden im Urlaub, ich war acht, hatte ich einmal seine mächtigen Hoden gesehen, als wir im Frühnebel vor dem Kaffee an einem Kärntner See schwimmen gingen, mir waren sie mächtig erschienen, gleich streifte er eine selbstgestrickte Badehose über, leicht verschämt, wie mir schien.

Seine Haut war nach diesem langen Leiden erstaunlich weich, wir kleideten ihn an, den besten Anzug, Schuhe, Hemd, Krawatte. Habe ich sie gebunden? Den Knoten, den er mich lehrte? Vergessen. Wir rüsteten ihn für die Reise, meine Schwester vergaß nicht einmal, ihm das Kinn hochzubinden, was der Leichenbestatter später lobte. Dann war ich allein mit ihm, betrachtete sein Gesicht, sah zu, wie sich die ersten Flecken bildeten. Dachte an vieles, das halbe Leben, an nichts. Früher stellte man bei uns die Toten aus, in der Friedhofskapelle konnte man unter Glas ihr Gesicht sehen. Brunner Franzi, Vorkloster, fiel mir ein, der Volksschulkollege mit dem dünnen Blutfaden aus der Nase, nachdem er in Turnen von der Schwedenleiter auf den Kopf gefallen war. Den Faden hatten sie ihm weggeputzt.

Zur Kirche führte ein kleiner Kiesweg über einige Stufen den Hügel hinunter, so schmal, dass kaum zwei Personen aneinander vorbeikamen. Es war der Fußweg vom Kleinbürgerviertel ins Arbeiterviertel Vorkloster, wo die Holzmeisterkirche stand, ein merkwürdiger Bau, der auch in Ankara stehen hätte können. Heute steht er in Ankara, denn ringsum siedeln Türken. Der Kirchturm schreibt Kunsthistorikern zufolge die hiesige Barockbautradition fort, mir scheint er eher einem klobigen Minarett aus rohrartigen, ineinander gesteckten, fast pagodenhaften Elementen zu gleichen. Er trägt eine runde, ausdrucksvolle Uhr mit schwarzem Zifferblatt, weißen Zeigern und Stundenmarkierungen. Meine Ur-Uhr. Von wo ich sie sehen konnte, dort war ich zu Hause. Die Sichtbarkeit dieser Uhr umschrieb das Territorium meiner Kindheit. Sie hatte eine gewisse Ähnlichkeit mit den Wiener Schaueruhren. Diese würfeligen, an Plätzen auf hohen Stangen befestigten Wahrzeichen hat man in Wien abgeschafft, indem man das Zifferblatt einer Versicherung vermietet, die es ruiniert. Das Zifferblatt der Schaueruhr war weiß, Zeiger und Ziffern waren schwarz, aber ähnlich ausdrucksstark wie die meiner Ur-Uhr.

Am liebsten mochte ich den Kirchweg im Schnee und am allerliebsten zur Mette, wenn um Mitternacht bei Eiseskälte die Turmbläser »Stille Nacht« in den Sternenhimmel hinaufschickten und die Leute mit weißem Atem auf dem Hügel standen und den halb gefrorenen, halb schiefen, aber überaus würdigen Tönen lauschten, über denen die Sterne dahinströmten.

Es war Nachkriegszeit. Man hoffte jeden Sonntag, der junge Kaplan werde predigen, ein jesuitischer Feuergeist, und war enttäuscht, wenn der alte Pfarrer auf die Kanzel trat, ein Langweiler. In der Schule wollte der Religionslehrer von mir stets eine Zusammenfassung der Predigt des jungen Jesuiten hören, aha, sagte er, wenn ich ihm Details hinterbrachte. Der Religionslehrer hatte ein Porträt von Teilhard de Chardin im Zimmer hängen, Herz-Jesu-Spionage unter Artgenossen. Nichts Böses gleicht der Missgunst der Kleriker untereinander. Später sagte man dem Feuergeist feurige Affären mit Knaben nach.

Ein Invalide, der immer die Halbelfuhrmesse besuchte, hatte keinen Rollstuhl, der wäre damals zu teuer gewesen, sondern nur eine Art Bretterplattform auf Rädern, auf der er lag und die er mit seinen Händen bewegte, an die er Bürsten gebunden hatte. Ich fürchtete diesen Invaliden, der in der Tiefe des Kirchenschiffs auf seinem Brett lag und mit seinen Bürsten im Schmutzwasser Halt suchte, das die schneeigen Schuhe der Kirchgänger auf den Kirchenfliesen hinterließen. Ich sah zu, dass ich an ihm vorbeikam, zur Karl-May-Ausleihe in der Pfarrbibliothek.

Nach der Kirche standen die Männer in ihren grauwolligen Wintermänteln, grauen Wollschals und grauen und schwarzen Hüten im knirschenden Schnee herum und redeten miteinander; wie Vater dabei auftrat, erfüllte mich mit Stolz und Befriedigung. Er war einer, auf den man hörte, ohne dass er aufzutrumpfen brauchte.

Ins Gasthaus ging man im Land der planvollen Diminutivaskese nicht. Auf dem Kirchenvorplatz traf Vater den Inhaber einer kleinen Konservenfabrik, für den er nebenbei die Bilanz machte, was ihm vermutlich mit Geld, sicher aber mit einem Deputat köstlicher Kompottkonserven abgegolten wurde, die in unserer Küche einen Ehrenplatz hatten. Dort, vor der Kirche, sagte mir dieser Inhaber der Konservenfabrik im Scherz einen griechischen Satz: *Ho me dareis anthropos ou paideuetai.* Ob ich wisse, was das bedeute. Ich wusste es nicht, weil mir das passive Partizip *dareis,* geschunden, nicht geläufig war, aber ich merkte ihn mir fortan, gerade weil ich ihn für falsch hielt. Ein Mensch, der nicht geschunden wird, ist nicht erzogen, übersetzte der Kompottfabrikant vergnügt. Man ging zur Halbelfuhrmesse zweimal am Friedhof vorbei: zur Kirche und wieder zurück. Man weiß, wohin der Weg führt, aber wer denkt schon daran, wenn er ihn geht. Bald liegt Vater dort: *dareis anthropos.*

Noch lag er im Zimmer. Wir brauchten Beschäftigung. Begräbnisablenkung. Der Stadtarzt erschien und erklärte uns, was niemand erklären kann, den Tod. Dreißig Stunden darf man einen Toten im Haus behalten, länger nicht; auch hängt die Frist ab von der Jahreszeit. Berührt man ihn nach mehr als zwölf Stunden, wasche man sich gründlich die Hände. Manche wollen den Leichnam nichts wie wegschaffen, andere möchten ihn gar nicht hergeben.

Wir nahmen pragmatisch den Mittelweg, adressierten Parten, suchten Gedichte für die Todesanzeigen, befriedigten die Gier des örtlichen Zeitungsverlegers. Der Leichenbestatter, ein freundlicher junger Mann, wirkte ernst, traurig, bei aller Freundlichkeit abwesend wie ein Bote aus einer anderen Welt. Die Abwesenheit ist ein Zeichen seines Berufs, dachte ich. Ein Todeszeichen. Ein halbes Jahr später wischte ihn auf einem Bahngeleise eine Lokomotive mit voller Geschwindigkeit aus dem Leben.

Ich schlief schlecht im Haus mit dem Toten. Von der Bun-

desstraße her dröhnten die Pneus einzelner Autos. Am nächsten Morgen weckte mich eine Amsel mit feinem Geflöt, ich
lag wach und hörte das Unerhörte, den Übergang aus Stille in
zartesten silberschwarzen Amselgesang.

19. Musik und Höflichkeit

Erstaunlich, wie schnell die erste, die große Betäubung danach vergeht. Dass ein Rest Betäubung für immer bleibt, merkt man erst nach einiger Zeit.

One of the best pianists before the public today, das hatte ich einmal über Alfred Brendel gelesen, und ich hatte nie verstanden, was für eine Unterscheidung hier getroffen werden sollte. Gab es denn *better pianists behind the public, in private*, vielleicht einen Count, der sich nur im Kreis seiner Freunde hören ließ und gegen dessen Liszt jener Brendels verblasste? Gediehen im Klima der Insel nicht nur Spleens und eine besondere Art des Liberalismus, sondern auch eine Tradition privater Aufführungen, deren Qualität jene der öffentlichen übertraf?

Ich zweifelte daran, obwohl ich den Engländern alles zutraue. Bei Agathe verstand ich, was die Unterscheidung meinen könnte. Sie war eine der großen Geigerinnen unserer Zeit, aber sie wollte keine öffentliche Karriere. Der Nervendruck war ihr zu viel. Sie war Mitglied eines Quartetts von Weltruhm gewesen und hatte dann mit dem baltischen König der Geiger zwei Jahre lang die Welt bereist. Unkompliziert, wie er war, überließ er ihr seine Stradivari, wann sie wollte. Nun spielte sie im besten Solistensemble für neue Musik, dem Klangensemble, und nebenbei noch in allerhand Formationen. Die Solistenlaufbahn aber verschmähte sie zum Kummer von Anton, Felix und mir. Das Wohnzimmer ist mir lieber, sagte sie.

Felix, dem Komponisten und Gründer des Klangensembles, gelang es ab und zu, sie zu einem Auftritt zu überreden. Einmal brachte er sie dazu, Scelsis »Anahit« mit dem spanischen Nationalorchester in Madrid zu spielen. Nie mehr, schwor sie nachher. Vorhersehbarerweise. Niemand spielt das so wie sie, sagte Felix, der das Konzert dirigiert hatte. Sie spielte kein Stück zweimal gleich, was nicht heißt, dass sie Musik nach Belieben variierte. Als wir einmal Beethovens Trio Opus 1/3 gespielt hatten, sagte sie, die Geige absetzend: Schwarzweißmusik. Sie hörte also Farben, wenn sie musizierte. Zu meinem Leidwesen hörte sie überhaupt alles. Dazu hatte sie das absolute Gehör.

Es lässt schon nach, beruhigte mich Anton, und beschwichtigte: Alles zu hören, ist schließlich unser Job. Die Selbstüberwachung zu internalisieren sei eine der Grundlagen berufsmäßigen Musizierens. Ich solle mir, lautete der Subtext, nichts draus machen, ich würde in meinem Beruf ohnehin recht Ordentliches leisten. Das Fenster stand offen. Vögel mischten sich lärmend in unseren Haydn. Ich sah die beiden fragend an.

Vögel stören nie, sagte Anton und zupfte sich an den rötlichblonden Zottellocken.

Agathe und Anton, Virtuosen, welche die schwierigsten neuen Stücke aufführten, Musiken am Rande des Spielbaren, setzten sich mit mir hin, um ein Haydntrio zu spielen, bei dem doch dem Pianisten die Hauptrolle zukommt. In Wahrheit sind diese Trios Klaviersonaten mit Violinbegleitung und verdoppeltem Bass, aber sie besitzen den Vorzug, technisch dem Laien scheinbar zugänglich zu sein. Immerhin, auch Thibaud, Casals, Cortot hatten das Zigeunertrio als Zugstück in ihrem Repertoire. War ich Cortot? Den übertraf ich höchstens in der Zahl der falschen Noten. Nicht einmal das schien einfach.

Sobald ich auf die überraschenden Neuheiten hörte, welche die beiden bei ihrer musikalischen Unterhaltung aus einer altbekannten Musik herausbrachten, geriet ich in Gefahr, meine Konzentration zu verlieren. Wie aber musizieren, ohne einander zuzuhören? Um – bei allem Misstrauen dieser zu oft gehörten Phrase gegenüber – in den Zustand dessen zu gelangen, mit dem es musizierte, fehlte mir meist die Fertigkeit, auch hielt mich Nervosität davon ab. Das notwendige Hören auf mich, moi, myself und die anderen missriet mir zur ängstlichen Kontrollübung. Ich spielte Quintett statt Trio, das konnte nicht gut gehen.

Selbst die Nachsicht der beiden war virtuos. Ich tröstete mich damit, dass ich ihnen wenigstens die Gelegenheit bot, Stücke zu spielen, die sie selten oder nie spielten. Meine Aufgabe bestand darin, den musikalischen Fluss möglichst wenig zu stören, ich versuchte sie sozusagen auf Zehenspitzen zu begleiten. Spielte ich allzu falsch, schob Agathe im Kapellmeisterton Sätze wie »Tan S' net komponieren, Herr Doktor« heraus. Das brachte mich zum Lachen, hielt mich aber nicht von unfreiwilligen Tonschöpfungen ab.

Unter den Menschen, mit denen ich Umgang hatte, waren die Musiker die höflichsten. Loidl, ein Muster an Dezenz und Zurückhaltung. Brendels Höflichkeit, soweit ich sie kennen gelernt hatte, schien mir Mandarinausmaße zu besitzen, Tills Manieren waren, um das Mindeste zu sagen, koreanisch. Andererseits herrschte an Rüpeln, Mördern, Betrügern oder Ehrabschneidern in der Geschichte der Musik kein Mangel.

Mir war es gewissermaßen peinlich, mit den beiden zusammenzuspielen, obwohl sie beteuerten, es mache ihnen Freude. Weniger als der himmelweite Unterschied zum professionellen Musiker hemmte mich eine Schwelle in mir, die ich auch dann spürte, wenn ich für mich allein spielte. Wie soll ich es sagen? Ein Stück greift nach mir, und im Augenblick des Ergriffenwerdens zucke ich zurück. Es ist abschreckend stark, was einen überfällt, ja, es ist schrecklich, man versteht das mit dem Engel, wenn ihm das Ergreifen gelingt, geht er stolz und aufgeplustert durchs Zimmer und genießt die Stille, die sein Erscheinen hervorruft. Wenn man vor dem Ergriffenwerden zurückschreckt, greift man ins Leere, und er ist nie da gewesen. Kenne sich einer aus mit den Engeln.

Mitunter gelang es mir, ein Stück gut genug einzuüben, dass ich moi und myself, die auf meinen Schultern hockten, vergaß, sie leichthin schulterte, ich hörte mir und den anderen beiden zu und doch nicht zu, ich hörte es, indem ich es machte, ja, es gab Augenblicke, in denen ich sagen konnte, wir drei machten es, es machte nicht nur uns, es machte aus uns ein Wesen mit einem kollektiven Atem. Meist verschlug es ihn mir gleich wieder.

Im Autoradio hörte ich aus der gleichen e-Moll-Mozartsonate, die Agathe und ich zwei Wochen zuvor im Wohnzimmer gespielt hatten, den zweiten, *Tempo di Menuetto* überschriebenen Satz, eines der schönsten Musikstücke überhaupt. Die Aufnahme mutete mich hölzern, ja bäuerisch derb an. Sie stammte, wie sich herausstellte, von der hoch geschätzten Hilary Hahn. Dabei ist dieses Menuett von einer innigen Eleganz und tiefkoketten Trauer, die selbst bei Mozart ihresgleichen sucht. Wenn es in einer unvermittelten harmonischen Verrückung, die einem das Herz anhebt und anhält zugleich, nach E-Dur geht, scheint das Stück Schubert vorwegzunehmen, der diese Passage im Scherzo seines Es-Dur-Trios zitiert. Bei Mozart fällt die Melodie danach langsam herab, im Klavier allein, dann wird sie von der Geige wiederholt, bei Schubert sprudelt sie, von der Geige umspielt, hinauf und wird zuerst vom Cello beantwortet. Nie habe ich jemanden diese Musik so spielen hören, wie Agathe in unserem Wohnzimmer an diesem Spätsommervormittag sie spielte. Ich sagte es ihr. Sie, trocken: Das ist so schön, das muss man schön spielen.

Wir musizierten öfters zusammen in diesem Herbst, meine Hand hatte sich erholt, mein Spiel ein wenig verbessert, sogar Schubert und das eine oder andere Quartett wurden aufgelegt. Wir spielten die Mozartquartette mit Antons Mutter, die zu Besuch war. Anton stammt aus einer Musikerfamilie. Die über achtzigjährige Dame erwies sich als äußerst rüstig auf der Bratsche. Bratscher sind in jedem Lebensalter rüstig. Ich hatte wieder ein Übungsziel. Wir hörten uns den Live-Mitschnitt von Alfred Brendel und dem Alban-Berg-Quartett an. Neben dem Es-Dur-Klavierquartett gab es auf dieser CD auch das Klavierkonzert KV 414 in der Fassung für Klavier und Streichquartett. Wir versuchten es mit den Kindern zu musizieren. Ich verhaspelte mich in der Partitur, deren Notenbild so ganz anders aussah als jenes, das ich unter Loidl studiert hatte. Verflixter Originaltext, den bezifferten Bass hatte es zu meiner Zeit noch nicht gegeben, den musste ich gedanklich erst einmal verarbeiten. Die Mädchen feixten über den Amateurclown am Klavier.

Brendel, darin waren wir uns einig, spielte das, wie es gespielt werden musste. So anders, so und nicht anders. Ich brauche nicht hinzuzufügen, dass ich das Konzert mit dem Alban-Berg-Quartett seinerzeit versäumt hatte; immerhin hörte ich ihn später samt Sohn und dessen Freunden im Musikverein mit Mozartquartetten: Opernszenen aus der Figaro-Welt, galante erotische Dialoge, Wechselspiel von auffunkelndem Begehren mit funkelndem Aufbegehren. Ich mühte mich durch die Quartette. An meinen Absichten gab es nichts zu kritisieren. Sie waren so lauter, dass sich ganze Höllenautobahnen damit pflastern ließen.

20. Ein Offert

Gordon ist am Telefon. Lange habe ich von ihm nichts gehört. Er möchte mir ein Projekt vortragen. Klingt gefährlich, zumal die Vorstellung des Projekts mit der Einladung in ein Haubenrestaurant verbunden ist, das sich, wie ich weiß, unter Sozialdemokraten einiger Beliebtheit erfreut. Noch einer, der mich einkochen will. Als wäre mein Verführungsbedarf nicht gedeckt.

Bei Zander in der Kartoffelkruste an Blattspinat (peinlicherweise beides bestreut mit Pinienkernen) rückt Gordon mit seinem Begehren heraus. Er spreche für zwei Personen, genau genommen für drei, von sich selbst einmal ganz abgesehen. Aha, wir spielen Quintett, diesmal bloß zu zweit. Gordon bittet um Ernst. Ausgerechnet Gordon. Sonja sei erkrankt, hebt er an.

Schon weiß ich Bescheid. Sonja, eine Kollegin, die ich sehr mochte, ist politische Journalistin. Wir trafen uns ab und zu zum Lunch, um die Zustände zu beklagen. Dann zog sie nach Brüssel, später von Wien nach Salzburg. Ihren Job als Journalistin gab sie auf und heuerte für kurze Zeit beim roten Kanzler an, der in für alle, auch für ihn selbst, überraschender Weise die Wahlen gewonnen hatte. Später machte sie sich selbständig und arbeitete jetzt als freie Journalistin.

Als ich bei einem Juristenkongress in Salzburg auf eines dieser Panels geladen war, bei denen die Meinungsfreiheit wenigstens noch als theoretisches Konstrukt interessiert, traf ich sie in einem Café. Sie erzählte mir, sie arbeite unter anderem an einem Gesprächsband mit diesem roten Kanzler. Ich selbst war vor langer Zeit als Kanzlerbefrager in Erscheinung getreten, als mich ein deutscher Verlag gebeten hatte, den damaligen Amtsinhaber in Buchform zu interviewen. Der war bereits sechs Jahre im Amt gewesen. Trotzdem sagten mir meine zu den Vereinigten Österreichischen Hämewerken zusammengeschlossenen Journalistenkollegen sogleich nach, ich sei ein roter Söldling. Dabei stand ich im Sold eines deutschen Verlags und bemühte mich um ein distanziertes, kritisches, korrektes Gespräch mit dem Kanzler. Nachdem sie ihre Gesprächsbuchserie mit Richard von Weizsäcker und Václav Havel eröffnet hatten, wollten die Deutschen einen roten Regierungschef präsentieren. Ich sah keinen Grund, abzulehnen. Auch mit einem interessanten schwarzen Kanzler hätte ich ein solches Buch gemacht.

Nach einem Jahr Regierungszeit?, sagte ich im Salzburger Café zu Sonja, das ist zu früh.

Gerade zu diesem Datum will ich eine erste Bilanz ziehen und den Leuten den politischen Menschen zeigen. Unter all dem Hohn, mit dem sie diesen Kanzler anschütten, kommt der nicht zum Vorschein, entgegnete sie.

Den Hohn sah ich wohl. Trotzdem schien mir das Buchvorhaben überhastet.

Sonja ließ sich von ihrer Begeisterung nicht abbringen.

Sie sei schwer erkrankt, berichtet Gordon jetzt, und könne das begonnene Projekt nicht fortführen. Es gebe bereits einige von ihr protokollierte Gespräche, der Erscheinungstermin des Buchs sei fixiert, es sei im Verlagsprogramm angekündigt, der Kanzler habe die Arbeit daran aufgenommen. Es müsse erscheinen, und nur ich könne das aus dem Stand, in dieser Zeit und in der erforderlichen Qualität. Er spreche hier also für Sonja, für den Verleger und den Kanzler. Ich müsse den dreien helfen, aber auch ihm, den der Kanzler seinerseits mit der Koordination beauftragt habe.

Warum du? Können die nicht selber reden?

Nein. Sonja sei, wie gesagt, krank, und die anderen wüssten, dass wir miteinander befreundet seien, deshalb habe er sich angeboten, mit mir zu sprechen.

Ich kann es nicht machen, sage ich. Das kleine Ohr bringt mich um, ich schreibe ein Buch darüber, wie ich Alfred Brendel verfehle, den Titel habe ich schon.

Krusty, lacht Gordon, der läuft dir nicht davon!

Ich unterstütze deine Veranstaltung beziehungsweise dein Produkt von Herzen, sage ich, aber ich mache es nicht. Es geht nicht. Unsere Zeitschrift plant einen Relaunch, außerdem muss ich Klavier üben, ich habe Vorlesungen zu halten, mir bleibt keine Zeit für Kanzlerbücher!

Gordon schaut mich an und merkt, dass es mir ernst ist.

Er nennt eine Summe, die mir der Verlag biete.

Ich merke, dass es ihm ernst ist. Diese Art abgekürzter Verführung hat ihren Reiz.

Gut, entscheide ich, ich mach es. Aber keine Schreibarbeiten für mich. Ich kriege Sekretäre. Ich führe die Gespräche und redigiere sie. Und es gibt keinen Pressesprecher als Zensor.

Glaubst du, wir brauchen so einen? Der Kanzler redigiert seinen Part selber.

Wann soll's losgehen? Wann ist der Erscheinungstermin?

Das ist es ja, sagt Gordon. Morgen. Morgen treffen wir Sonja und den Verleger, in drei Tagen gibt's den ersten Gesprächstermin mit dem Kanzler. Das Buch soll in zehn Wochen erscheinen.

Was? Mutter ist am Telefon entrüstet.

Ein Buch über den roten Kanzler? Warum über den? Das ist erst wieder was Politisches!

Nicht über den, mit dem, sage ich.

Und was ist mit Brendel?

Der muss ein wenig warten.

Ich werde es nicht mehr erleben, sagt Hiltimutter im Trauerton eines ersterbenden Bohrers.

21. Silvesterunterhaltung

Eine Silvestergesellschaft. Agathe, die nicht konzertiert, obwohl sie eine der besten Geigerinnen ist. Anton, der nicht mehr komponiert, weil er der Meinung ist, es gebe bessere Komponisten; er kennt sie aus der Nähe. Matteo, der erfolgreiche Architekt, der noch immer nicht das World Trade Center oder wenigstens die Uni von Dubai baut. Felicitas, seine Frau, die auf Gipfeln der Architekturtheorie herumklettert, aber noch immer nicht ihre Dissertation abgegeben hat. Ralf, der Anwalt, der mäßig froh in die Kanzlei hastet, jedoch Essays über die als Freiheitsheldin missverstandene Antigone und andere mythologische Themen schreibt.

Wie schaffst du das, jedes Jahr ein Buch?, frage ich ihn. Ich könnte das nie. Brauche jahrelang Anlauf und springe dann erst nicht. Deine Bücher werden wenigstens gelesen, sagt Ralf, so bitter er kann. Er ist einer der fröhlichsten Menschen, die ich kenne.

Lena, die Pädagogin, die im Ministerium in einer Abteilung leidet, weil der Abteilungsleiter die falsche politische Farbe hat, und die sich dennoch voller Beamtenethos tugendhaft verausgabt. Daphne, die begabte griechische Komponistin, die es bei den Phäaken dauernd friert, die ihre Geige aufgegeben hat und jetzt Bratsche übt. Paul, der Enthusiasmusintendant, den sie nicht Intendant sein lassen, weil er im falschen Augenblick auf ein Versprechen der Politik vertraut hat. Seine Plattenfirma nennt er »Der richtige Augenblick«. Babette, die den »richtigen Augenblick« mitmanagt und sich als Juristin beim Fernsehen mit Urheberrechtsfragen plagt, obwohl sie lieber Kulturmanagerin wäre.

Cherie, die von Zubin Mehta nach good old Europe geschickt wurde, um Opernkarriere zu machen, und die Oper für ein Leben als unabhängige Schauspielerin und Sängerin bei Avantgardetheatern wegwarf. Vera, die eine berühmte Malerin sein könnte, aber aufs Berühmtsein und den Kunstmarkt pfeift. So malt sie ihre wunderbaren Bilder, riesige Schwänze auf Samt, früher formte sie Muschis aus Stahlwolle, sie hängen in diesem großen Haus und werden von Freunden bewundert. Felix, der Komponist, der ein wichtiges Stück neuer Musik nach dem anderen schreibt und als Dirigent Erfolge feiert. Einst aber hatte er Klavier studiert, ein Unfall machte die Möglichkeit seiner Pianistenlaufbahn zunichte.

Und ich, ständig voller Ideen und Projekte, deren Realisierung ich souverän verfehle.

Die edle Oberflächlichkeit verzichtet auf die Ausführung, tröstet mich Ralf.

Auch so eines von meinen unausgeführten Projekten, gebe ich zu, die Recherche nach allen Personen, die in Oswald Wieners Roman vorkommen.

Und?

Eine Zeitlang wär's gegangen, da hat das überlebende Personal drei Wiener und zwei Berliner Lokale bevölkert. Jetzt hat es sich verlaufen. Viele sind gestorben. Zu mühsam, ich habe es beim Gedanken belassen.

Wie gesagt, mich wundert, dass wir so fröhlich sind. Vielleicht, weil in erotischer Hinsicht klare Verhältnisse vorliegen, zumindest sind keine Pantscherln zwischen Anwesenden bekannt. Felix ist zwar stets für einen einschlägigen Verdacht gut, aber irgendwie sind wir alle darüber hinaus (glauben wir immer, sind wir nie). Vielleicht hatten alle schon einmal was mit allen hier, nur ich wusste es nicht. Jedenfalls liegt eine Art geschlechtlicher Waffenstillstand über der Freundesrunde, der sexuelle Scheinfriede bleibt gewahrt, man hört höchstens das Grummeln ferner Geschütze, welche die eine oder andere Beziehung von außen unter Feuer nehmen, aber hier, unter diesen Leuten, in diesem Haus ruhen die Gefechte. Die Paare kämpfen nur noch miteinander, mit nachlassendem Elan; was umso bemerkenswerter ist, da es sich um durchaus schöne, ansehnliche oder zumindest interessante und auf ihre Weise kluge und besondere Leute handelt, wie es wohl auch diesen Leuten selbst scheint, die wohlgefällig sich und einander betrachten.

Felix habe ich vor Jahren bei einem Abendessen kennen gelernt. Matteo und Vera waren dabei. Obwohl er damals seiner leuchtendroten Haare wegen als Model für eine Mineralwasserfirma auftrat, die ihr Produkt mit einer prickelnden Menage à trois bewarb, der lachende Felix bleckte zwischen zwei halbnackten, sehr ansehnlichen Models von den Plakatflächen der Stadt, obwohl ich ihn also kannte und er während des Essens antiexpressionistisch redete, hielt ich ihn die ganze Zeit über für einen anderen Schweizer, nämlich für einen bekannten Jazzer. Erst nachher dämmerte mir, dass ich mich mit dem bedeutenden Komponisten unterhalten hatte. Einen Abend lang führten wir eine angeregte Konversation, die durch mein zugrunde liegendes Missverständnis nicht verhindert, vielmehr stärker animiert wurde. Man sollte öfter die anderen für noch einmal andere halten, dachte ich. Seit diesem Abend waren Felix und ich Freunde.

Winterzeit, fröhliche Zeit. Da kommen all diese Leute zu Silvester zusammen, ich koche ihnen ein Menü, das ich zuvor in der Zeitung veröffentlicht habe, und bessere es um einige Raffinessen auf. Vera, die das Haus das ganze Jahr über in Schuss hält, ist von unseren Silvestertreffen leicht genervt.

Ich renne die ganze Zeit wie eine Verrückte, um die Silvesterhorde kannst du dich bitte selber kümmern.

Betrachte dich als Gast, lass dich bekochen. Matteo und ich machen die Arbeit.

Das glaubst du selber nicht.

Ist doch kein Aufwand, sagt Matteo, stets stolz auf seinen pragmatischen Zugang. Aufwand ist zu vernachlässigen, dann schrumpft er. Für diese seine Maxime arbeitet er ziemlich hart.

Sauberer Pragmatismus. Vera ist grantig. Ich kann dann hinter den Herren Pragmatikern herräumen!

Matteo erledigt die Einkäufe, mit pragmatisch organisierter Liste, Lebensmittel nach ihrer Anordnung im Supermarkt aufgelistet, den Matteo selbst entworfen hat. Ich schaffe den Wein aus dem Keller, mache die *mise en place*, bringe Zettel mit Zutaten und Handgriffen für jedes Gericht in Nasenhöhe an, der Menüplan hängt zentral, pragmatischer geht's nimmer. Am frühen Nachmittag kommt Lena, die pragmatisierte Oberpragmatikerin, um zu helfen. Das Holz zu den Kaminen, die Wäsche auf die Gästebetten, die Zimmer müssen geheizt und gelüftet, die Tische zusammengestellt, der Küchenofen beheizt, die Gläser poliert werden – Vera konstatiert herrschaftliche Allüren bei Abwesenheit von Gesinde: Dann musst du dir halt selber das Personal machen! Ich bedient moi, kein Problem.

Ich trägt schon Schürze. Koch wäre mein Reserveberuf gewesen, ich kann Fleisch angreifen, Fische auf den Punkt bringen und ein in Farben, Geschmäckern, Konsistenzen sowie Aromen tadelloses Sechsgängiges konzipieren, und außerdem ist da jetzt Lena. Gleich ginge es systematisch zu, wären nicht mit ihr gut gelaunt die anderen eingetroffen, die sich mit Schnee an den Schuhen in die Küchensessel fläzen, die neuesten Nachrichten scharfzüngig bereden und mit elegant formulierten Scherzworten abtun – danke, zuerst nehmen sie ein kleines Bier.

Es ist früher Nachmittag, die Höflichkeit gebietet, die Gäste zu fragen, ob sie etwas essen möchten, eine sich selbst beantwortende Frage. Allesamt sind sie brave Esser, sie danken der Nachfrage, infolge derer ein Rote-Rüben-Risotto für die Hungrigen bereitet werden muss, Kraut und Rüben haben mich vertrieben, aber wie kriege ich die hier aus der Küche hinaus, zumindest vom Tisch weg, den Lena und ich für unsere Vorbereitungen brauchen? Der Enthusiasmusintendant nimmt Cato, besser gesagt Cato nimmt ihn. Dieser schwer erziehbare Vierbeiner hat Paul im ersten Augenblick als Erziehungsunberechtigten erkannt. Kaum dass Paul in der Tür steht, legt ihm Cato die Pfoten auf die Schulter, zieht ihm die Zunge quer übers Gesicht und raunt ihm ins Ohr: Gehen wir spielen? Man sieht die beiden längere Zeit nicht mehr, ehe sie hechelnd zurückkehren, beide gleichermaßen glücklich und durstig.

Daphne und Felix machen sich auf in den ersten Stock, zu meinem Klavier, daneben gibt es ein Bücherzimmer. Drinnen übt er, draußen sie. Musikmäßig haben wir nämlich noch etwas vor.

Der Rest wird zum Tischdecken herangezogen oder mit Getränken ruhig gestellt. Es ist, als würden sich vor einem Konzert die Zuhörer gut gelaunt und nur um sich selber bekümmert in der Garderobe der Musiker breit machen und, Anekdoten austauschend, rauchend, essend, Füße auf die Instrumente legend, dieses Konzert freudig auf sich zukommen lassen. Wenn Kochen keine Kunst ist, erfordert es doch hohe Konzentration, man kann nicht alles haben, Gäste in der Küche und Konzentration. Lena flicht mit dünnen Zitronenzesten ein Schachbrettmuster in die Lammkeule. Die Vorspeisen werden angerichtet und mit kleinen Gemüsen, Kräutern, Kernen und Dressings versehen, die Beilagen auf die diversen Warmhaltepositionen verteilt, das frische Gemüse in Schalen vorbereitet, Saucieren bereit gehalten, Tranchiermesser geschliffen, Servierplatten und Teller gewärmt.

Die Gäste ziehen sich um und kommen wieder. Ein Feuerbeauftragter für den Kamin wird ernannt. Nicht Ralf, der neigt zur Pyromanie und brachte das Haus vergangenes Jahr in die Nähe eines Kaminbrands. Felicitas erscheint und fragt, ob sie helfen kann. Nein, danke, ihr könnt jetzt die Vorspeise essen.

Ruhe während des Essens, daran kann man eher glauben als an lautes Lob. Der Fressengel geht durch den Raum. Engeldetektorausschlag: bis zum Anschlag. Zwischen den Gängen Grundsatzgespräche. Stehender Topos, mit pathetisch falschem Engagement abgehandelt: Haydn oder Debussy? Der Enthusiasmusintendant nimmt Partei für Debussy, Felix und ich verteidigen Haydn. Der Intendant greift weit aus, ins Mathematische, Astrophysikalische, in Zahlen ist er uns allen über. »Jeux de Vagues« ruft er ein ums andere Mal beschwörend aus, »Boulez!«, und entfaltet seine Arme zur Geste eines über den Wellen schwebenden Albatros. Die »Boulez«- und »Jeux-de-Vagues«-Rufe, diese Ouhs und Aahs heben ihn vom Sitz und tragen ihn durch den Raum. Mit ausgebreiteten Armen umkreist er den Tisch. Möwengleich fahren Felix und ich dazwischen. Felix ist kein Hacker, gleich sitzt er wieder friedliebend auf einem Pfahl, mit seiner tiefen, glühenden Stimme beschwichtigt er den Streit. Ich picke ein bisschen hin:

Immerhin war Haydn bloß der Erfinder der Symphonie, des Streichquartetts und des klassischen Stils ...

Ein Schrumm-Schrumm-Musikant!

Und Brendel, der sagt, im Alter interessiere ihn am meisten Haydn?

Ach, Brendel. Du bist der weltweit größte Fan von Brendel, das wissen wir.

Paul ist nicht zu stoppen und verschrummt höhnisch singend mit der Gestik eines balzenden Albatros ein Haydnthema.

Wir hatten beide den gleichen Klavierlehrer, Josef Loidl. Paul stammt wie ich aus Bregenz. Debussy halte er für »französisches Geklingel«, diesen Loidlsatz hatte ich mir gemerkt. Er gab mir andere Franzosen zu spielen, er mochte keine Impressionisten. Du wirst sehen, wir kommen immer zum Klassiker zurück, rief er mir in der Musikschule über die Stiege hinunter zu. Wie solche Sätze in ein jugendliches Hirn einsinken! Wie selten Lehrer solche Sätze dort hineinsenken! Loidl erwähne ich dem Enthusiasmusintendanten gegenüber nicht, das wäre kein faires Argument. Ich weiß, wie sehr er Loidl liebt, es ist eine Hassliebe. Er hat mich bis zur Sehnenscheidenentzündung getrieben, sagt er gern. Paul hatte sich ein für ihn viel zu schweres Chopinstück eingebildet, ein Scherzo, also hatte in Wahrheit nicht Loidl ihn zur Entzündung getrieben, sondern Paul hatte Loidl getrieben, mit ihm dieses Stück einzustudieren, das, wie Loidl wusste, aber Paul nicht hören wollte, seine Verhältnisse überstieg. Der Sturmwind seines Enthusiasmus trug Paul immer über seine Verhältnisse hinaus, dafür, dass er sich dorthin tragen ließ, mochten wir ihn. Er und Loidl waren zusammen nach Bayreuth gefahren, während ich mit Loidl nirgendwohin gefahren war, ihn aber mit unserem Trio einmal zum Essen nach Hause einladen hatte dürfen. Mutter briet Hühner, Vater spendierte Kremser Sandgrube.

Nach dem Essen werden die Gastgeschenke ausgepackt.

Lena, die Virtuosin der schönen Verpackung, hat die sinnreich ausgesuchten literarischen Herrlichkeiten mit kunsthandwerklicher Vorfreude eingehüllt. Die rituelle Abfolge des Silvesterabends will es, dass Ralf sich selbst der Kritik aussetzt und lesend ein kleines Theater humoristischer Dichtung darbietet. Seine Kritikbereitschaft hat übrigens nichts mit meerschweinchenhaftem Kritikreflex zu tun, sie beruht auf Belesenheit und kritischem Vermögen. Man kann sich beim Grad der kritischen Durchbildung der Anwesenden vorstellen, dass ihre literarische Unterhaltung trotz der milde stimmenden Wirkung des Alkohols keine leichte Aufgabe ist. Dementsprechend unruhig benimmt sich Ralf während des Essens, voll Appetit greift er zu, plötzlich springt er auf, zieht sich zurück und ändert im letzten Augenblick die Auswahl der vorzulesenden Stücke.

Wir haben Ralf ein Tischchen mit Lampe und Wasserglas hingestellt. Daran sitzt er und liest Parodien von Robert Neumann. Er liest gut und ausdrucksvoll, setzt die Pointen fein, alle lachen, aber dann vergreift er sich mit einem länglichen Briefroman; Brendels »Mozart«-Gedicht hilft ihm aus der Patsche, er rundet die Vorstellung mit ein paar Sprüchen aus einer Aphorismensammlung ab. Gelächter, Applaus.

Nicht den Glockenschlag überhören. Da wir kein Radio im Zimmer haben, wird das knapp, aber wir kriegen es hin, ein Handtelefon – auch wenn auf keinen Fall während des ganzen Abends eines läuten darf – ist immer dabei. Rundum schießen die Bauern einen Teil ihrer Ernte in den Himmel, auf dem Hügel flirtet der Oberförster mit dem Waldbrand, indem er einen riesigen Gerümpelhaufen mit Heizöl übergießt und anzündet. Kein Problem. Er ist zugleich der Umweltreferent. In manchen Jahren gehen ein paar von uns hinauf und trinken mit den Nachbarn Punsch. Heuer nicht.

161

Cherie legt ihre Tarot-Karten und weissagt dazu aus einem alten, in Fraktur gedruckten, zerfledderten Buch. Ein aufgeklärter Petent nach dem anderen tritt leicht verzagt beim Orakel an, es könnte doch etwas dran sein. Mit einem ordentlichen Rotwein erträgt man sogar die eigene Zukunft. Ich ziehe lauter gute Karten, Felix will's zuerst nicht wissen, kommt aber einigermaßen ungeschoren davon. Das Kaminfeuer brennt herunter.

Der nächste Morgen beginnt österreichisch: Frühstück mit Neujahrskonzert. Leicht gezeichnet finden sich die Gäste wieder ein, Paul und Felix umschleichen den Fernseher wie hungrige Wölfe eine vergiftete Beute. Schöne Straußmusik, unerträglicher Schmalzevent. Der Goldene Saal des Musikvereins, Schauplatz des Allerwürdigsten und zugleich Schauplatz dieser gärtnerdekorierten, hochverkitschten Krautfleisch- und Krenfleischapotheose. Wasabifleisch, glücklich lachen Japaner aus dem Nippesnippongoldsaal, Balletteusen in Schönbrunn, Sängerknaben, weiße Pferde, Seen, Berge, Mönche. Nichts lassen wir aus. Wir vermarkten uns jämmerlich, und am ersten Jänner drehen wir uns den Jammer als Weltgeltung an. Weltgeltungsjammertal. Die Dirigenten kommen bei Felix und Paul meistens gut weg, die Philharmoniker können diese Musik spielen wie niemand sonst, keine Frage, hin- und hergerissen betrachten wir den kleinen Fernseher, dieses ekelhafte Faszinosum, während wir uns knusprigen Frühstücksspeck und von mir besonders langsam und liebevoll gerührte Eier, Marmeladentoast, Mutters Nussstrudel und Weihnachtsstollen reinschieben.

Ich rufe Mutter an, um ihr ein gutes neues Jahr zu wünschen.

Es geht ihr gut, es war ein schöner Abend, sie ist in den Bergen, hat die Feuerwerke im Tal betrachtet.

Ob ich mit dem Buch vorangekommen sei.

Ich weiß, welches sie meint, und missverstehe sie absichtlich.

Ich bin fast fertig.

Ah das, ja, das Kanzlerbuch, das soll ja bald erscheinen. Sie hat eine Ankündigung gelesen.

Und der Brendel?

Der dauert noch.

Ach, komm! Sie klingt schon wie der Verführer. Gerade, dass sie nicht sagt: Du musst sitzen. Cato stellt die Ohren auf.

Das Neujahrskonzert ist bloß das Vorspiel. Das Hauptspiel kommt jetzt. Agathe und Anton treffen mit Instrumenten ein. Felix und Daphne haben Brahms geübt, die Mozartquartette wurden von allen anwesenden Pianisten einstudiert, leider gibt es nur zwei spielbereite, ich darf meistens bei g-Moll ran, weiß auch nicht wieso, oh doch, Lieblingstonart, aber wem ist das bekannt außer mir? Ach so, weil Felix der Triolengott ist, die Triolen lässt er im dritten Satz von Es-Dur nur so rauf- und runterrauschen. Oléoléolé, aufrecht sitzt er am Klavier, unbewegten marmornen Triolengottgesichts, darüber brennt die Fackel seines Schopfs, nein, jetzt keine Witze, Daphne ist aufgeregt, sie hängt in einer Art Telemarkstellung auf ihrem Sessel, ihre Augen saugen sich an Brahms fest, der bekanntlich ein Hund ist, ein fingerbeißender, der spielt sich nicht einfach so, jetzt wären die beiden mit Agathe und Anton gern alleine. Ich gehe diskret aus dem Zimmer, aber das nützt nichts, die Gesellschaft ist neugierig und strömt herbei, Weingläser in der Hand, man will was zum Hören und zum Kritisieren haben, da gibt es keine ungestörten Durchläufe zum Abtasten. Erste Probe ist gleich Hauskonzert.

Felix hat einen wunderschönen Ton, sagt Felicitas.

Er steht die ganze Zeit auf der Verschiebung, motze ich. Warum?

Eine blöde Gewohnheit von mir, entschuldigt sich Felix.

Ralf hat was beobachtet: Felix krümmt und hebt seine Finger wie Hämmerchen, bei dir bleiben die Finger eher flach.

Ich arbeite daran.

Der Enthusiasmusintendant ist neidlos begeistert. Daphne und ich sind von unserem Spiel frustriert. Zu Unrecht, rufen alle. Babette bemerkt, ich müsse fleißig geübt haben. Lena enthält sich taktvoll der Stimme.

Matteo ist mit den Darbietungen zufrieden. Vera macht Fotos, das glauben wir uns sonst selber nicht.

Cato, der König der Labradore, erhebt sich von seinem Lager. Er weigert sich, Dinge zu lernen, die man von einem Durchschnittshund erwartet, etwa bei Fuß zu gehen. Er ist eben kein Durchschnittshund. Genau genommen hat Vera den Unterricht verweigert, sie war stolz auf ihr gelbes Vieh, dem sie menschliche Eigenart zuschrieb. Also weigerte sie sich, ihm das Genick zu brechen, wie sie das ausdrückte. Cato, der stolze, ungezähmte, freie Hund dankte es ihr, indem er ihr seinerseits beinahe das Genick brach. In der Innenstadt riss er sie unvermutet um, weil er dem heftigen Drang nachgeben musste, einem besonders attraktiven Hündinnenduft nachzuschnüffeln. Er ist eben ein Landhund, sagte Vera entschuldigend, die Stadt riecht für ihn wie ein Puff, das musst du verstehen.

Ich verstehe es, ohne es zu billigen, räume jedoch ein, dass Cato ein besonderer Hund ist. Er leidet darunter, der Sprache nicht mächtig zu sein, was er durch unartikuliertes, von einer Art schnurrendem Knurren untermaltes Gähnen dartut. Verlegen wendet er nach solchen halb misslungenen Artikulationsversuchen sein Haupt ab, als schäme er sich, das richtige, das erlösende Wort wieder nicht gefunden zu haben. Wie angenehm wäre solcher Takt bei Tisch, wie fließend verliefen die meisten Unterhaltungen, brächten die Gäste nur halb so viel Feingefühl auf wie Cato. Mit seinem Schwanz vermag er hingegen jeder Gemütsregung Ausdruck zu verleihen, vom müden Abklopfen zum begeisterten Klopfwedeln steht ihm eine Skala zur Verfügung, um die ihn mancher Dirigent beneiden würde.

Dass Cato musikalisch ist, versteht sich von selbst. Er liebt Mozart und trabt unauffällig herbei, wenn er mich am Klavier hört. Fugen rufen seinen wachsamsten Blick hervor, für Mozartfugen lässt er jedes Spielzeug liegen, und beim doppelten Kontrapunkt der F-Dur-Sonate KV 533 legt er sich auf den Rücken und hebt alle Viere, wenn Alfred Brendel spielt; bei Richter ist er nicht so sicher, manchmal verlässt er bloß den Raum, manchmal kläfft er den CD-Spieler an, als wolle er mir sagen, ich solle das sofort abstellen.

Cato lauscht aufmerksam, als Anton, Agathe und ich dem Silvesterpublikum den letzten Satz aus Clara Schumanns Trio vorspielen. Felix kennt es nicht, das freut uns drei. Schön, sagt er, nur die Fuge geht ein bisschen aus dem Leim. Ich hätte es ihm nicht geglaubt, denn ich kleistere die Fuge am Ende durch Kartoffeloktaven wieder zusammen. Als Cato auf die Clarasche Fuge eher gleichgültig reagiert, werde ich nachdenklich. Aber nur kurz: Wenig bekannt, wie es ist, verdiente dieses g-Moll-Trio schon des Erfindungsreichtums wegen, mit dem es ein Motiv aus dem anderen entwickelt, eine Wiederentdeckung im Konzertsaal, und zwar nicht etwa im Zeichen einer feministischen Geschichtskorrektur. Es ist, das gibt auch Felix zu, ein zauberhaftes Stück Musik, manches davon klingt wie aus Roberts Sprache, aber doch eigenständig. Den Kontrapunkt haben die beiden gemeinsam studiert. Und darüber, was Clara in Roberts Stücke alles hineinpraktiziert hat, zerbricht sich keiner den Kopf.

22. Der Anfang vom Ende

Ein paar Wochen später treffe ich bei einem Konzert des Klangensembles Till.

Was machen Sie hier?

Und Sie?

Er sei des Komponisten Zender wegen gekommen, der den Abend dirigiert und mit dem er demnächst auftrete. Ich habe das Gerücht gehört, Alfred Brendel werde Ende des Jahres seine Konzerttätigkeit beenden und frage Till, ob das zutreffe.

Ja, leider, Ende des Jahres ist es vorbei. Brendel wollte es geheim halten, aber es ist herausgekommen.

Wir verabreden uns auf einen Kaffee im Prückel.

Dort sprechen wir über den Kreis der Brendelschüler. Kit Armstrong, das Wunder, das vor dem Zugriff der Hochschreiber- und Fallenlasserzunft beschützt werden soll. Erstaunlich, sagt Till. Beinahe beängstigend. Ich bitte ihn, mir von Brendel als Lehrer zu erzählen. Er rede nicht viel, höre nur zu, aber er zwinge einen zu unvorstellbarer Klanggenauigkeit. Welche Note in einem Akkord mit welcher Lautstärke zu hören sei, auf so etwas zu achten sei ihm, Till, zuvor gar nicht in den Sinn gekommen.

Wenn ich ihn schon vor mir sitzen habe, frage ich ihn über ein paar praktische Dinge aus. Der Bastler holt sich Tipps vom Profi. Ob er Tonleitern übe? Nein, nur mehr Stücke. Aber mir könne es nicht schaden, Tonleiter und Arpeggien zu üben, auch um mich aufzuwärmen. Was man mit diesen Wahnsinnsintervallen in der linken Hand bei Clara machen soll, will ich wissen, die muss ja Riesenpranken gehabt haben.

Ja, er kenne das Stück, habe es einmal gespielt, antwortet Till, einfach von unten nach oben arpeggieren!

Vermutlich geht es Pianisten so wie Ärzten, denen erzählt auch jeder taktlos seine Wehwehchen. Amateurpianisten scheinen ihn jedoch zu amüsieren, mit feinvergnügtem Lächeln erkundigt sich Till nach Details.

Aha, Sie spielen Beethovens Opus 1, was, alle drei? Dann spielen Sie aber nicht schlecht.

Behaupten kann man's ja, vorspielen würde ich es ihm weniger gern. Er wirkt trotz koreanischer Höflichkeit nicht ganz so tolerant wie meine Freunde. Das faustdicke Etwas hinter dem koreanischen Paravent kann ich nur vermuten, nicht lokalisieren. Aber wie der Klavier spielt! Im Geist Brendels, also unäußerlich, doch in keiner Weise nachahmerisch. Klug sein Repertoire erweiternd, es langsam aufbauend. Alles, was er macht, klingt einfach richtig. Solche Einfachheit ist wohl das Schwierigste, denke ich.

Ich hatte ein Konzert mit Tills Trio gehört, wo sie als Zugabe den letzten Satz von Beethovens Opus 1/1 spielten, mir schien, die Geigerin habe die Wiederholung verschlafen und einfach weitergegeigt.

Das war ich, widerspricht Till.

Sie waren in Sekundenschnelle wieder beisammen, nur wenige im Saal hatten es bemerkt, unter ihnen Alfred Brendel, der von der Brüstung herunter lachend applaudierte. Er hatte am Nachmittag des Konzerts im Musikverein aus seiner Lyrik gelesen; bei ein paar anders klingenden Liebesgedichten meinte ich einen neuen Ton zu hören.

Till verspricht mir, für unser Blatt etwas über Alfred Brendel als Lehrer zu schreiben, für die Ausgabe, die vor dessen letztem Konzert erscheint. Die Termine dieses schrecklichen Abschieds stehen fest. Auf Brendels Homepage sind sie zu lesen. Farewell-Tour. Brendels letzter Soloabend in Wien findet am 4. Juni statt, seinen letzten öffentlichen Konzertton wird er am 18. Dezember im Musikverein anschlagen. Ob sich wirklich nichts mehr dagegen machen lasse? Till versichert mir, er kenne Brendel gut genug, um sagen zu können, dessen Entschluss sei unumstößlich. Allerdings werde er weiterhin unterrichten, das habe er ihm versprochen, und sich um seine Schüler kümmern, von denen Till selber einer ist.

Ich erzähle Till von meinem Buchprojekt mit dem Titel »Die Verfehlung des Alfred Brendel«. Er meint, ich solle dem Meister doch von meiner Absicht schreiben, das würde ihn freuen.

Nicht belästigen?

Es würde ihn freuen.

Till ist sich ganz sicher.

Gut. Ich muss Brendel schreiben. Ich muss Ernst machen und mich um die Tickets für die Konzerte kümmern. Ich muss von ihm ein Interview für die Zeitung bekommen, jetzt oder nie. Vor dem letzten Konzert muss es erscheinen. Jetzt muss ich handeln. Muss. Jetzt.

Till ist der Prinz, der mich erlöst. Nein, er erlöst nicht mich, er löst den Bann des Verfehlens, unter dem ich stehe.

Ich werde Brendel treffen.

23. Ein Flug nach Bregenz

Ich treffe nicht Brendel, ich treffe den roten Kanzler. Der Gesprächsband ist erschienen, jetzt will er präsentiert sein. Und zwar in allen Bundesländern. Gordons Mitarbeiter haben sich dafür ein so genanntes Format einfallen lassen.

Format, belehre ich Gordon, ist der moderne Ausdruck für hemmungslose Unterwerfung unter den Publikumsgeschmack.

Gordon leidet, er braucht meine Belehrung nicht, er weiß Bescheid. Ja, sagt er, alles wird in ein Format gepresst, weil nichts mehr Format hat. Was soll ich machen? Wir müssen euch irgendwie präsentieren.

Als Aufklärung anfangen, als Totalitarismus für Arme ankommen!

Viel fehlt eh nicht, sagt Gordon.

Unser Format sieht so aus: Vor den Schautafeln, zwischen Blumen, dem roten Kanzler und mir wartet in jedem Bundesland ein anderer Journalist, meist der Chefredakteur der Platzhirschzeitung. Zuerst interviewt der Platzhirsch mich über die Entstehung des Buchs, dann den Kanzler zu so genannten Fragen des Tages. Rollt hochflorigen Phrasenteppich aus, bleibt auf dem Teppich und röhrt das Zentrum an. Ah, der Schmerz und die Wut der Entlegenen und Zurückgesetzten beim Staubsaugen. Hier haben sie die Chance, es den Großschädeln aus Wien zu zeigen.

Nach der ersten Veranstaltung überlegen wir es uns anders, der rote Kanzler und ich lassen uns fortan gleichzeitig interviewen, zwischen uns der lokale Hirsch oder die Hirschkuh, das Geschlecht ändert am Verhalten nichts. Ein prekäres

Doppelspiel. Hirschbrünftiges Staubsaugen, nicht Politik. Gordon leidet still im Publikum.

Anschließend wird mit den anwesenden Spitzen der Landespolitik, die sich zum rustikal-animalischen Spektakel vollzählig eingefunden haben, gegessen und Schnaps getrunken. Der rote Kanzler hat Freude an der Menge, die Menge hat Freude an ihm. Ich habe Freude am roten Kanzler, wir reden auf der Bühne einigermaßen offen. Der rote Kanzler ist schwer formatierbar. Auf der Bühne erzählt er ungeniert Dinge, die Gordon und er zuvor aus dem Buch hinausredigiert haben, etwa, dass er in der Nacht, ehe er zum Parteichef designiert wurde, mit dem Wiener Bürgermeister Schnaps trank. Ein Bundeskanzler trinkt keinen Schnaps, sagte Gordon, diesfalls äußerst humorlos. Der rote Kanzler erbringt den Gegenbeweis. Es stimmt zwar nicht, dass Österreich nur aus Katholiken und Nationalsozialisten besteht, aber es kann einer in Österreich nicht Kanzler sein, ohne mit den Katholiken, den Nationalsozialisten und den Sozialdemokraten Schnaps zu trinken. Österreich zu regieren heißt Schnaps zu trinken.

Der rote Kanzler liebt es, mit den Leuten zu trinken, und lässt sich anmerken, dass er es mag. Er bleibt nicht lange Kanzler. Vielleicht, denke ich, bleibt er gerade deswegen nicht lange Kanzler, weil er gerne mit den Leuten trinkt. Die Leute sind ein strenges Feudalregime gewöhnt. Sie wollen das Gefühl haben, dass man ungern mit ihnen Schnaps trinkt. Sie möchten, dass man sie das Bittere des Pflichtschnapses spüren lässt. Das halten sie dann für die Würde des Amtes. Ans Bittere können sie noch glauben.

Die heimischen Hämewerke nehmen das Gesprächsbuch des roten Kanzlers kaum zur Kenntnis, weder greift jemand eine der Ideen darin auf noch greift jemand eine an. Das Heimische changiert in der landesüblichen Aussprache sowieso zum Hämischen. Haben die Hämwerker einen einmal aufgeschrieben, kann er sich abschreiben. Mit jeder Zuckung, mit der er sich gegen sie zur Wehr zu setzen versucht, verstrickt er sich umso enger in ihr Netz. Es ist immer ihr Hämspiel. Der rote Kanzler hatte es schon verloren.

Der rote Kanzler und ich fliegen nach Bregenz, in einem gecharterten Privatjet, der einem Industriellen gehört, einem Freund des roten Kanzlers. Hätten sie's mitgekriegt, wär's Futter für die Hämwerker gewesen, die ihm seinen Umgang mit Großbürgern und gleichzeitig seine proletarische Herkunft vorwerfen. Der Kleinverleger und ich müssen den Privatflughafen suchen, er liegt ein paar Kilometer abseits des eigentlichen Flughafens. Auf dem Privatflughafen ist alles en miniature, aber es ist alles da, was man von einem Flughafen erwartet, Mini-Check-in, Polizei, Passkontrolle, Sicherheitsschleuse, eine kleine Lounge mit Kaffeehaus. Nur die Shops fehlen.

Obwohl alles so miniaturklein ist, finden wir uns nicht zurecht, werden aber sofort persönlich betreut, als wir sagen, auf wen wir warten. Wir beobachten die Businesskoffer der privatreisenden Herren mit Interesse. Oligarchen passen sich punktgenau in ihre Slots ein, Dealer heben ab, das große Geld fliegt in kleinen Spielzeugmaschinen außer Landes. Gäbe es mehr Wellblech, käme Karibikgefühl auf.

Wo ist der rote Kanzler? Viel zu spät dran. Er kommt mit Blaulicht, im gemäßigten Laufschritt geht's durch die Kontrolle. In unserem Fall wird sie lax gehandhabt, wir durchlaufen sie, das dürfte kein Hämwerker sehen, auch Minibodenpersonal und Minipolizei schlackern mit den Ohren, wir sind schon durch, der rote Kanzler telefoniert, während wir die Kontrolle passieren, er telefoniert, bis wir uns im Spielzeugflugzeug in die gepolsterten Ledersitze fallen lassen. Der Kleinverleger strahlt über die große Welt und sich selber mittendrin.

Alle Zeitungen! Der rote Kanzler hat sich unter den Hämwerkerjournalisten auch deswegen nicht viele Freunde gemacht, weil er sie wissen ließ, was er von ihnen und ihren Blättern hält. Für die österreichische Presse braucht er gerade drei Minuten, büschelweise fliegen die Gazetten hinter seinem Sitz zu Boden. Für *Guardian, Le Monde* und *El País* nimmt er sich eine halbe Stunde, Seite für Seite segelt im hohen Bogen dahin, ein Weltverschlinger und Weltwegwerfer, dieser rote Kanzler. Schon ist die halbe Flugzeit vorüber. Eine hübsche blonde Flugbegleiterin, Typus Medizinstudentin, die sich ihr Studium finanziert, serviert Brötchen und Champagner. An Bord einer solchen Maschine nimmt man so was noch zu sich, der rote Kanzler ist für seinen Appetit bekannt.

Er telefoniert zwischen Blättern, Bröseln und Brötchen, der Gang hinter ihm ist mit Papier übersät, nationale Makulatur, internationaler Müll, nichts wird aufgehoben oder eingesteckt, wie ich es gemacht hätte, der ich nichts wegwerfen kann, nichts wird dem Kleinverleger, dem Assistenten und mir zum Lesen oder Aufbewahren angeboten, manisch frisst sich der Kanzler durch den Zellstoffwall seiner Eintageswelt. Um ihn ein Schlachtfeld aus Papier. Die Stewardess lässt sich nichts anmerken und bietet in einem fort Lachsbrötchen an, die wir gerne essen. Außer ihr, dem Kapitän und uns vieren ist niemand im Flieger. Die Stimmung ist tadellos.

Nach beendeter Zeitungslektüre gehen wir die Termine der nächsten Präsentationen durch. Mein Herz sackt in ein Luftloch. Das gibt's doch nicht! 4. Juni. Da steht es, Buchpräsentation im Geburtsort des Kanzlers. Auf den Termin hat er sich besonders gefreut. Der 4. Juni ist in drei Wochen.

Geht nicht, sage ich schreckensbleich, den muss ich leider absagen.

Das können Sie nicht absagen, sagt der rote Kanzler gut gelaunt. Das sei sein Geburtsort, seine Verwandten und Freunde hätten ihr Interesse schon angemeldet, gerade dort liege ihm ein Auftritt besonders am Herzen.

Ich bleibe dabei. Ich kann nicht. Nicht diesmal. Am 4. Juni spielt Alfred Brendel sein letztes Recital in Wien. Dieses Konzert werde ich nicht verpassen. Diesmal werde ich nichts verfehlen. Wenn mich der rote Kanzler in seinem Geburtsort auf der Bühne haben will, muss er den Abend verschieben. Ich bin nicht zickig, aber hier beißt er auf Granit.

Ich erzähle dem roten Kanzler vom Plan zu meinem Buch. Er interessiert sich für Musik, geht in die Oper. Thielemann, sagt er, Philharmonisches, Bruckners Vierte, die habe er noch nie so gehört. Dass Brendel seine Karriere beendet, ist ihm unbekannt. Der rote Kanzler bedauert das.

Was hat die Republik für Herrn Brendel getan?, fragt der Kanzler seinen Assistenten.

Nichts, was der Rede wert wäre, behaupte ich. Die Möglichkeit einer Auszeichnung wird erwogen, das Abschiedskonzert wäre ein würdiger Anlass, sie zu überreichen. Der Assistent vertraut es seinem digitalen Assistenten an.

Also gut, sagt der rote Kanzler. Wir verschieben. Sein Assistent hasst mich bereits und macht mit leicht verzerrter Miene eine weitere Notiz. Er bekommt zu tun.

Wenn wir schon verschieben, gehe ich mit Ihnen ins Konzert, fügt der rote Kanzler hinzu.

Das ist mehr, als ich zu hoffen wagte. Ich habe bis jetzt bloß eine Stehplatzkarte, alle anderen waren schon verkauft. Nun werde ich eine ordentliche Karte bekommen und mit dem roten Kanzler Brendels letztes Recital besuchen. Kanzler kriegen immer Karten. Der Kleinverleger schaut neidisch. Netter Kerl, hat in Oxford Fleckviehzucht studiert, gebildet, witzig, kultiviert. Den roten Kanzler beobachtet er auf unserer Tour mit der hingerissenen Begeisterung eines Kindes, das durchs Schlüsselloch zusieht, wie Papa den Christbaum schmückt. Aus der Nähe besehen ist jede Macht unglaublich. Dieses Wort gebraucht der Kleinverleger auf unserer Platzhirschtour häufig.

Ich habe ebenfalls eine Stehplatzkarte für Brendel, sagt er jetzt hoffnungsvoll.

Die können wir leider nicht upgraden, gebe ich ihm zurück.

In diesem Flieger darf ich das so sagen. Ich, frischgebackener Regierungskartenbesitzer, Parterreloge rechts.

Der verlegerische Fleckviehzüchter ist hingerissen von dieser Zurücksetzung. Er findet sie unglaublich. Wir sind unten. Die windige Landung in Altenrhein, sonst immer ein kleines Nervenspiel, ist mir beinahe entgangen.

Dann sehen wir uns bei Brendel, sagt der rote Kanzler zum Fleckviehverleger, während wir durch knöchelhohen Papiermüll zum Ausstieg des Spielzeugfliegers stapfen.

Neben der Landebahn wartet der Wagen mit den Beamten. Mit Blaulicht geht's zur Platzhirschpräsentation. Ich werde meine Stehplatzkarte Agathe schenken. Sie hat Brendel noch nie live gehört.

24. Ein Brief

Sehr geehrter, sehr verehrter Herr Brendel,
ich schreibe Ihnen dies aus mehreren Gründen. Zum ersten hat mich
eine Information des Verführers dazu ermuntert. Er erzählte mir,
dass Sie bei Ihren Konzerten gerne wissen, wer im Konzertsaal sitzt,
damit die graue, hüstelnde und scharrende Masse, für die Sie spielen,
für Sie etwas weniger grau wird. Also wollte ich einfach sagen, ich
jedenfalls werde am Mittwochabend da sein.

Ich habe mir erlaubt, den Bundeskanzler der Republik Österreich
dazu anzustiften, Ihr Konzert mit mir zu besuchen. Das ist mir des-
wegen leicht gefallen, weil ich dachte, dass er Ihren letzten Soloabend
in Wien nicht versäumen sollte; man tut ja als Politiker nicht allzu
viel Vernünftiges. Ich bin zur Zeit mit ihm in etwas engerem Kon-
takt, weil ich mit einer Kollegin ein Interviewbuch mit ihm gemacht
habe; sie hatte es geplant, ist erkrankt, ich bin eingesprungen. Ich er-
laube mir, Ihnen das Bändchen beizulegen.

Das erzähle ich Ihnen nur, weil ich Ihnen ein Geständnis zu ma-
chen habe. Ich arbeite an einer Art autobiographisch-literarischem
Buch, das den Titel »Die Verfehlung des Alfred Brendel« trägt und
einige Geschichten erzählt, die sich begeben haben, seit ich versuchte,
Sie zu treffen und begann, Sie zu verfehlen. Auf meinem Anruf-
beantworter befindet sich noch immer die Aufzeichnung Ihres An-
rufs, in dem Sie meinen Artikel lobten, den ich zu Ihrem siebzigsten
Geburtstag schrieb. Ich kann mir also keinen neuen Anrufbeantwor-
ter kaufen, obwohl das Modell technisch längst überholt ist.

Den Plan zu meinem Buch hatte ich schon, ehe ich erfuhr, dass Sie
von der Bühne Abschied nehmen; als Ihre ebenso bedauernswerte wie
bewundernswerte Absicht öffentlich wurde, wusste ich, jetzt will das
Buch geschrieben sein. Außerdem bietet es mir die Möglichkeit, ein

*anderes literarisches Projekt, dessen Vertrag ich vor Jahren unter-
zeichnet und dessen Realisierung ich beharrlich verfehlt habe, auf die
lange Bank zu schieben.*

*Ich weiß nicht, ob es mir möglich wird, die Geschichte der zwischen
uns nicht zustande gekommenen Treffen und anderer Verfehlungen
meinerseits so zu schreiben, dass ich am Ende Ihnen als Künstler und
mir als Fehlendem einigermaßen gerecht werde. Vorerst habe ich damit begonnen, meine Verfehlungswut zu stoppen. So gelang es mir,
den (naturgemäß) schon vor Monaten für Mittwochabend ange-
setzten Termin einer Präsentation des Kanzlerbuchs zu verschieben.
Damit kam ich auch zu einer ordentlichen Karte, die ich mir zuvor
meines Verfehlungswahns wegen nicht rechtzeitig besorgt hatte.*

*Mein Buch soll nächstes Jahr erscheinen (genau genommen habe
ich noch kein Wort davon geschrieben), und ich würde sehr gerne zuvor mit Ihnen zusammentreffen, sodass die Verfehlung ein Ende hat
und wir uns wirklich unterhalten können, auch und vor allem über
Ihre Gedichte. Der Verführer sagte mir, dass vielleicht in Salzburg im
August dazu Gelegenheit wäre, wo Sie bei einem Seminar auftreten.
Wenn Sie nichts dagegen hätten, würde er mich zu diesem Seminar
einladen. Wäre das möglich, würde ich mich sehr, sehr freuen.*

*Ich bleibe mit den besten Wünschen und erwarte den morgigen
Abend mit ein wenig Furcht und großer Freude.*

Ich hinterlege den Brief im Musikverein, Kanzlerbuch dazu.
Ausnahmsweise, diesmal will ich's wirklich wissen, samt
Handynummer, Büronummer und meiner E-Mail-Adresse.

Hallo, hier ist Alfred Brendel.

Zum ersten Mal hat er mich zu Hause erreicht. Reiner Zu-
fall; ich hatte gerade ein vergessenes Buch geholt.

Er freue sich über meinen Brief.

Ich zwicke mich in die Backe: Wir telefonieren miteinander!

In Salzburg habe er für ein Treffen leider keine Zeit, da müsse er den Geburtstag eines lieben Freundes feiern. Ob ich eventuell nach Schwarzenberg kommen könne?

Nichts lieber als das. Ich kenne Schwarzenberg. Schwarzenberg liegt dreißig Kilometer von Bregenz entfernt. Ich komme gern, ich komme gewiss. In drei Wochen findet das Konzert bei der Schubertiade statt.

Sehr gut, lacht Brendel am Telefon, dort können wir uns zwischen die Kühe legen.

Von einem Interview sage ich einstweilen nichts. Meine sieben Jahre alte Bitte schwebt noch im Raum, wir werden sehen, wie sich der Bregenzerwald auf sie auswirkt.

25. Das letzte Recital

Der 4. Juni 2008, ein lauer Wiener Abend. Ernst schiebt sich die Menge der Musikbürger in den Musikverein. Ein Gefühl, als müsse man etwas hinter sich bringen, das man lieber aufschieben würde. Bange Freude. Freudiges Bangen. Würden wir umkehren und gehen, würde vielleicht nichts geschehen. Keiner geht, alle kommen. Schönwetter, wenigstens kein Gedränge an der Garderobe. Die übliche Mischung: Medizin, Krautfleisch plus Koriander.

Ich bin doppelt mit Karten versorgt, zwei habe ich mir vorher im Büro für die Direktionsloge geholt. Sicher ist sicher. Die fürsorglichen Mitarbeiter legen mir die Kanzlerplätze ans Herz, zweite Parterreloge, erste Reihe. In der Direktionsloge sei heilloses Gedränge zu erwarten. Die beiden Direktionslogenkarten, die ich vorsichtshalber an mich nehme, geben mir ein warmes, sicheres Gefühl in der rechten Sakkotasche. Die Karten für die Loge des roten Kanzlers waren beim Portier des Künstlereingangs hinterlegt, jetzt wird mir auch am Herzen warm. Wer immer viel versäumt, den können doppelt wir belohnen. Bin der einzige hier mit vier Karten für zwei Leute, leider ad personas, so kann ich weder für Agathe noch für den Fleckviehverleger etwas tun, die ich beim Musikvereinseingang antreffe, wo ich nach Torwächterart Ausschau halte. Möchte nicht nach dem Klingeln Kanzler suchen müssen. Niemand kommt ungesehen an mir vorbei, die beiden schon gar nicht. Ich mache sie miteinander bekannt.

Zu dritt stehen wir vor der Tür und warten auf den roten Kanzler. Es sind seine letzten Kanzlertage, die Hämwerker in

Presse und Partei leisten ganze Arbeit. Laubsäge, Kettensäge, Axt. Er spaziert einher, als wäre er nicht Kanzler, sondern ein beliebiger Wiener Müßiggänger. Locker und aufrecht, beinahe nach hinten geneigt. Weit und breit kein Polizist. *Nous sommes en Autriche,* noch immer. In letzter Sekunde hat er seinen Kopf aus der Schlinge gezogen. Das war knapp, sagt er im Foyer. Heute Abend hat der Intrigenwahn Pause. Agathe und der Fleckviehverleger sind miteinander auf den Stehplatz gegangen, der rote Kanzler und ich setzen uns, nach Begrüßung durch den Direktor des Hauses, auf unsere Reihe-Eins-Parterrelogensitze.

Es sind schwarze Sitze. Hier sitzen mitunter Kanzler, aber meist keine roten. Das Publikum in der Loge erstarrt und versucht angesichts des Eindringlings Haltung zu bewahren, was nur ansatzweise gelingt. Abrücken ist wegen Platzmangels nicht möglich, und wie rückt man von jemandem ab, der einen entspannt, freundlich und mit dem Gewicht seines Amtes grüßt? Eisiges Kopfnicken. Ginge es, würde ihn die Sitznachbarin mit der Perlenkette erwürgen. Was hat der hier zu suchen, im eingefleischtesten Krautfleischsumpf? Jetzt kommt noch der diensthabende Polizeioffizier und macht die Honneurs. Unerhört!

Die Krautfleischbürger betrachten Alfred Brendel als einen der ihren, sage ich zum roten Kanzler.

Die scheinen da was zu verwechseln.

Vielleicht nicht. Brendel sei der letzte Pianist der bürgerlichen Utopie, sage ich, das habe ich in einem Artikel in der *Süddeutschen* gelesen.

Ich habe mir die Kritiken der Abschiedstour geben lassen, sagt der rote Kanzler, aber das ist mir entgangen.

Ja, sage ich, der Artikel ist zu Brendels siebzigstem Geburtstag erschienen. Schon damals hieß es: nach ihm die Nische.

Sie hören also, sage ich zum roten Kanzler, den letzten Pianisten der bürgerlichen Utopie an seinem letzten Soloabend.

Der letzte Pianist der bürgerlichen Utopie wäre ja gerade das Gegenteil eines Pianisten der bürgerlichen Realität, sagt der rote Kanzler mit Blick in den Goldenen Saal.

Ich erzähle ihm, was sich in New York begab, als Brendel einmal in der Carnegie Hall Beethovens c-Moll-Chorphantasie gespielt hatte.

That's what I call a major pianist!, rief eine Reporterin damals begeistert, die dem atemlosen Brendel an der Türe zur Künstlerzimmer auflauerte.

I wonder what you would consider a minor pianist, gab der kühl zurück.

Die bürgerliche Utopie, die da gemeint ist, bezieht sich nicht auf seinen Witz, seine individuelle Besonderheit, sage ich. Die herauszustellen lehnt Brendel vollkommen ab, zumal wenn sie sich vor das Werk drängt wie im Fall Glenn Gould.

Dennoch gibt es einen Brendelstil, oder etwa nicht?

Der rote Kanzler hat da einen Punkt, würde Ralf sagen. Der Applaus unterbindet meinen Gegenpunkt. Schon zur Begrüßung Abschiedsapplaus. Zuversichtsapplaus. Anbetungsapplaus. Was immer der Pianist heute Abend tut, wir werden ihn dafür in unser liebendes Eingedenken nehmen. Wie stets betritt Alfred Brendel die von Zuschauern besetzte Bühne vorsichtig. Keine Altmännervorsicht, nicht nötig, er ist fit und koordiniert. Es ist Behutsamkeit. Da ist die Neigung wieder, die Vornüberneigung, vielleicht ist es eine Neigung zum Kraftfeld des Klaviers. Flügelzuneigung. Er kommt von der Seite, zögernd beinahe, als könnte er am Steinway vorbeigehen und auf der anderen Seite der Bühne wieder abtreten, manchmal hätte er wohl Lust, solchen komischen Impulsen nachzugeben.

In diesem Auftritt schwingt ein wenig exzentrische Schauspielerei mit. Man meint nicht nur Anziehung, sondern auch Abstoßung zu spüren. Ein Silberhauch behutsamer Skepsis diesem schwarz glänzenden, dreibeinigen Ding gegenüber: Wird es so klingen, wie es klingen soll? Werden Tauben aus dem Korpus flattern? Wird es Böller aufs Publikum schießen? Hat jemand seine Beine angesägt? Dem Publikum gegenüber scheint Misstrauen immer angebracht. Gleich werde ich die Taube der Emotion aus dem Zylinder der Vernunft zaubern, seien Sie einem Zauberer wie mir gegenüber auf der Hut, sagt uns der Auftritt Brendels, wie auch ich Ihnen gegenüber behutsam Vorsicht walten lasse. Ihnen, dieser amorphen Masse der Huster, Scharrer, Raschler, Räusperer, Gegenständewerfer, Sesselschlagenlasser, Schläfer, Abschweifer, Schwätzer, Programmblätterer, Telefonierer in Lauerstellung! Gewähren wir uns gegenseitig einen Misstrauensvorschuss, vielleicht bin ich nicht der, den Sie in mir sehen, vielleicht unterscheidet sich meine Bürgerutopie in allzu schroffer Weise von Ihrer Bürgerrealität.

Wir ersticken seine Behutsamkeit in einer Ovation zudringlicher Ehrerbietung.

Er antwortet mit Mäßigkeit und edler Resignation seiner Antwortverbeugung. Schon der Begrüßungsapplaus zeigt, das hier ist kein Konzert mehr, es ist eine Feier, ein weher Abschied, ein unwiderruflich letztes Mal. Nur noch vier Stücke und ein paar Zugaben, sagt der Applaus. Wir spüren den Abschiedsschmerz schon vor dem ersten Ton. Auch Brendel muss spüren, was die Menge spürt. Er spürt es schon das ganze Jahr. Auf der ganzen Welt. Ein Weltschmerzsammler. Schmerz in Tokio, Schmerz in Schwarzenberg, Schmerz in Chicago, Schmerz in Baden Baden. Schmerz jetzt auch in Wien. Aber Brendels feines Lächeln mahnt beharrlich zur

Vorsicht: Noch habt ihr nichts gehört, lasst mich erst einmal machen, gebt mir nachher Bescheid. Um Reverenz für meine Karriere einzustreichen, bräuchte ich nichts mehr vorzuspielen. Lasst mich euch erst etwas geben.

Was soll er tun, als sich schnell hinzusetzen und loszulegen, scheinbar ohne Konzentrationspause? Die spart er sich, um der Huster und Räusperer nicht innezuwerden, die er mit konzentrierter Versenkung nicht zum Schweigen brächte, sondern anfeuern würde. Konzentriert ist er ohnehin. So lange das Intervall zwischen Erscheinen auf der Bühne und Erreichen des Flügels währte, so kurz hält er den zeitlichen Abstand zwischen Sitzen und Spielen.

Er spielt. Der erste Ton kommt schnell, es sind zwei, eine Terz im Bass aus f und as, *tenute* steht im Text, also gehalten, er hält sie und lässt sie gleich wieder los, ein wiegendes Begleitmotiv, während sich von oben das Thema einfügt, eins geht ins andere über, eine Variation in die andere, in Moll, nachgedoppelt in Dur, es sind die Haydnvariationen in f-Moll, ein tragischer Haydn, der in jenes Chaos führt, das der Pianist stets zu beschwören liebt und über das er den Flor seiner Ordnung legt, ohne das Chaos zähmen oder auch nur verdrängen zu wollen. Romantischer Slogan eines Unromantischen. Unromantische Ironie?

Beim »Abenteurer Haydn« führt Brendel uns Hörer in ein »Delirium der Verzweiflung«, er sagt es so, wild chromatisch wird es zwischendurch, er spielt es zum Verzweifeln schön, bis es am Ende wieder an- und auszuhalten ist, *tenute, tenute, tenute,* haltet aus, haltet aus, haltet aus, ehe die Musik pianissimo in F-Dur verklingt. Darunter steht nur mehr *laus Deo* im Text, Lob sei Gott, das liest man bei Haydn nicht unter jedem Klavierstück.

Auf die Doppelvariation folgt der doppelte Kontrapunkt,

Mozart, F-Dur, KV 553, auch hier atemberaubend moderne Schmerzenschromatik im langsamen Satz. Dann Beethoven und Schubert, Sonata quasi una Fantasia, die wahre Kunst von Musik als Fortgang, ein Satz geht attacca in den nächsten über, Übergänge in einem fort, am Ende die B-Dur-Sonate, die letzte, große, leider nicht unendliche Abschiedsmusik. Und mit jedem Ton die Gewissheit, niemand spielt das besser, nie wird das wieder jemand so spielen können.

»Himmlisch« und »abschiedstrunken«, das gefühlige Feuilleton fühlte mit, von Billigblatt bis Broadsheet. Wer hätte hier nicht fühlen mögen? Der hätte ein Herz aus Stein. Die Abschiedsstunde steigerte die Aufnahmefähigkeit. Der Sprecher am Klavier versteht die Fähigkeit zu nützen. Was heißt Sprecher? Brendels Ton spricht zu uns, er macht ihn sprechen, weil er artikuliert, charakterisiert, Geschichten erzählt, aber das ist nur die eine Seite. Er lässt den Ton mit einer Intensität singen, die nur artikulieren kann, wer das Unsagbare zu sagen vermag. Eine Sprache jenseits des Erzählens. Aufklärungsmagie, jenseits des schlicht Narrativen. Für Ohren, Hirne und Herzen.

Nur ein umfassend gebildeter Musiker kann so nicht-äußerlich spielen wie er, seine Ideen musikalisch so darlegen, dass sie einen ergreifen, einen jedoch nicht als Ideen verlassen. Brendels Fülle wird an diesem Abend als übervoll empfunden, weil uns zugleich die Leere vor Augen steht, die nach ihm kommen würde.

Störte es den letzten großen Pianisten des Bildungsbürgertums, dass ihm fast keine Bildungsbürger zu Füßen saßen? Saß er einsam im überfüllten Saal? War das bloß mein Vorurteil? War die Trauer im Saal nicht mit Händen zu greifen? Wohl, aber es blieb unklar, ob das Publikum ums eigene, verlorene Ideal trauerte oder bloß sentimentalisch mit einem

Großen in einem großen Augenblick des Übergangs mit-
fühlte. Oder personifizierte der da draußen dieses Ideal am
Ende überhaupt nicht, war auch das nur eine Projektion? War
das alles bloß ein Missverständnis? Vielleicht machte Brendel
nur auf angelsächsisch saubere Weise seinen Job, dachte ich,
unprätentiös, mit tiefstem Wissen und in höchster Qualität.
Vielleicht war es gerade das, was man bürgerliche Utopie nennen kann: nicht Freiheitspathos, sondern ordentlich seinen
Job machen. Den Abschiedsjob.

26. Ein Schanigarten

Agathe, der Fleckviehverleger und ich gehen mit dem roten Kanzler in die Künstlergarderobe. Einmal muss auch ich dorthin. Zuerst aber der Kanzler, vom Direktor des Hauses an die Spitze der befremdet glotzenden Krautfleischschlange gelotst. Ich warte auf Agathe. In der Garderobe dezentes graues Krautfleisch, Brendel schon umgezogen, freundlich vornüber geneigt, ich bringe ein plumpes Kompliment an, besser ein plumpes als gar keines, plump plumpst es mir vom Herzen. Brendel plaudert blitzenden Auges mit Agathe, für neue Musik interessiert er sich, so viel ist bekannt.

Gern wird er mit Agathes Klangensemble diskutieren.

Auch wenn Ihnen nicht alles gefallen wird, was ich sage! Er lacht zufrieden, den Modernisten wird er den zeitgemäßen Klassiker entgegensetzen. Er freut sich auf unser Treffen in Schwarzenberg. Seine Hände sind warm und trocken.

Nachher stehen wir vor dem Musikverein und wissen nicht, ob der Kanzler noch Zeit hat. Er hat. Wir sitzen im nächstbesten Schanigarten und trinken ordentlichen Wein, als wären wir nicht feierlich betrunken genug vom Erlebnis des Konzerts. Auch wer im Detail nicht verstanden hat, was geschehen war, ist durch das offensichtliche Gelingen dieses schweren Augenblicks erleichtert. Pausen im Gespräch, innere Nachklänge aus dem Theater. Stille Übereinkunft, jetzt nicht von Politik zu reden, von der die ganze Stadt voll ist: Rollt der Kopf des roten Kanzlers? Er hat den Kopf bei unserer Sache.

Selbstironie, bemerke ich zum roten Kanzler, ist bei Brendel nur das Mittel der Distanz, um einen Schutz für die große

Nichtironie der Musik herzustellen. Und weil wir wissen, dass dieser höchste Ernst, diese tiefste Bildung, dieses durchdringende Verständnis ungeschützt überhaupt nicht mehr zugelassen werden, bedürfen sie des ironischen Schutzes. Mit seinem Nachweis, dass Musik selbst durchaus humoristisch sein kann, treibt er die Sache auf die Spitze. Er hat ganze Säle zum Lachen gebracht, weil er ihnen beispielsweise den bizarren Witz von Beethovens-G-Dur-Sonate Opus 14/2 vorführte, die so sentimental frühlingshaft beginnt, aber er hat sie mit einer Kopfbewegung gestoppt, als sie bei »Für Elise« wissend auflachen wollten.

Der rote Kanzler hat begriffen, dass man sein Verständnis einer Sache nicht ungeschützt zeigen darf. Wer von den Bildungsbürgern überhaupt gebildet sei, das frage er sich. Er wolle noch einmal auf die Stilfrage zurückkommen, bei der uns der Applaus unterbrochen hatte. Mit ihr habe wohl auch das bürgerliche Anliegen zu tun, das, was ich vorhin Utopie genannt habe. Diese Utopie könne doch nur eine Idee von Befreiung sein.

Der klassischen Definition zufolge, sage ich zum roten Kanzler, übertrifft Stil die bloße Manier und schon gar die Nachahmung eben dadurch, dass er sich auf die tiefsten Grundfesten der Erkenntnis bezieht. Diese Unterscheidung ist so klassisch, dass nur Goethe sie getroffen haben kann. Indem er das Wesen der Musik erkennt und spielend hörbar und, ja, auch sichtbar mache, beziehe sich Brendel auf eine lange Reihe von Interpreten, in die er sich stelle. Insofern liege tatsächlich etwas Kollektives vor: nämlich die Versuche aller bisherigen Interpreten, den vom Komponisten beabsichtigtem Charakter möglichst adäquat auszudrücken.

Ihr beiden redet wie die ärgsten Bildungsbürger, sagt der Fleckviehverleger. Bildungshuber, möchte er fast sagen. Hat er sich mit Vera abgestimmt? Es könne schon sein, setzt er fort, dass eine Reihe von Leuten Brendel mit seinem genauen Gegenteil verwechseln, ihn für eine Art musikalischen Exzentriker halten. Aber er sei sicher, es gebe einen gewissen Anteil von Kennern im Saal, die genau wissen, worum es Brendel gehe.

Das will ich nicht bestreiten. Ich entschuldige mich für meine Terminologie, ich halte eine Vorlesung über Stil, sage ich, da könne es passieren, dass man zu speziell werde.

Muss man sich schon entschuldigen, wenn man sich wo auskennt?, fragt der Kanzler. Manchmal komme es ihm so vor. Ich solle mich nicht einschüchtern lassen.

Tiefste Grundfesten der Erkenntnis werden vor allem vom Stehplatz einsichtig, sagt Agathe, da sieht man am besten hinunter. Das mit der bürgerlichen Utopie habe sie nicht ganz verstanden. Was damit gemeint sei: die Idee der kollektiven Interpretation oder die der Befreiung?

Beides, sage ich. Es gibt Leute, die behaupten, die klassische Musik sei einmal für das Bürgertum so wichtig gewesen wie die Tragödie für die griechische Polis. Ralf könnte uns erklären, was die bedeutet hat, nämlich das eigene Schicksal dramatisch vorgeführt zu bekommen, um es gemeinsam noch einmal zu durchleiden und zu bedenken.

Wenn es so wäre, wie viele Menschen im Publikum hätten die musikalische Bildung, zu verstehen, was Brendel tut? Agathe bleibt skeptisch. Abgesehen davon, dass man Musik auch ohne Kollektiv schön finden kann, weil sie ja unmittelbar auf jeden Einzelnen wirkt.

Ohne kollektive Einsicht ist sie nicht mehr dasselbe, sage ich, aber wir merken den Verlust schon nicht mehr.

Heute Abend haben wir ihn bemerkt, oder nicht? Brendel hat ihn uns ahnen lassen. Die Schwere des Abschieds in solche gemeinsame Freude übergehen zu lassen, das muss ihm erst einer nachmachen, sagt der rote Kanzler.

Meint ihr, spüren die Krautfleischbürger, dass es ihnen einst um anderes gegangen ist, als einander im Juste-milieu ihr Einverständnis zu zeigen? Der Fleckviehverleger glaubt nicht an die Sache mit der Polis und der Musik. Wie ist zum Beispiel die Handtasche zu interpretieren, fragt er, die natürlich an einer Pianissimostelle hinunterfällt, weil in ihr ein Handy losgeht? Wie die Hustenchöre zwischen den Sätzen? Wieso können die Krautfleischbürger im Augenblick höchster Würde, wenn es einem den Atem verschlägt, nicht wenigstens einmal, wenigstens in einem solchen Augenblick die Luft anhalten und das Hörgerät kontrollieren? Brendel, uns, einander kollektiv das Geschenk der Stille machen?

Draußen vor dem Schanigarten, über der Borte aus Begonien, huschen von Zeit zu Zeit kleinere Pulks von Krautfleisch- oder Medizingesichtern vorbei, die entgeistert auf den unbewacht dasitzenden roten Kanzler starren, manche mit dem Ausdruck freundlichen Wiedererkennens, manche mit dem gleichen Gesichtsausdruck, den die Logennachbarin gezeigt hat. Dahinter flammen die Stopplichter der Automobile auf, Radfahrer ziehen vorbei, die Aufschrift der Internationalen Apotheke leuchtet, ab und zu bremst sich eine Straßenbahn bei der Haltestelle ein, es riecht zart nach Frühsommer, Gummi und Benzin.

Dabei finden die sicher dieses Brendelgedicht über die Huster von Köln köstlich, sagt Agathe.

Denen macht das Husten erst richtig Spaß, vermutet der Fleckviehverleger, wenn sie das Gedicht kennen. Kennerisches Husten ist die schlimmste Form von Husten!

Aber warum beharren die auf Brendel als auf einem der Ihren? Sie müssen doch etwas Einschlägiges spüren, sage ich.

Sie missverstehen das Repertoire als konservatives Bekenntnis, sagt Agathe. Sie hören die Utopie nicht mehr heraus.

Die Medizinalräte husten der Polis was, meint der Fleckviehverleger. Sie sind Justamenthuster und Lusthuster, oder beides.

Habt ihr gehört, wie er singt, fragt der Kanzler.

Agathe und der Fleckviehverleger haben auf ihren Stehplätzen nichts gehört.

Ich umso deutlicher. Er stöhnt mehr, als er singt, sage ich, das hat erst in den letzten Jahren angefangen. In einigen Kritiken habe ich schon Mutmaßungen darüber gelesen, was es bedeuten mag.

Du musst ihn fragen, sagt Agathe. Ich verspreche es.

27. Schwarzenberg

Ich telefoniere mit Mutter.

Wir kommen nach Bregenz, um Brendel in Schwarzenberg zu treffen, teile ich mit.

Ich habe in der Zeitung gelesen, dass er spielt, sagt sie, und habe gleich an dich gedacht. Wie kommst du mit dem Buch voran?

Eh gut.

Sie glaubt es nicht, aber sie freut sich, uns zu sehen.

Ich habe noch einen Termin in Amstetten. Präsentation des Kanzlerbuchs in einem Betonwerk. Das bringt man für Jahrzehnte nicht mehr auseinander: Beton, Amstetten, Tiefbau, Familienmonster. Dabei hatte ich weder mit österreichischer Identität noch mit Kellerverliesen etwas im Sinn. War schon froh, dass es mir gelungen war, aus meinem Kalenderbeton auszubrechen, dieser Verschalung der Tage. Während ich hinten stecke, bauen sie vorn an meinen Wochen weiter.

Brendelmäßig bin ich auf dem letzten Stand. Habe nur ein paar Anläufe gebraucht, eine Mailadresse verlegt, ein-, zweimal die Telefonnummer versenkt. Mit seinem Büro in London verkehre ich mittlerweile geläufig, weiß, wo er jeweils wohnt, habe den Namen seines Hotels, tausche via Office E-Mails mit ihm aus. Das Büro gibt mir seine Telefonnummer in Schwarzenberg.

Hallo, hier ist Armin Thurnher! Ich kann es nicht glauben, zur Abwechslung rufe ich ihn an.

Er freut sich, von mir zu hören. Ja, es bleibt bei unserer Abmachung.

Ob ich zum Konzert käme?

Ich weiß nicht, ob ich es schaffe. Außerdem habe ich keine Karte.

Das ließe sich regeln, sagt Brendel.

Ich fürchte, ich treffe erst spät am Donnerstag Abend ein.

Sie müssen mir alles über meine Verfehlung erzählen, sagt Brendel.

Nicht Ihre, meine, sage ich.

Er glaubt es nicht.

Wie und wann wir uns treffen, frage ich.

Wir rufen uns am Freitagvormittag an. Von Bregenz aus ist es nur eine halbe Stunde.

Sie kommen mit dem Auto?

Ja, gewiss.

Also gut, wir telefonieren morgen früh.

Ich wünsche alles Gute fürs Konzert. Wäre gerne dort gewesen. Hätte dort sicher Loidl getroffen, die Partitur auf dem Schoß, vermutlich ist er grau geworden, kaum gebeugt, bestimmt hat er noch alle Haare auf dem Kopf. Er spielt Klavier, auch wenn ihn eine leichte Arthritis plagt, noch lieber Orgel, wenn es ihm ein Pfarrer am Nachmittag erlaubt. Ich sehe ihn vor mir, mit einer Baskenmütze, wie sie auch Brendel manchmal auf hat, anders als dieser ist Loidl beim Rollkragenpulli geblieben. Sein Gesichtsausdruck wirkt etwas freundlicher als damals, er trägt jetzt dicke Brillen, aber wenn er in Musik denkt, hat er noch immer die Nase in der Luft. Zum Konzert bringt ihn eine jüngere Freundin, die sich rührend um ihn kümmert. Er hätte sich gefreut, mich zu sehen. Und ich erst. Unvorstellbar, dass er Brendels Recital nicht schön gefunden hätte.

Der Amstettner Betontermin ließ sich nicht verschieben. Als Brendel in Schwarzenberg zu den Zugaben kommt, verlasse ich gerade die Autobahnabfahrt Bregenz-Weidach. Diese

Abfahrt gibt es seit wenigen Jahren, in meiner Jugend haben wir dort noch gekickt, am reißenden Kanal der Kraftwerke, Wildgitter, letzter Ausstieg für freche Schwimmer. Ich, der Eingeborene, verfahre mich im neu geordneten Verkehrssystem der Heimatstadt. Hinter München waren wir im Stau gesteckt, und jetzt das.

Ihr habt aber lang gebraucht, sagt Mutter. Ihr mögt sicher etwas essen. Ich habe euch Suppe gemacht. Wann triffst du Brendel?

Morgen.

Kommst du voran mit dem Buch?

Werden wir sehen.

Sie ist mindestens so gespannt wie ich.

Erst jetzt, in der Dachkammer, wo ich die Amsel hörte, komme ich dazu, mir Fragen zu notieren. Unvorbereitete Interviews sind nicht nur unhöflich, sie sind unmöglich. Ich möchte mit Brendel über sein Schreiben reden. Alles andere ist längst besprochen, seine Interviews geraten zu Sprachkunstwerken; das Gesprächsbuch mit dem Feuilletonchef der *Neuen Zürcher Zeitung* ist Literatur, was also bleibt noch? Die Formulierungskunst der Stunde zu wecken, Alfred Brendel zum Funkeln zu bringen, ihn sozusagen per Kaltstart zu animieren, dafür bin ich vermutlich zu aufgeregt, wenn ich ihm das erste Mal gegenübersitze.

Beim Frühstück am nächsten Tag sehe ich im Lokalblatt Brendel mit einem Strauß gelber Blumen in der Hand. Sie haben ihn damit auf offener Bühne überrumpelt, er sieht wehrlos aus, mäßig amüsiert beugt er sich über die prachtvollen Rosen, Stolz des örtlichen Gärtners.

Fragen für das Interview habe ich jetzt schon zu viele notiert. Man muss einen roten Faden annehmen und doch für Überraschungen offen bleiben, reagieren, damit es ein Gespräch wird, sich jedoch nicht verplaudern, genau zuhören, was der Gesprächspartner sagt, dabei stets ein Auge auf die Technik haben. Nimmt das Teufelsding überhaupt auf, der Megagau des brillanten, nicht aufgezeichneten Interviews lauert immer, Notizen für Nachfragen machen, die Peinlichkeit, zu schnell gefragt zu haben, ist nur gleichzusetzen mit der Peinlichkeit, nicht nachgefragt zu haben, man sitzt mit roten Ohren vor dem Gestammel der Abschrift.

Nach dem Frühstück rufe ich Brendel an. Besser, als ich zu hoffen wagte! Er hat einen Tagesplan erstellt. Wir werden zuerst unser Gespräch führen. Dann würde er gerne einen Ausflug machen, zu einer Kirche, von der er einiges gehört hat. Damüls. Ob ich sie kenne?

Natürlich kenne ich sie.

Ob er ein Auto habe, frage ich. Es ist eine gute Stunde Fahrt von Schwarzenberg, mit öffentlichen Verkehrsmitteln ist das unbequem.

Nein, hat er nicht.

Ob wir ihn hinführen dürfen?

Das wäre großartig. Wenn wir nichts anderes vorhaben?

Haben wir keineswegs.

Ausgezeichnet. Wir kommen um elf und reden. Dann gehen wir Mittagessen. Er freue sich, uns einzuladen. Danach fahren wir nach Damüls und besichtigen die Kirche. Das Weitere wird sich finden.

Phantastisch, sage ich zu Vera. Lass uns pünktlich sein. Vera ist keine gute Abreiserin. Sie kann sich nicht trennen, dafür kommt sie umso besser an. Bei mir ist es umgekehrt. Ich habe längst gepackt und kann noch ein halbes Buch lesen, bis sie fertig ist. Dafür verfehle ich die Ankunft.

Diesmal hat Vera ein Einsehen. Pünktlich sind wir im Hotel »Hirschen«. Bregenzerwälder Bauernbarock, imposant und heimelig zugleich. Kuhglocken läuten bei unserem Einzug, die niedrigen Zimmer sind mir vertraut, die schönen getäfelten Holzdecken, so eine haben sie Großvater aus dem Wirtshaus gerissen, als es abgebrochen wurde. Sie hängt jetzt in einem Heimatmuseum. Diese Art Wirtsstuben kenne ich, kleine Fenster mit gehäkelten Vorhängen, Holztische mit eingelassener Schiefertafel für die Kartenspieler, Holzfußböden.

Die Rezeption ist informiert. Herr Brendel braucht noch eine Viertelstunde. Wir warten im Kaminzimmer. Vera, ich und zwei, drei Fliegen. Ein riesiger Kamin. Eine stille Bar. Alles in Rot, bis auf die weißen Tischtücher. Draußen der mildhügelige Vorderwald mit seinem Vorderwaldlicht und seiner silofreien Luft. Es riecht zart nach Kuhfladen. In Schwarzenberg hatten wir einmal Ferien verbracht, ich liebte es, barfuß in die oben schon getrockneten Kuhfladen zu steigen und die warme Scheiße lustvoll zwischen den Zehen aufsteigen zu lassen. Vater baute Hütten im Wald und erzählte Geschichten. Als er hier als Bub Kühe hütete und Forellen unter Steinen fing. Als er, der bei Gott kein Nazi war, die einmarschierenden Franzosen fotografierte und ihm ein marokkanischer Soldat die mit Nachhilfestunden mühsam verdiente Kamera entreißen wollte und er sich mit den Worten wehrte: *Nous sommes en Autriche.* Französisch hatte er in der Realschule gelernt, die Kamera in der Sommerfrische war dieselbe, er fotografierte die Schwester und mich am Brunnen vor dem »Hirschen«.

Die Kuhfladenfliegen in unserem stillen Kaminzimmer sind nicht zu unterschätzen. Wir trinken Kaffee. Vera will fotografieren, sie durchpirscht den Raum nach Lichtverhältnissen und Perspektiven, nimmt mich zur Probe auf. Ich ordne meine Blätter, stelle meine Tonbänder auf – zwei analoge, ein digitales, man kann sich auf nichts verlassen –, verheddere mich in den Mikrophonkabeln, lege den Stift bereit, versuche mich zu konzentrieren. Immerhin habe ich sieben Jahre auf diesen Augenblick gewartet.

Auftritt Brendel.

Rasch, behutsam, schräg geneigt. Die Hände wie immer.

Das Interview brauchen wir nicht zu thematisieren, er sieht die Bänder und weiß alles. Er protestiert nicht, ihm liegt anderes am Herzen.

Erzählen Sie mir was über meine Verfehlung!, sagt er noch einmal. Er ist wirklich neugierig und leicht besorgt.

Nein, das erzähle ich Ihnen nachher, daran möchte ich mich erst langsam herantasten. Ich staune über meine Kaltschnäuzigkeit in diesem Moment.

Ihre Reaktion war schon sehr interessant, sage ich. Gleich haben Sie gesagt, Sie seien bekannt dafür, nicht immer alle Tasten zu treffen. Aber das ist nicht mein Thema, glauben Sie mir. In Wirklichkeit handelt es sich um meine Verfehlung. Ich verfehle Sie, Sie verfehlen nichts.

Brendel ist nicht überzeugt. Wenn man einen Titel wie »Die Verfehlung des Alfred Brendel« liest, sagt er, dann erwartet man doch ein Pamphlet!

Ich fürchte, es wird keines kommen.

Je mehr er sich wehrt, desto besser gefällt mir der Titel. Natürlich ist er sprachlich nicht ganz korrekt. »Das Verfehlen des Alfred Brendel« wäre langweilig, weil eindeutig. »Die Verfehlung« ist besser, weil man im Lauf des Buchs das Missverständnis klären kann. Die Verfehlung bedeutet, ich verfehle alles, sogar den Titel. Deswegen mag ich ihn, ich denke nicht daran, ihn zu ändern. Brendel hat das Gefühl, ich wolle ihm Verfehlungen größeren Maßstabs nachweisen. Etwas Erotisches vielleicht?

Eine komische Situation, er müsste so was mögen. Grundschema: Zwei missverstehen einander und führen auf Basis ihres jeweiligen Missverständnisses ein Gespräch. Ich rede von mir, er glaubt, ich rede von ihm. Tue ich auch, aber nur insofern, als er ein Ideal darstellt, das ich nicht erreiche. Ich bewundere Brendels Stil, was ich ihm so aber nicht sagen kann. Vielleicht noch mehr als seinen Stil bewundere ich die Stilstrebigkeit, mit der er ihn sich erarbeitet hat. Auf allen Ebenen, von der Technik und der Mechanik des Klaviers bis zur intellektuellen Durchdringung der Kompositionen, von der Genauigkeit, mit der er Notentexte liest und analysiert, bis zur Fähigkeit, diese Erkenntnisse musikalisch zu artikulieren. Eben nicht nur zu erzählen, sondern reflektiert zu erzählen, Reflexion als Abenteuer erzählerisch vorzuführen. Brendel hat in den späten sechziger Jahren einen erstaunlichen Stilsprung vorgeführt, er hat später sein Repertoire verkleinert und dabei sein Spektrum erweitert. Was hingegen ich in den späten sechziger Jahren vorgeführt habe, davon will ich schweigen. Auf dem existenziellen Grund der Komik baut Brendel alles auf, gerade auch den heiligsten Ernst. Der wiederum erträglich wird, weil ihm bei Bedarf, aber nur dann, Hörner, Hufe und Schwanz wachsen.

Ich verehre an Brendel die Fähigkeit, diese Paradoxa nicht zu versöhnen, sondern in sich auszuhalten und in seiner Kunst auszutragen; und diese Verehrung speist sich eben daraus, dass mir diese Paradoxa, die ich ebenfalls fühle, meistens ins Unausgewogene, Disproportionale, Platte verrutschen. Meine Verehrung ist seine Verfehlung, ich verehre ihn, weil ich ihn verfehle. Kann ich ihm das so einfach ins Gesicht sagen? Wieder so eine Verfehlung, meine Verfehlungen sind ja auch Verhaltungen, wie die der meisten Menschen vermutlich, man hält sich eben zurück. Dann rutscht es mir doch heraus.

Für mich ist die Verfehlung die einzige Möglichkeit der

Verehrung, behaupte ich, meine schiefe Praxis unverschämt verklärend. Und was mache ich jetzt, da ich ihn erreicht habe, ihm zumindest gegenübersitze? Angetroffen ist noch lange nicht erreicht.

Ein Pamphlet, nein, das wäre das Letzte, sage ich, das ich machen wollte. Muss eher aufpassen, denke ich, nicht in anbetende Verehrung abzuleiten. Andererseits ist es mir zuwider, eine Situation zu ironisieren, nur um selber fein heraus zu sein. Der Ernst, mit dem er über Musik spricht, lässt das nicht zu, auch wenn er ihn mit Witz immer wieder erträglich macht. Merkwürdig trotzdem, denke ich, ernster und ehrerbietiger als diesem Pianisten, der dem Komischen in der Musik nachspürt, begegnet die Kritik kaum einem Musiker.

Brendel bleibt skeptisch, aber er lässt ab. Er lässt sich vertrösten. Wir haben den Tag noch vor uns.

Ich spreche mit ihm über seine Literatur. Erstaunlich, es ist kein literarisches Milieu, das ihn umgibt, nicht so, wie ich mir das vorgestellt habe. Bei Ted Hughes' Begräbnis hat er gespielt. Naja, man hat ihn gefragt. Doch, er kannte Hughes flüchtig, war befreundet mit Stephen Spender, ist es mit Seamus Heaney, dem Nobelpreisträger, aber, denke ich, er brüstet sich nicht mit literarischen Ikonen. Am meisten profitiert hat er von seiner Intellektuellenfreundschaft mit Isaiah Berlin.

Hm. Berlin, der »Gast aus der Zukunft« bei der unter Stalin übel gelittenen und nach diesem Besuch als »halb Hure, halb Nonne« vollends verfemten Dichterin Anna Achmatowa. Ihr Schüler Joseph Brodsky, aus der Sowjetunion rausgeschmissen, landete im Haus von Brendel, wie mir der Verführer erzählt hatte, der, selber Dichter, auch dort gelandet war. Dschadschám, dschadschám, dschadschám ...

Die Fliegen umsummen uns. Vera ist dankbar, denn sie befeuern die ohnehin nicht sparsame Gestik Brendels. Das fotografiert sich phantastisch. Was wir bis jetzt gesehen haben, war gar nichts, horizontales Gewedel. Reden wir über Musik, wird's vertikal und diagonal, Brendels lange Arme vermessen, umgreifen, durchfurchen der Raum vor dem Kamin.

Klatschfragen mag er nicht. Berlins Nacht bei Achmatowa in Leningrad? Darüber ist alles gesagt, sie haben nur geredet. Was auch Berlins Aufzeichnungen zu entnehmen ist, in denen Brendel nicht vorkommt, denn sie sind erschienen, ehe sie einander näher kennen lernten. Dem späten Berlin hat Brendel viel bedeutet, das sagt der so nicht, er deutet es an, ich frage wieder zu wenig streng nach. Bei Isaiah Berlin kommen und stimmen liberale und ästhetische Weltanschauung zusammen, dachte ich. Bei Brendel ist das genau so. Er und Brendel waren sich einig gegen Lärm, Zigarettenqualm und Fanatiker, aber in Bezug auf Israel uneinig in der Einschätzung von Nationalismus: Den kann Brendel auf den Tod nicht leiden. Geboren in Mähren, aufgewachsen in Kroatien, Studium in Graz und Wien, übersiedelt nach London – Brendel ist ein supranationaler Charakter, wie ihn nur das alte Österreich hervorbringen konnte, dessen Neuausgabe auf diese alte Fähigkeit bedauerlicherweise am wenigsten stolz ist.

Brendel als Abschiedsmusiker. Ted Hughes' Begräbnis, das von Isaiah Berlin. Bei Hughes das Adagio aus der Sturmsonate Opus 31/2 von Ludwig van Beethoven, passend zum theatralischen, shakespearegeprägten Dichter. Bei Berlin das Adagio Sostenuto aus Schuberts B-Dur-Sonate, die er auch ans Ende des eigenen Abschiedsrecitals setzte. Vielleicht, dachte ich, hat Brendel von Berlin die Kunst gelernt, unsentimental Abschied zu nehmen. Tränenlos fuhr der vor seinem Tod nach St. Petersburg zum Fontanny Dom, dem Wohnhaus Anna Achmatowas. Er selber sehe das Ende klar und tränenlos, sagt wiederum Brendel.

Der politische Denker Berlin beschreibt in einem Porträt Churchill: Der Politiker verführt sein Volk zum Krieg, aber er widersteht der totalitären Versuchung. Die romantische Verführung triumphiert nicht über den liberalen Freiheitssinn, sie wird vielmehr von ihm gemäßigt – könnte man Brendels Stil besser charakterisieren? Warum frage ich ihn nicht danach? Und über wen wurde wohl gesagt, bei ihm walte ein »lakonischer Sinn, widersprüchliche Probleme auszuhalten, verbunden mit einem hochherzigen, selbstbewussten Sinn für den unantastbaren Wert individueller Freiheit und Würde«? Es wurde über Berlin gesagt, aber es charakterisiert genauso gut Brendel, denke ich.

Der Auslöser von Veras Kamera schnappt und schnappt. Ich denke, was ein solches Interview ohne Fotos wäre – schon habe ich den Faden verloren. Ich rette mich in Journalistenfragen, die mir Kollegen mitgegeben haben. Sie drehen sich um andere Pianisten. Das mag Brendel gar nicht, die Fragen reißen ihn zu Urteilen hin, er wird heftig. Ärgert er sich über die Kollegen oder über die Fragen, oder darüber, dass er sich hinreißen lässt? Sein gedämpfter Umgang mit der eigenen Maliziosität.

Ist es nicht richtig, dass Kollegen verdienen, von Kollegen kritisiert zu werden?

Ja, aber nicht über die Zeitung, denkt er. Man muss unnötige Kränkungen vermeiden, sagt er.

Als ich ihn daran erinnere, dass seine Gedichte eine gewisse Schärfe auszeichnet, ein satirischer Biss, ja, dass sie durchaus bösartig seien, freut er sich.

Interessant, dass Sie das sagen. Eine Zeitung fand die Gedichte menschenfreundlich. Dazu zeigt er ein geradezu kannibalisches Lächeln.

Ich weiß, aber diese Ansicht kann ich wirklich nicht teilen.

Er selbst auch nicht ganz. Wirklich böse sei er im Hinblick auf die oberste Instanz, an die er nicht glaube, aber die er brauche, um auf sie zu schießen. Zeit fürs Mittagessen. Ich packe meine Zettel mit den ungestellten Fragen zusammen. Vera sichert ihre Beute.

28. In einem grünen Grunde

Ein idyllischer Landgasthof, man fährt vom Ort hinab und sieht das Haus bereits von der Straße; es ist klein, in der Senke angesiedelt, die reichen Bauern bauten ihre Häuser auf den Hügeln, in beherrschender Stellung. Eine alte Mühle, sogar das Mühlrad ist noch da, ein Nachbau. Brendel lächelt, er geht nicht des Mühlrads wegen hin, er schätzt das Essen. Blumen-kistchen unter den Fenstern, die Mauern gelb gestrichen, bunte Sonnenschirme im Garten, Staudenblumen, Apfel- und Mostbirnbäume am Schotterweg, mit Plankenzaun abge-trennt von der Viehweide voller Kühe und Kuhfladen. Ein Mühlbach. Wir parken das Auto im spärlichen Schatten. Brendel wünscht keine Klimaanlage, er ist gegen Zug emp-findlich, eine Verspannung oder gar ein Hexenschuss wäh-rend der Abschiedstournee wäre eine Katastrophe. Am Appa-rat ist sein Londoner Büro. Eine prominente TV-Station fragt um ein Interview an. Nein, Fernsehen, das interessiert ihn nicht. Das Telefonat trübt seine Laune nur kurz. Schnell, aber gründlich werden die Lästigkeiten erledigt, wir können uns der Speisekarte zuwenden.

Wir sitzen in der Stube, wegen Windzug, Sonne, Mühl-bach. Übermut in seinem Alter und bei diesem Programm, das manchem Jungen zu viel wäre, ist nicht angebracht. Nein, mit dem Alter kokettiert er nicht, im Gegenteil. Er nimmt es zur Kenntnis. Gedächtnis, Kraft, Präzision, Schmerzfrei-heit – alles nicht mehr, wie es war. Dafür höhere Einsicht, größere Gedankenkraft, kantableres Spiel. Die ideale Kombi-nation eines jungen Menschen mit einem erfahrenen musika-lischen Gehirn gibt es leider nicht, sagt er.

Und das Singen? Nicht einmal mit der Speisekarte in der Hand kann ich das Nachfragen bleiben lassen.

Brendel erklärt es geduldig. Es ist ihm nicht unangenehm, aber es muss einmal gesagt sein: eine Alterserscheinung. Würde er diese Geräusche nicht machen, könnte er nicht so kantabel spielen. Er entschuldige sich dafür, aber er könne nicht anders. Pablo Casals zum Beispiel habe in die Pausen vor Höhepunkten geradezu hineingegrunzt.

Ich finde die Geräusche gar nicht störend, freue mich aber über die entmystifizierende Erklärung. Ich nähme den Gesang als Zeichen von Intensität – ob das falsch sei?

Nein, nein, so könne man es durchaus auffassen.

Jetzt aber die Speisekarte.

Mit Vera hat sich gleich ein postjugoslawisches Thema ergeben: Mineralwasser. Tatsächlich, Radenska war einmal in Brendels Familie, gehörte einer Tante, die später zu Recht enteignet wurde, wie er trocken bemerkt, ohne Wehmut, ohne Schadenfreude.

Für Vera ist Radenska der Geschmack der Heimat. Brendel hat keinen Begriff von Heimat.

Die Gastronomin mit ihrem tüchtig-bemühten, gestärkten Schürzengesichtchen erscheint und sagt auf. Der hiesige Dialekt erfährt gerade bei den Gattinnen der Haubenköche und Sommeliers, die solche begonienverzierten und mühlradbesetzten Häuser führen, seine tollsten Ausprägungen. Üüüsere Nüüüdele säuseln die einem ins Ohr oder üüüsere Knödele, von üüüsara Spätzle und üüüsara Flädle zu schweigen.

Im Reich des Diminutivs, im Tal der Umlaute. Gebt sie nur her, bald werden eure Nudeln die unseren sein, hoffentlich habt ihr sie nicht phonetisch, sondern im Salzwasser gekocht. Das Fleisch stammt selbstverständlich von persönlich bekannten Rindviechern, ein erfreulicher Trend, den man aber übertreiben kann. Dieses Foto zeigt mich und den Almochsen Erich in trauter Pose, der Tafelspitz von ihm wird serviert mit den klassischen Beilagen.

Mit großer Beruhigung stelle ich fest, dass Brendel den Almochsen Erich trotzdem nicht verschmäht, er mag Knödel, auch österreichische Nachspeisen, geht ganz und gar unzickig zu Werke, sodass die Konversation sich nicht bloß ums Essen zu drehen braucht, ohne das Essen und dessen schürzengesichtige Anpreiserin allzu unhöflich abzufertigen. Es gibt interessante Seminare in Schwarzenberg, Konzerte von Kollegen, die man sich anhören mag, man hört nie auf zu lernen.

Das eigene Konzert, nun ja, was soll er sagen.

Die Kritik hat geschwärmt wie immer. Wir ersparen uns die Details.

Die Akustik sei schwierig in diesem Saal. Er klinge wunderbar, wenn man im Parterre sitze, aber auf der Bühne selbst sei dieser Klang schwer zu erleben. Er persönlich tue sich hier leider immer schwer mit den Verhältnissen.

Nun aber will er mehr über mein Buch hören. Ein Interviewbuch werde es wohl nicht.

Nein, keineswegs. Das gibt es schon, wüsste nicht, wie man es besser machen könnte. Habe ich ihm nicht schon gestanden, dass mein Buch unverschämt autobiographisch werde?

Doch, aber er kann sich nichts darunter vorstellen.

Sie erinnern sich an unsere erste Begegnung im Saal der Musikhochschule, als Sie den Beethovenring erhielten und dann die Diabellivariation zum Thema Niesen spielten.

Ja, furchtbar schlecht spielte, ich erinnere mich.

Seither verfehle ich Sie in einem fort, obwohl Sie mir – in mir selbst schon unverständlicher Freundlichkeit – eine Gelegenheit nach der anderen gegeben haben, Sie zu treffen.

Das war doch selbstverständlich. Ich habe es nicht aus Freundlichkeit getan, ich fand Sie als Person recht interessant und wollte Sie kennen lernen.

Sehen Sie, von dieser Verfehlung rede ich, das ist die eine Ebene der Geschichte. Ich war unvorsichtig genug, dem großen und dem kleinen Ohr von dieser Idee zu erzählen. Die haben mich darauf festgenagelt und nötigen mich nun, im Besitz eines Knebelvertrags mit mir, die Sache zu erzählen. Die setzen mich unter Erzählzwang, erzähle ich entrüstet. Dass sie auch noch meine Mutter auf mich angesetzt haben, verschweige ich.

Erzählen, sagt Brendel, was daran so schlecht sei, sehe er nicht ein. Er sage manchmal zu seinen Schülern auch, sie sollten erzählen statt zu zählen.

In meinem Fall sei es gerade umgekehrt, erkläre ich. Das Erzählen ist das Triviale, aber die Ohrenbrüder betrachten alles, was über die Story hinausgeht, als überflüssig, als kommentierend, vom Fluss der Dinge ablenkend, was weiß ich. Sie gebrauchen Worte wie »bildungshuberisch«, ein Prädikat, das ich mir auch schon vom Fleckviehverleger anhören musste, von Vera zu schweigen. Sie wollen diese Geschichte am liebsten amerikanisch durchgezogen, Storytelling, verstehen Sie, Philip-Roth-Ideal. Roth in allen Ehren, aber so gehe das nicht: Journalist verfehlt Pianist, dann noch ein tragischer Konflikt, der ihn doch zum Treffen zwingt, Showdown, dazu Sex, dass es nur so spritzt, alles vor einem düsteren zeitgeschichtlichen Ethnountergrund, vielleicht nehmen wir die Diskriminierung der Alemannen, darunter mischen wir noch ein kleines Gewaltverbrechen und ein mythologisches Seitenthema.

Das sehe er ein, sagt Brendel, das gehe so nicht, vielleicht hätte ich mich im Genre vergriffen?

Ich fürchte, nicht. Ich will die Geschichte ja erzählen, aber auf allen Ebenen, nicht bloß auf einer.

Also doch erzählen, lacht er.

Ja, sicher, aber eben nicht nur. Dieses Ohrengestirn redet mir ein, ich müsse näher beim Thema bleiben.

Ja, das würde er eben gerne wissen, was das Thema denn nun sei.

Das darf ich nicht einmal mir selber verraten, sonst wäre ich verraten. Meine Verstrickung in das Ohrenversprechen. Meine Verfehlung Ihrer Person. Mein Scheitern am Ideal. Vielleicht will ich dieses unmittelbare Einleuchten erklären, das man erlebt, wenn man Sie eine scheinbar einfache Melodie spielen hört. Wenn der *Canto* bei einem Bach-Busoni-Vorspiel so sternklar gesungen ist und so bezwingend schön klingt, dass er einen epileptischen Anfall auslöst. Vielleicht will ich wissen, was notwendig ist, dieses »sehr ausdrucksvoll mit vollem Anschlag« so zu artikulieren, dass man die intellektuelle Durchdringung, klangtechnische Vollendung und die höchste Emotion eben nicht mehr wahrnimmt. Nähme man sie wahr, wäre die Sache verfehlt. Das Gelingen ist das Verschwinden, die Sache steht vor einem, nur weil sie nicht mehr da ist! Und Sie sind der, der den Übergang zwischen Nichtdasein und Dasein für alle greifbar macht.

Brendel sieht mich noch etwas skeptischer an als am Anfang unseres Gesprächs, aber er behält seine behutsame Freundlichkeit bei. Und Ihre Geschichte wollen Sie jetzt mit einem Gespräch mit mir oder – wenn ich Sie richtig verstehe, mit mehreren – sozusagen aufputzen, um solche schwierigen Dinge zu erklären?

Ich weiß nicht einmal das. Einen Teil unseres Gesprächs möchte ich in unserer Zeitschrift bringen, bevor Sie in Wien Ihr Abschiedskonzert geben. Wenn es Ihnen recht ist.

Ja, selbstverständlich.

Uff. Solche Dinge sollte man vorher klären. Anfänger-
fehler, gerade noch ausgebessert! Aber wenn wir schon davon
reden, sage ich, das Verhältnis von intellektueller Kontrolle
und losgelöster Emotion auf der Bühne war mir immer ein
Rätsel. Können Sie es mir lösen?

Kann er nicht. Es ist voller Widersprüche, was wir machen,
sagt Brendel. Weil wir immer verschiedene Sachen gleichzeitig tun müssen: vorausschauen und improvisieren zugleich.
Uns selbst kontrollieren in dem, was wir auf dem Podium
machen, und zugleich für die Leute in der 26. Reihe spielen.
Etwas übermitteln und nicht bloß für sich selbst spielen – das
muss man alles lernen.

Genaueres ist hier nicht zu erfahren. Ich lerne, mit Wider-
sprüchen mich zwar nicht abzufinden, aber sie auszuhalten.

Mit Tafelspitz Erich sind wir im Übrigen fertig, auch mit
den Nachspeisen, die Gastronomin winkt uns nach, als wir
den Schotterweg über das Mühlbachbrücklein zurück zum
Auto nehmen.

Nach Damüls.

29. Die Aufsuchung der Teufel

Der Bregenzerwald zerfällt in den Vorderwald und den Hinterwald. Schwarzenberg gehört bereits zum Hinterwald. Hat man die massive Talsperre der Kanisfluh passiert, des beherrschenden Bergblocks, öffnet sich das Tal ein wenig, die Straße zieht sich über den Talboden hin, führt dann durch eine enge Achklamm, wo sie der Lawinen wegen überbaut ist, mündet nach einigen Kurven in einen kleineren Talboden und immer so fort. Friedliche Siedlungen stattlicher Bauernhäuser, dazwischen zeitgemäße Holzbauarchitektur, in jedem Dorf ein zeitgenössisches Gemeindebauwerk, zu so etwas darf man Kultur sagen.

Brendel kennt nur den vorderen, milden Teil des Waldes. Von Bregenzerwälder Verhältnissen scheint er nicht viel zu wissen. Ich erzähle von der so genannten, ab dem Spätmittelalter bezeugten Bauernrepublik, die natürlich keine war, aber doch herrschaftsfreie Züge trug, und von der Bezegg, jenem auf Holzpfeilern errichteten Haus mitten im Wald, in das man den Landammann, die Räte und die Abgeordneten hinaufsteigen ließ, wobei man ihnen die Leitern erst wieder hinstellte, wenn sie sich geeinigt hatten.

Ein Holzmodell der Bezegg hat ein Künstler erst vor kurzem in der Rumpelkammer der Gemeinde Andelsbuch gefunden. Gleich hat er's in seine Ausstellung im löblich modernen Holzgemeindezentrum mit einbezogen. Die Bezegg-Verfahrensweise gefiel Brendel. Sie sollte, meinte er, zum Beispiel bei Friedensverhandlungen im Nahen Osten wieder zum Einsatz kommen.

Die Fahrt bis Schoppernau wiegt einen in falsche Sicherheit: einigermaßen eben, ohne scharfe Kurven geht es dahin. In Schoppernau müssen wir rechts die Straße nach Damüls hinauf. Ab hier ist sie mitunter gesperrt, man kann nur mit Schneeketten weiter. Obwohl ich langsam fahre, merke ich, es geht dem Passagier zu schnell. Ich mäßige mich und weise auf die schönen Bauernhäuser hin, prächtige, geschindelte Einhöfe mit Schopf, wie der angebaute Schuppen hier heißt, halber Fremdenführer, der ich nun schon bin. Versuche die Almwirtschaft zu erklären. Anscheinend bin ich immer noch zu schnell, denn die Lieblichkeit der Gegend ist an ihm verloren, er sieht nicht Matten und Wiesen, er sieht nur Abgründe und Schlünde. Ich traue mich nicht, ihm das Patentrezept zu empfehlen, nur auf die Innenseite der Kurve zu sehen, tue es dann doch. Als Kind habe ich auf solchen Straßen prinzipiell gekotzt. Kotzen war mein Bergstraßenbegrüßungsritual, mit hellem Strahl schrieb ich mich in die Welt der Alpen ein. Ich brauchte es Vater nur mit einer Handbewegung zu signalisieren, er wusste Bescheid und hielt an.

Der höhengeeichte Alemanne fährt sein Leben lang knapp an Abgründen vorbei und denkt sich dabei wenig. Man spricht jedoch viel über das Bergfahren in diesem Volksstamm. Von Generation zu Generation gibt man einander das Verhalten auf Schnee und Eis weiter. Hundertmal bin ich in dieses Tal hinein gefahren, winters wie sommers, mit Ketten und ohne, als Jungtrottel mit Vollgas und als einigermaßen bedächtiger Erwachsener, aber nie fuhr ich so vorsichtig wie diesmal. Ich weiß, in welchen Kurven zwei Autos bequem aneinander vorbeikommen und in welchen man auf der Ausweiche warten muss. Ich weiß, dass Brendel das nicht weiß, und verlangsame das Tempo weiter, krieche den Berg hinauf, dabei die Vorzüge des lokalen Bergkäses schildernd. Den kennt er, den nimmt er aus der Schwarzenberger Käsehandlung immer mit.

Ob er auch wisse, dass die fettesten Käsehändler so reich waren, dass sie eine Loge in der Mailänder Scala hatten? Das setzt ihn doch in Erstaunen, und ich erkläre, damit die Zeit vergeht, den Unterschied zwischen Fettkäserei und Magerkäserei. Hier ist reiches Gelände, hier wurde fett gekäst.

Mir scheint, ich bin einen Hauch zu lebenstüchtig unterwegs, so lebenstüchtig bin ich gar nicht; oft verfalle ich dem Irrtum, andere hätten Interesse an den Lebensumständen der Menschen in den Landschaften, die sie durchfahren.

Ob er Franz Michael Felder gelesen habe, frage ich Brendel, der sei in Schoppernau zu Hause gewesen.

Felder, sagt Brendel etwas matt, das ganze Hotelzimmer ist voller Felder! Ich habe nie hineingeschaut. Was von dem zu halten sei?

Nicht alles ist gut, aber die Autobiographie ist vorzüglich. Merkwürdig rührender Fall eines Autodidakten, Peter Handke hat sie neu herausgegeben.

Aha.

So Leid es mir tut, wir müssen Höhenmeter machen. Damüls ist ein Walserdorf, wurde nicht vom Bregenzerwald aus, sondern von der anderen Seite her besiedelt, vom Laternsertal und vom Rheintal. Warum denn die Walser aus dem Wallis ausgewandert seien, will Brendel wissen. Ich weiß es nicht, ohne Google im Auto ist man verloren, später schaue ich nach. Inzwischen äußere ich vage historische Vermutungen. Vermutlich Hungersnöte, Bevölkerungswachstum, Zwist mit Feudalherren. Nicht einmal ganz falsch, was ich sage.

Die Geschichte, als ich mit einem Käsemeister in steilstem Gelände auf Recherche unterwegs war, erzähle ich lieber nicht – als der mich bat, auszusteigen, weil er an abschüssiger Stelle eine Kehre nicht auf einmal bewältigen konnte, sondern mit dem Heck über dem Abgrund reversieren musste.

Das Leben in den Bergen ist gefahrenvoll. Man kann hinübersehen auf die Alpe auf dem Üntschen. Das erwähnen wir nicht, aber den Käser schildern wir, der dort aus dem siedenden Kessel das siebzig Kilo schwere Netz mit dem Käse allein heraushebt, nachdem er zuvor dessen Enden mit den Zähnen zusammengehalten hat.

Das erinnert Brendel an eines seiner Gedichte. Käse!, sagt er mit würzigem Ingrimm. Peinlicherweise habe ich es nicht präsent und kann nichts weiter dazu sagen. Weil's nicht im Sammelband steht, sondern im »Fingerzeig«. »In einer Zeit / die den Menschen das Recht absprechen möchte / sich öffentlich zum Käse zu bekennen / verdienen die Bemühungen des Käsesyndikats / Aufmerksamkeit und Unterstützung.« Und überhaupt: »Mittlerweile hat der Vorschlag / das Käsesyndikat in eine Käsekirche umzugestalten / an Boden gewonnen ...«

Auch wir haben Boden gewonnen und sind endlich da, nach einer letzten Kurve leuchtet uns die barocke rote Zwiebel des Damülser Kirchturms entgegen. Ein kleines Kirchlein, prekär und doch geschützt auf einem Rücken gelegen, das einzige nennenswerte gotische Bauwerk in Vorarlberg, barock überformt, versteht sich. Das Dorf schmiegt sich an den Fuß des kleinen Rückens. Das schneereichste Dorf der Welt, damit wirbt der Ort für den Wintertourismus, aber jetzt ist Sommer, die Alpenblumen blühen, die Luft ist schärfer, reiner, rauer als unten im Tal. Auf den Berggipfeln wenige hundert Meter oberhalb von uns halten sich letzte Flecken von Schnee.

Wir gehen die paar Meter zur Kirche steil bergauf, über eine schmale Stiege und einen Kiesweg. Kein Tourist weit und breit, nur zwei, drei Walserinnen bemühen sich um die Gräber auf dem kleinen Friedhof. Ich, ganz Cicerone, habe den Dehio mit, Brendel nimmt ihn dankbar. Ein geschnitzter, barocker Pestchristus bietet einen kuriosen ersten Höhepunkt. Ans Kreuz geschlagen und mit Pestbeulen übersät – ein bisschen viel auf einmal, aber dem barocken Gemüt konnte es nicht drastisch genug sein. Brendel hat ein Faible für Absurdes.

Eine der Frauen kommt und macht mehr Licht. Jetzt können wir die berühmten, geschmackvoll restaurierten Fresken betrachten. Die Anbetung der Könige, deren einer sehr grazil, auf geradezu weiblichen Beinen posiert, gefällt ihm, auch und gerade – ich höre recht – als Komposition. Die *biblia pauperum*, die Armenbibel, erzählt in rechteckigen Feldern ihre Geschichte, rötelfarben, zwanzig Felder auf jeder Seite des Kirchenschiffs. Brendels Laune hebt sich, je länger er die Bilder betrachtet, umso mehr. Es sind gute Darstellungen aus dem Leben Christi. Augenmensch also auch noch. Feine Details sind zu registrieren, ich schenke ihm meinen Kirchenführer.

Nicht schlecht auch ein heiliger Sebastian, Sadomaso-Porno in barockem Schnitzwerk. Die Gnadenmutter betrachten wir aus der Ferne, der Chor, naja, wir wenden uns zum Gehen, da zieht uns Vera in einen Nebenraum. Sie hat es entdeckt. In der Leichenkammer hängt ein monumentales Ölbild, das Jüngste Gericht darstellend. Das hat noch gefehlt. Jetzt ist Brendel in prächtiger Laune. Ein Spritzer Höllenöl ins Feuer, und der Pianist strahlt. Verglichen mit dem Gesichtsausdruck, den er jetzt zeigt, war er beim Mittagessen geradezu leidend.

Man weiß von seiner Zuneigung für Teufel. Das hier ist ein Gemälde wie für ihn gemalt. Der Horizont brennt, am Himmel reiten apokalyptische geflügelte Wesen, Sünder in den Fängen, ein paar hilflose Engel mit Flammenschwertern versuchen am linken Bildrand nach dem Rechten zu sehen, aber rechts tut sich der Riesenschlund auf, wie der eines Wals, ein Monster mit gelben, aufgerissenen Augen, roter Riesenzunge, zwei Zahnreihen mit allen Schikanen, in die hinein Hilfsteufel die Kolonnen der leichtgeschürzten Sünder treiben. Die Lust an den Details! Da schiebt ein Teufel einen Delinquenten in einem brennenden Schubkarren auf den aufgerissenen Höllenschlund zu, links öffnet sich ein Fenster in den Untergrund mit dem Endzustand der Verdammten, der Dauerröstung. Ein kleines Orchester spielt dazu auf.

Ha, ruft Brendel, da hat man noch etwas, auf das man sich freuen kann! Sein Nachmittag ist gerettet, somit auch unserer. In der oberen Hälfte des Gemäldes befinden sich Fegefeuer und Himmel, die Frommen in braver Reihe, aber die sind nicht so wichtig. Vera fotografiert. Draußen vor der Kirche sehen wir jetzt auch phantastische Alpenblumen, die Aussicht vergnügt Brendel, er lacht über sein lindgrün pepitagemustertes Sakko, seine Erscheinung krönt er mit einem himmelblauen Topfkäppchen mit weißem Saturnring – ein älterer Tennistrainer oder Nabokov beim Schmetterlingsfang könnten so etwas tragen –, ihm völlig egal, er posiert fröhlich vor der Kirche, ist jetzt höllisch guter Laune.

Bei der Rückfahrt betrachtet er die Bregenzer Ache. Ob er angle, frage ich. Nein, erst in England habe ich gelernt, Fisch zu essen. Vor einem Tunnel fällt ihm ein, aus dessen Fassade könnte man mit geringen Retuschen das Maul eines Ungeheuers machen.

30. Das Ende des roten Kanzlers

Sehr geehrter Herr Brendel,

Wir haben einander heuer in Schwarzenberg getroffen und bei unserem Ausflug nach Damüls einen wunderbaren Tag miteinander verbracht. Das Gespräch ist, finde ich, sehr schön geworden, ich würde Ihnen aber noch einmal gern ein paar ergänzende Fragen stellen und mich deswegen erkundigen, ob Sie demnächst in Wien sind oder ob wir uns am Rand eines Ihrer Konzerte treffen könnten?

Mit dem Buch komme ich übrigens nicht so flott voran, wie ich gern vorankäme (der Verführer darf das unter keinen Umständen wissen), verschiedene Umstände unserer Zeitschrift haben mich doch sehr in Anspruch genommen. Aber es schiebt sich schon noch aus mir heraus.

Der unmittelbare Anlass meines Schreibens ist ein anderer. Der Herr Bundeskanzler (abgewählt zwar, aber noch im Amt) hatte geplant, Ihnen nach Ihrem letzten Konzert eine Auszeichnung der Republik zu überreichen. Nun lässt er fragen, ob es Ihnen auch früher möglich wäre, diese entgegenzunehmen, da vermutlich die Angelobung der neuen Regierung gerade in die Zeit Ihres letzten Konzerts fallen wird, was ungewisse neue Ansprechpartner bedeuten und die Sache sehr verkomplizieren würde. Jedenfalls aber würde die Verleihung nicht auf der Ebene des Kanzlers stattfinden; über den Kunstsinn des Nachfolgers ist wenig bekannt.

Deshalb lässt der rote Kanzler, der Ihnen sehr gerne selbst die Auszeichnung überreichen würde, durch mich fragen, ob Ihnen auch ein früherer Zeitpunkt als der 18. Dezember recht wäre. Und wenn ja, welchen Rahmen Sie sich dabei vorstellen könnten — von intim bis offiziös ist alles möglich —, er überlässt Ihnen sozusagen die Wahl des Formats.

Ich würde mich sehr über eine Antwort von Ihnen freuen und
bleibe mit freundlichen Grüßen

Der rote Kanzler war also schon Geschichte, aber noch im Amt. Er trug es mit Würde, stichelte weder öffentlich noch privat gegen seinen Nachfolger und gegen jene Intriganten, die ihn zu Fall gebracht hatten. Nicht einmal diese Haltung ließen die Hämwerker an ihm gelten. Er schwamm nun einmal im Säurebad ihres Ressentiments, das Einzige, was er ihnen recht machen hätte können, wäre gewesen, sich aufzulösen.

Gordon war draußen, der Kanzlerwechsel war mithilfe von Werbung und Medialpartnerschaft vollzogen worden, in solchen Zeiten braucht es keine Intellektuellen, schon gar keine anglophilen. Unglaublich, sagte der Fleckviehverleger, der auf Tausenden von Kanzlerinterviewbüchern saß, die tauschen den Kanzler aus, verlieren die Wahl und feiern das als Sieg.

Einzig der rote Kanzler wirkte unverdrossen. Er verstand etwas von Politik. Vielleicht hatte er sich von manchem blenden lassen, aber im Augenblick seiner größten Niederlage erwies er sich als Realist. Daran, Brendel die Auszeichnung zu verleihen, lag ihm wirklich etwas. Es muss natürlich die höchste sein, sagte er, das Große Ehrenzeichen für Wissenschaft und Kunst.

Brendel ruft an. Nein, er könne nicht früher nach Wien kommen. Es tue ihm leid, aber es gehe nicht. Die Tournee strenge ihn doch sehr an. Er sei wirklich froh, wenn sie vorüber sei. Und keinesfalls wolle er eine Ehrung als öffentliches Ereignis. Es werde nach dem Konzert eine kleine Feier für ein paar Freunde geben, das wäre der Rahmen, den er sich wünsche.

Ich informiere den roten Kanzler. Er wird sehen, was er tun

kann. Wenige Tage später ruft Kriemhild an, seine Assistentin. Sie hat alles arrangiert. Der rote Kanzler wird die Ehrung wie vorgesehen vornehmen, sozusagen als Kanzler außer Dienst. Gut für mich, dadurch komme ich noch einmal zu Karten. Die Ehrung findet wie besprochen bei der Feier nach dem Konzert statt.

Mutter am Apparat.

Ob ich Brendel wieder getroffen habe.

Nein, möchte ich aber. Vielleicht in Mailand.

Musst du da fliegen?

Wird sich nicht vermeiden lassen.

Wie kommst du mit dem Buch voran?

Es geht, derzeit hat die Zeitschrift Vorrang.

Mutter meint, sie wird das Erscheinen des Buches nicht mehr erleben.

Es wird Zeit, das Interview druckfertig zu machen. Ich stelle eine stark gekürzte Fassung unseres Schwarzenberger Gesprächs her. Vor seinem letzten Konzert sollen vier Seiten über Brendel erscheinen, illustriert mit Veras Fotos, auf denen man die Schwarzenberger Fladenfliegen nicht sieht, wohl aber Brendels Gesten, mit denen er sie fortwedelt. Auf dem Foto schaut es aus wie Welterklärungspoesie, nicht wie Fliegenverwedelungsprosa.

Brendel, der Schauspieler. Beim Gespräch empfand ich weder sein Mienenspiel als forciert noch seine Gestik als ausladend, die Fotos indes vergrößern beides ins Bühnenhafte. Ich hingegen scheine auf den Fotos befangen, komme mir ausdrucksärmer vor, als ich mich im Gespräch zu geben meinte. Die Formulierungen Brendels hören sich wie Konversation an, lesen sich aber druckreif. Mein Tonbandgestammel bin ich schon gewohnt, ich bin ja der, der es nachher richten kann. So geht die Welt an uns Journalisten zugrunde: Weil wir meinen, ihn nachher verbessern zu können, übergehen wir den Augenblick. Leute wie Ferdinand oder Brendel sprechen im Augenblick, als gelte es für immer. Sie wedeln den Augenblick nicht weg. Zu Recht. Wir haben nichts als Augenblicke.

Ich schicke Brendel das Interview nach Mailand. Unser Treffen muss ich trotz der offenen Fragen absagen, eine Grippeimpfung ist mir dazwischengekommen, mit einer vorhandenen, aber nicht bemerkten Infektion potenziert sie sich zu einem ordentlichen Schädelfieber. Bewundernswert die Kraft und Disziplin, mit der Brendel seine Konzerte absolviert. Regelmäßig trudeln abschiedstrunkene Kritiken dieser Abende aus aller Welt ein. Brendel ruft mich aus Mailand an. Er habe mir das Manuskript zurückgeschickt, er entschuldige sich für einige schlampige Formulierungen, in Schwarzenberg sei er nicht ganz auf der Höhe seiner Artikulationsfähigkeit gewesen, er habe einige Vorschläge zur Verbesserung eingefügt. Die Kürze der Fragen und Antworten gefalle ihm.

Selten habe ich ein derart präzise verbessertes Manuskript zurückbekommen. Eine Passage über eine raubtierzüchtende Kollegin hat Brendel in eckige Klammern gesetzt, innerhalb der Klammern hat er die Hälfte gestrichen. Ich fasse die Klammer als Zeichen meines Ermessensspielraums auf und lasse das Gestrichene weg. Der Rest bleibt, obwohl Brendel am Telefon anmerkt, er wisse nicht, ob diese Passage überhaupt erscheinen müsse. Der Hämwerker in mir ist stärker, bestärkt dadurch, dass ich die raubtierzüchtende Pianistin aus einem der Gedichte Brendels zitiere.

Die Umstände der Tournee sorgen dafür, dass es das einzige Interview ist, das vor dem Konzert in Wiener Zeitungen erscheint.

Er werde diesmal ausnahmsweise im Imperial wohnen, sagt Brendel, der Bequemlichkeit halber, von da seien es nur ein paar Schritte hinüber zum Musikverein. Ob ich zum Konzert käme und zur Feier danach? Es handle sich um eine Art Familienfeier im Gläsernen Saal, dort solle auch die Verleihung dieses Ehrenzeichens stattfinden. Er gibt mir seine Zimmernummer, ich möge ihn anrufen, ein Essen, jedenfalls ein Treffen wäre schön.

So viel Treffen ohne Verfehlung? Kann das sein? Ich rufe an und lande im Bristol. Nicht im Imperial. Der Rezeptionist tut erstaunt. Diesmal lasse ich nicht nach und wähle die Nummer immer wieder. Das Erstaunen des Wiener Hotelrezeptionisten ist das eines Strizzis, der von einem Polizisten bei einer Straftat ertappt wird. Alle Wiener Hotelrezeptionisten sind Strizzis. Der Rezeptionist leugnet gleichbleibend höflich und gemessen. Es ist immer derselbe, ich erkenne bereits seine Stimme. Als ich beim vierten Mal ungemütlicher werde, rückt er mit der Information heraus, die Konzerntelefonanlage mache Probleme. Ich solle doch versuchen, vor der Zimmernummer des Imperial eine Zwei zu wählen. Damit komme ich zwar nicht zu Brendel, immerhin aber zum Portier des Imperial.

Höflich und mit gemessenem Ernst teilt mir dieser mit, er werde eine Nachricht hinterlassen. Von Problemen mit der Telefonanlage höre er zum ersten Mal.

Brendel ruft mich am Mobiltelefon an. Er bedankt sich für den Abdruck des Gesprächs, fügt jedoch gleich hinzu, es missfalle ihm, dass die Raubtierzüchterin drin geblieben sei. Ich erkläre ihm, wie ich die Klammer aufgefasst habe. Er scheint nicht nachhaltig böse zu sein. Die Belegexemplare für seine Freunde bringt ein Bote ins Imperial. Das erste der beiden Konzerte hat gestern Abend stattgefunden. Ein Abend, den jedes Adjektiv verfehlen würde, wie mir Vera berichtet, die dabei war.

Brendel und ich vereinbaren ein Treffen für Samstag.

Ja, ich komme zum Konzert. Mit dem roten Kanzler. Wir sehen uns danach im Gläsernen Saal. Ich freue mich und wünsche das Beste.

31. Herzübergang

Wiens Fußgängerzonen strahlen im Prunkgewand der Weihnachtsbeleuchtung. Aber Wien glänzt nicht auf dem Gipfel seiner heiteren Leichtigkeit. Ein dumpfer Dunst von Punsch durchzieht die Bezirke, Tausende Füße schieben den viel zu üppig gestreuten Splitt durch die Einkaufsstraßen. Das Käuferfußgescharre schwillt vor den Feiertagen ebenso an, wie das Tageslicht abnimmt. Um zwei Uhr nachmittags wird es schon dunkel, von den Schornsteinen senkt sich der Ruß.

Die Gesichter vor dem Musikverein sind noch ernster als beim letzten Mal. Dieses Mal mit Grund. Dieses letzte Mal. Medizin im Wintermantel, Krautfleisch im Pelz, gut wattierte Japaner, gefütterter Koriander. Es ist nicht mehr wie im Sommer, als sich das Publikum durch das Atrium nach oben verlief. Es stockt, es klumpt vor den Garderoben, die mit einem Mal nicht mehr großzügig dimensioniert erscheinen. Unter dem Ansturm des Krautfleischs wirken sie unterbesetzt. Hundert Krautfleischarme recken ein paar überforderten Garderobefrauen Pelz, Tweed und Loden entgegen. Auch das wiederholte Läuten der Saalklingel vermag das Tempo dieser Garderobieren, ein unerschütterliches Adagio, nicht zu beschleunigen.

Einzelne Persönlichkeiten im vollen Bewusstsein ihres Persönlichkeitseins haben Zeit, einander zu mustern. Muße haben sie nicht, sie müssen einander anschieben, Schulterstöße austeilen, sich in die Garderobeklumpen hineinwuchten und mit Bündeln von Pelzmänteln den Garderobieren zufuchteln. Andere halten nach Dritten Ausschau und lassen sich dabei sehen. Der turmhohe Dichter, Spezialist entlegener

Exile, sieht traurig genug aus, ein Blick wie angelaufenes Silber. Er stellt seine Trauer im Gesicht bestimmt nicht aus, aber es ist ein Zeichen unserer Trauer, dass wir seine Trauer auf das Objekt unserer Trauer beziehen. Man sieht sonst im Gedränge niemanden, was zu den schönsten Befürchtungen Anlass gibt. Ja, es sind alle da.

Nur Kriemhild und der Kanzler nicht. Endlich erscheint Kriemhild, ein Lederköfferchen unterm Arm.

Wo ist der rote Kanzler, frage ich. Als er noch regiert hat, war er pünktlicher.

Mach dir nichts draus, sagt Kriemhild, ich habe die Karten.

Sie, ganz die Tüchtige, weiß genau, wo sie sich anstellt, nimmt dem Kanzler, der jetzt erschienen ist, den Mantel weg, ums Anstellen habe sich der sowieso nicht gerissen, meinen Mantel hat Kriemhild jetzt auch, der Kanzler trägt dafür ihr Köfferchen.

Aha, sage ich, der Orden.

Ja, sagt er, den können wir nicht an der Garderobe lassen.

Ein bisschen verlegen stehen wir im Atrium herum, verdutzt über den Verfall der Galanterie im 21. Jahrhundert.

Unter die Brendeltrauergemeinde mischen sich Abonnenten des Philharmonischen, die nicht genau wissen, wie sie dazu kommen und was für ein Abend heute ist. Das wird ihnen dämmern, sobald sie das Programmheft lesen. Freunde Brendels, Familienmitglieder, da ist Adrian, den kennt man von Konzerten, vermutlich mit seiner Schwester. In der Direktionsloge Pianisten, Schüler, Intendanten. Beinahe keine Seitenblickeprominenz, das muss man diesem Publikum zugute halten. Prominenz eigener Ordnung.

Wir haben Kaufkarten. Das Kanzlerprivileg, in der Loge gratis zu sitzen, ist weg. Es ist zum Exkanzlerprivileg geschrumpft, die besten Karten kaufen zu dürfen. Immer noch

Privileg genug. Wir sitzen im Parterre, Reihe elf, fußfrei. Wer sitzt in der Loge, wo wir letztes Mal saßen? Der schwarze Block. Das hat was. Der Exexkanzler, der Vorgänger, der den roten Kanzler auf den Tod nicht ausstehen kann. Er und der Exvizekanzler, der den roten Kanzler im Verein mit dem Exexkanzler weggemobbt hat, stützen sich auf die Brüstung von Parterreloge zwei, als würden sie noch regieren. Die Exaußenministerin ist auch dabei. Das Missvergnügen des roten Kanzlers beim Anblick der Gegner auf seinen Plätzen wird nur übertroffen vom Missvergnügen des schwarzen Blocks, der uns sofort erblickt hat und genau das Gleiche denkt: Was macht der da auf unseren Plätzen? Der schwarze Block grüßt den roten Kanzler mit dem knappesten aller knappestmöglichen Nicken, es ist ein Tausendstelmillimeternicken, das bereits wieder in die Abwendung des Kopfes übergeht, sodass der schwarze Block mich, den er gut genug kennt – ich habe sie alle interviewt! –, komplett ignoriert. Im schwarzen Blickblock.

Statt der Giftigen mit der Perlenkette haben wir diesmal den Präsidenten der Akademie der Wissenschaften zum Nachbarn, einen Block von einem Germanisten, tausend Blockseminare auf dem Buckel, ein Krautfleischschwarzer durch und durch. Alle Germanisten könnten genauso gut Medizinalräte sein, denke ich, ebenso wie alle Medizinalräte Germanisten sein könnten. Gerade dass er nicht die Nase rümpft, als wir neben ihm Platz nehmen. Er hat den roten Exkanzler erkannt, aber sogleich blickmäßig weggeblockt. Man hat Vorwände, konzentriert sich aufs Programmheft und jetzt aufs Podium, wo zuerst Mozarts g-Moll-Symphonie angesagt ist, dirigiert vom fabelhaften Charles Mackerras. Immer radikal, niemals rustikal fegt er mit den Philharmonikern durch diese heiter-sublime Trauermusik. Meine Lieblingstonart.

Sie rollen den Steinway herein. Er kommt daher wie ein Hinrichtungsblock. Wenn die Trauergemeinde wüsste, was sich hier herinnen am Nachmittag begeben hat! Wie Alfred Brendel, das Objekt dieser allgemeinen vorauseilenden Trauer, mit seinen vier besten Klaviertechnikern herumblödelte, Grimassen schnitt, im Frack vor dem Steinway mit den Zeigefingern die Mundwinkel auseinanderzog, um seine einigermaßen markanten Schneidezähne zu entblößen und für den Fotografen die schiachperchtigsten Fratzen zu ziehen. Beziehungsvoll spielte er mit dem Deckel der Bühnenversenkung, als drohe er, darin zu verschwinden, verschmitzt blickend tändelte er sich am Dirigentengeländer entlang, als habe er vor, nicht Klavier zu spielen, sondern zur Abwechslung einmal zu dirigieren. Hat er ja studiert.

Die Techniker ließen sich nicht lumpen und konterten, indem sie in die Hämmerchen bissen, einander mit dem Stechwerkzeug bedrohten, die Tastatur mit Fäusten traktierten und überhaupt allerhand Grobmechanisches trieben. Brendel animierte sie, mit ihm Gesichter zu schneiden, und simulierte eine Art Harakiri mit der Intoniernadel. Im Frack sackte er zusammen. Slapstick, wenige Stunden vor seinem großen, würdigen, weltbewegenden Abschied. Von den Chefredakteuren dieser Welt ist zumindest der des *Guardian* angereist, er wird in einer glänzenden Glosse von diesem Weltereignis berichten, deutschsprachige und andere Großfeuilletons sind vertreten, Exkanzler, Exminister, Stadträte und Intendanten ragen aus dem Krautfleisch, der Verführer muss wohl auch im Saal sein, Korrespondenten werden die Weltblätter von den USA bis nach Australien informieren. Ein, wie man sagt, großes Publikum.

Das Komische bewegt die Welt, behauptet Brendel. Warum soll er gerade heute Abend anders denken? Er sieht das

Erhabene als das umgekehrte Komische, das Komische als das missglückte Erhabene, also müssen die beiden nahe beieinander wohnen. Der schnelle Dialog des Klaviers mit dem Orchester im Jenamykonzert, früher nannte man dieses Mozartweltwunder Jeunehomme-Konzert, dieser Dialog im ersten Takt hingegen ist witzig. Ja, der erste Satz ist charmant, ein Dialog, eine Kette von Dialogen, höchste Sprech- und Gesprächskunst ist erforderlich. Brendel beginnt verhalten, bei allem spitzen Witz klingt der Flügel weich und rund, helldunkel leuchtet er auf, delikate Triller animieren das Gespräch von Sopran und Bass, eine Phrase geht atmend in die andere über. Es ist Oper. Mehr als Oper, ein Musiktheater der Dichtung. Alle Stimmen artikuliert ein Einziger, mit seinem Instrument rezitiert er Mozart. Dichtung des sprechend unausgesprochenen Wortes, man versteht, ohne zu verstehen. Der Steinway im Dialog mit diesem Orchester, an diesem Abend möchte man kein anderes haben.

Das Jenamykonzert ist vielfältig, ein Weltwunder hat es Brendel genannt, ein Verwandlungswunder. Es erschien unvermittelt als das erste ganz andere Klavierkonzert und ist eines der größten geblieben. Das erste wird das letzte sein. Das Andantino hebt an. Tragische Abschiedsmusik. C-Moll, Brendels und Mozarts Lieblingstonart, von Beethoven später entwendet. Schmerzgesang, vielleicht hundertmal gehört, nie so gehört wie heute. Alles klingt neu, und doch klingt alles so, wie es klingen muss. Jeder Ton, von innen erleuchtet, leuchtet unmittelbar ein. Brendel lässt eines aus dem anderen entstehen, vergehen, wieder aufklingen. Er kontrolliert die Zeit subtil, ohne je an ein Rubato anzustreifen, er lässt die Phrasen verweilen, bis der Übergang zum nächsten Ton nicht mehr zu verzögern ist. Die Charaktere verwandeln sich unter seinen Händen, sodass man zu fragen vergisst, wie wir so schnell nach Dur gekommen sind. Wie so schnell zurück ins Moll? Wie kann einer das Zeitmaß so sehr aufhalten und dabei gar nicht verzögern? Wie kann die Eule in die Morgenröte fliegen und zurück ins Graue, ins Grauen? Schönheit ist die Augenbraue einer Fragenkette.

Da sitzen keine Krautfleischbürger mehr, kein schwarzer und kein roter Block. Die Brauen hoch! Da ist nur noch inneres Mitschweben, ein gemeinsames Sich-Anverwandeln. Bei diesem Andantino von Mozarts Jenamykonzert hält der ganze Saal mitsamt den Wiener Philharmonikern stellenweise den Atem an. Brendel wacht am Herzübergang von Scherz zu Schmerz. Kollektive Ekstase ohne Gott. Starke Befreiungsenergie. Als nur noch Ton auf Ton, Sopran auf Bass antwortet, scheint Brendel, wie es in einem seiner Gedichte ironisch heißt, mitsamt dem Flügel zu levitieren, sich von der Erde zu lösen.

Keine Ergriffenheitspause. Presto. Der Witz in diesem letzten Satz bleibt dunkel, die Seufzer bleiben weich und klar, auf metallischen Glanz wird verzichtet. Das eingeschobene Menuett ein Abschiedstanz, gleichsam ein melancholisches Sich-Wiegen im Sitzen. Nein, den Tanz wollen wir nicht mit ihm wagen, den kann er selber tanzen. Bald lässt er uns allein. Fortgespült von einem munteren Prestothema, das kann die Zeit umso weniger anhalten. Wenn Gott gut drauf ist, spielt er Klavier wie Brendel, denke ich, als es vorbei ist, und er braucht keine Sekunde mit dem Arsch zu wackeln; er grimassiert und stöhnt vielleicht ein bisschen, aber ohne Stöhnen geht's nicht kantabel genug, sagt er. Seine Grimassen schneidet Gott hinter der Bühne, mit dem Arsch wackelt Gott nicht vor Publikum.

Die erste Zugabe, Bach-Busonis Choralvorspiel »Nun komm, der Heiden Heiland«, unmerklich berichtigt von

Alfred Brendel selbst. Das Stück, um alle Abende zu beenden, ein Ende für jedes Konzert und für alle Konzerte: nicht für dieses. Als ein Fingerteufel Brendel einmal die richtige Taste verfehlen lässt, bin ich nahezu dankbar. Ohne den Tastenteufel hätte man vergessen, dass diese vollendet klingende Schönheit Menschenwerk ist, das Werk eines Meisters, dem selbst sein Abtreten zur höchsten, zugleich würdigen und unsentimentalen Kunst gerät. Aus Orgelpfeifen strömt der Gesang wie Wasserflüsse Babylons.

Zweite Zugabe, schnelle Verwandlung der Kulisse. Von Fluss zu See, von Basis Bach zu Gipfel Liszt. »Au lac du Wallenstadt«, eine leichte Naturstudie aus den »Années de Pélerinage«. Leichte Naturstudie? Das sagt sich so leicht, wäre da nicht das Byronmotto, das Liszt an den Anfang des Stückes setzt: »*... thy contrasted lake, / With the wild world I dwelt in, is a thing / Which warns me, with its stillness, to forsake / Earth's troubled water for a purer spring.*«

Keine Idylle zum Schluss. Oder ein falsches, katzensilbernes Alpengetön. Zarter Dunst über leichtem Gewell. Eine stille, vielleicht doch ironische Warnung, dem Ende zu. Das As am Schluss des Stücks, dieses letzte As klang, wie es klingen musste, zart und vorläufig. Von links unten visierte Brendel diese letzte Taste an, froh, als drücke er einen Hebel, der einen schönen Vogel aus goldenem Käfig in die Freiheit fliegen ließe, davon flog der Vogel As, hinauf zur goldenen Decke, auf der sich das Wasser eines fernen Walensees zartbewegt spiegelte.

Es war nicht nur ein sentimentalischer, es war ein bei aller Trauer komischer Moment. Voller List und Lust an der List hatte Brendel diese letzte Taste anvisiert, wie ein Schütze, eher Woody Hood denn Pilger mit Kapuze. Dieses letzte As war Schlusston wie Übergangston. Die Geste, mit der Brendel dieses As anvisierte, mochte man nicht ausholend nennen, auch nicht übertrieben bedeutungsvoll, eher beiläufig, übrigens linkshändig ausgeführt, mit einer kleinen, zum Konzert passenden Verzögerung, einem letzten kleinen Wurf. Es ist ja jedes Anvisieren einer Taste ein Würfelwurf. Bedenkt man, was sich dazu neuronal und physisch alles zusammenfügen muss, kann es einem schwindeln. Man braucht die Bedeutung des Augenblicks nicht ins Kalkül zu ziehen.

Aber Brendel, der manche Taste in seinem Leben nicht traf, den Ton jedoch immer, mit links traf er ihn, Brendel, der so hart gearbeitet hatte, um den Ton und diesen einen Ton zu treffen, traf ihn, er traf dieses As mit dem zweiten Finger seiner linken Hand, wer hätte hier nicht an den Zeigefinger gedacht, fingerzeigmäßig traf er es, er traf das As, brachte es zum Klingen, schickte es in den Saal, wo ich inmitten meines phantasierten Kollektivs saß und es in mich aufnahm, und auch wieder nicht; wie alle anderen im Saal musste ich dieses As vorbeischweben lassen, hinauf ins Offene, in die endgültige Vorläufigkeit seines Verklingens.

32. In die Tiefe

Im Anschluss an das Abschiedskonzert von Alfred Brendel am 18. Dezember 2008 bitten die Gesellschaft der Musikfreunde in Wien und das Klavierfestival Ruhr zu einem Empfang in den Gläsernen Saal / Magna Auditorium.
Gültig für eine Person – bitte beim Eingang vorweisen.

Hinunter. Schuberts Vierte mit dem jugendlichen 84-jährigen Mackerras und den Philharmonikern hat die Trauer wenn nicht gemildert, so doch schön ausklingen lassen, nochmals in Brendels Lieblingstonart c-Moll. Jetzt geht es hinunter. In die Tiefen des Musikvereins. Ins Magna Auditorium. Der Name eine Sumpfblüte aus den Zeiten der Blasen und der raschen Börsenprofite. Gläserner Saal, ha! Näher zu dir, Magma.

Die Elite der krautfleischernen Medizinalräte, stark gemildert durch Freunde und angelsächsisches Publikum. Der schwarze Block ist geschlossen erschienen, freundlicher schaut er nicht drein, als er Kriemhild, den roten Kanzler und mich erblickt. Der Blockgermanist steht an der Garderobe neben mir, unten muss man die Mäntel schon wieder abgeben, es herrscht ein Garderobenluxus ohnegleichen. Kubikmeterweise Luft um mich herum, keine Wartezeit.

Muss schon ein eigenartiges Gefühl sein, nachdem man 120-mal hier gespielt hat, auf die Bühne zu gehen und zu wissen, das ist das letzte Mal, sagt der Blockgermanist.

Er will es ja nicht anders, sage ich, macht noch Witze drüber, versichert, froh zu sein, dass alles vorüber ist. So viele Leute würden ihm erzählen, er hinterlasse ein Loch in ihrem

Leben. Es sei doch schön, etwas zu hinterlassen, kommentiert er, und wenn es bloß ein Loch ist. Schauen Sie, wie entspannt er lacht.

Von oben kommen ständig Leute, der Gläserne Saal füllt sich, kleine Pulks bilden sich um die mit weißen Tischtüchern bedeckten, blumengeschmückten Stehtische voller Weingläser. Brendel, längst wieder im Sakko, driftet von Gruppe zu Gruppe.

Der Blockgermanist hat sich mit mir angefreundet, weil ich ihm die Zugaben identifiziert habe.

Ich sehe, Sie sind vom Fach, sagt er.

Bin ich nicht. Ich stelle mich vor und erzähle von meinem Gespräch mit Brendel. Jetzt erkennt er mich, tut so, als schäme er sich, und verspricht, morgen die Zeitschrift mit diesem Interview zu kaufen.

Mein Zugabenwissen hat auch das Eis zwischen Blockgermanist und rotem Kanzler gebrochen. Er möchte dem Kanzler zu dessen Rede beim Begräbnis des rechten Führers gratulieren, sagt der Blockgermanist. Das ganze Land konnte diese Rede hören, weil das Fernsehen das Begräbnis zu einem Spektakel aufblies. Die Schwarzen, sagt der Blockgermanist mit einem Blick zum Block hinüber, der geschlossen bei Brendel steht, waren ja zum Genieren. Wissen Sie, ich wähle Schwarz, seit ich wählen kann, aber so geschämt wie an diesem Tag habe ich mich dafür noch nie. Der rote Kanzler denkt über solche Anhänger dasselbe wie ich über unsere Käufer: Ihr heutiges Bekenntnis hätten wir gestern brauchen können. Der Blockgermanist lobt die Gesten des Kanzlers bei diesem Begräbnis, die Verneigung vor dem Sarg, das Kreuzzeichen. Der rote Kanzler hat wieder ein gestisches Ass im Ärmel. Nein, im Köfferchen, das Kriemhild ihm behutsam hinterher trägt.

Brendel hat mich erblickt und grinst mir vom schwarzen Block herüber zu, die müssen mir jetzt die Hand schütteln, es lässt sich nicht vermeiden. Ich muss ihm danken, ruft Brendel, um mir eine besondere Freude zu machen. Muss er nicht, hat er schon. Ich habe zu danken. Tatsächlich, er umarmt mich! Brendel legt seine Arme um mich. Die Umarmung ist behutsam, sie verrutscht ein bisschen – es bin ja ich –, aber es ist eine Umarmung. Der schwarze Block glotzt. Ich kann es nicht fassen. Brendel hat mich umarmt. Die Umarmung des Alfred Brendel. Feines Tuch, außerdem. Sieht gar nicht so nobel aus, das blaue Sakko. *Such is England.* Teile ihm meine Beobachtung mit, er habe beim Andantino levitiert. Er stutzt, dann hat er's eingeordnet, lacht und gleitet davon. Er lacht viel, bei jedem Grüppchen lacht er, es ist kein lautes Lachen, genau genommen ist es sogar geräuschlos, aber fein und zurückhaltend ist es nicht. Brendel lacht sein Brendellachen, Schneidezähne inklusive, im Magmasaal verzichtet er aber, soweit ich sehe, auf die Zuhilfenahme der Zeigefinger.

Zeit für die Reden. Kurze Reden, das erfordert der Respekt vor Brendel. Philharmonischer Phrasenkuchen, gebacken aus Ringen um Vollendung, menschlichem Sehnen, Bewahren, versuchtem Festhalten des Moments, Goethe, eh-klar, steif schlagen, zwei Dotter, Zucker und einen Hauch Unendlichkeit dazu. Backe Vorbild, unübertroffen, Disziplin. Aber auch was Treffendes ist dabei: »Das akribische Erforschen des Willens des Komponisten als Ausdruck nicht der Orthographie, sondern der Moral.« Brendel nimmt's geneigten Kopfes und Oberkörpers entgegen, er nimmt's nicht einmal ungern.

Dann ist der rote Kanzler dran. Der schwarze Block hat endlich kapiert, worum es geht, aber das Folgende kann er ausnahmsweise nicht mehr blockieren. Kriemhild nestelt am

Köfferchen, der rote Kanzler zieht sein Manuskript aus der Brusttasche. Er spricht fast immer frei. Dass er ein Manuskript benützt, zeigt seinen Respekt vor dem Adressaten und der Stunde; der schwarze Block irritiert ihn wohl ein wenig, mit dem hat er nicht gerechnet. Es ist eine gute Rede.

In einem Grüppchen Krautfleisch vor mir tut eine mit Designerbrille überrascht: Gar keine schlechte Rede das! Hätte ich dem Kerl nicht zugetraut.

Jedenfalls hat er einen guten Redenschreiber, zischt die mit der Perlenkette zurück. Ich kann mich nicht zurückhalten und belehre die beiden, sie könnten sicher sein, die Rede habe er selber geschrieben. Schiebe noch nach, er könne sogar lesen, auch wenn der schwarze Block gegenteilige Gerüchte in die Welt setze.

Designerbrille und Perlenkette glotzen mich kurz, aber umso feindseliger an und drehen sich weg. Hämwerker überall, reflexartig machen sie mich zum Verteidiger des roten Kanzlers. Als wäre ich ein Fan von ihm. Was verteidigst du ihn dann, rufen die Hämwerker. Zu ihrer Strafe gelingt dem roten Kanzler ein Witz, der ihm den Saal gewinnt. Er zitiert einen Auszug aus Brendels Gästeliste für dessen imaginäres Abschiedsfest: Shakespeare, Stendhal, Edward Lear, Lewis Carroll, Daniil Charms, Robert Musil, Desiderio Monsù, Mozart und Isaiah Berlin habe sich der Künstler als Gäste gewünscht, zählt der rote Kanzler auf. Hebt den Blick und setzt nach einer kurzen Pause hinzu: Gekommen sind wir alle.

Kriemhild öffnet das Kistchen, das sie aus dem Lederköfferchen geholt hat. Es enthält eine große und eine kleine Ausgabe des Ordens und ein Diplom, den kleinen Orden kriegt Brendel vom roten Kanzler ins Knopfloch gewurstelt. Brendel kann der denkbar unzeremoniellen Zeremonie ein Lachen abgewinnen, es ist eine republikanisch-würdige Komik.

Das Große Ehrenzeichen für Wissenschaft und Kunst, überreicht vom roten Kanzler, der keiner mehr ist, inmitten verblüffter Krautfleischbürger, unter stummem, zornigem Beisein des schwarzen Blocks im Magmasaal. Das gefällt mir.

Ich mag diese Bürger trotz allem, denke ich, weil sie solche Veranstaltungen besuchen. Sie müssen die Kunst verehren. Vielleicht spüren sie den Nachklang der eigenen Utopie doch noch. Oder sie halten sich einfach an ihrem gegenseitigen Hiersein fest, während ihre Utopie verschwindet. Mit Veranstaltungen wie dieser kann man nicht mehr angeben, nicht mehr repräsentieren. Mit Brendel ist kein Staat zu machen, höchstens ein Überstaat der feinen englischen Art, welche, wie zu befürchten ist, nicht einmal in England noch existiert.

Alfred Brendel ist auf jede Situation vorbereitet. Er nimmt ein Blatt Papier heraus und antwortet dem roten Kanzler. Im Rückblick auf sechzig Jahre des Konzertierens möchte er sich fragen, sagt er, »was einem dazu verhelfe, ein solches Leben durchzustehen«. Es sei zunächst die Trias Talent, Konstitution und Glück. Aber vieles komme noch hinzu: »Selbstvertrauen und Selbstkritik, Ambition und Geduld, Beharrlichkeit ohne Fanatismus, ein gutes Gedächtnis, gute Nerven (man wird sie nicht nur auf dem Podium brauchen, sondern auch beim Lesen mancher Rezensionen), Vision – also die Voraussicht, wie ein Talent, ein Repertoire, eine Persönlichkeit zu entfalten sei –, die Gabe der Konzentration, Vergnügen an der Arbeit, die Bereitschaft, Fähigkeit und Freude, dem Publikum etwas zu übermitteln (und sei es ein musikalisches Selbstgespräch), ein Sinn für die Komik, das Absurde und Paradoxe der Situation, eine gesunde Portion Skepsis, damit man sich nicht zu ernst nimmt; umso ernster sind die Absichten der Komponisten zu nehmen, in einem übertragenen Sinne auch dann, wenn sie komisch komponieren.«

Ein langer Satz, in dem die Weisheit eines langen Lebens steckt. Brendel zitiert den Geiger Sandor Végh, der den Humor »eine Art Superernst« genannt habe, und Jean Pauls Begriff des »umgekehrten Erhabenen«.

Man brauche Schwere und Leichtigkeit, sagt Brendel, kurz von seinem Blatt aufblickend. Er liest seinen Text so leicht es geht, beinahe beiläufig. Nur keine falsche Emphase! Man brauche Offenheit für die vielen Charaktere der Musik, also Wandlungsfähigkeit, fährt er fort. Und außerdem möchte der Komponist geliebt werden. Nicht nur dieser. Auch der Interpret brauche Liebe. Er danke für alle Liebe, sagt der Geehrte, es klingt wirklich liebevoll, aber er sieht zu, über die Passage schnell hinwegzukommen, zu wichtigeren. Zu den Komponisten.

Mehr, als er sagen könne, danke er den Komponisten. Und er entschuldige sich bei ihnen für alles, was er ihnen angetan habe. Zumindest sei es nicht in jener Absicht geschehen, die manche Musiker oder Theaterleute dazu bewegte, Werke nach Belieben herzurichten oder hinzurichten. Brendel liebt diese Formulierung und gebraucht sie nicht zum ersten Mal. Er redet, wie Mozart komponierte, denke ich, immer frisch und originell zusammengesetzte Fertigteile.

Dem Werk gerecht zu werden, sei schwierig genug, sagt Brendel jetzt, es gelinge selten genug und sei, wie er finde, aufregend genug. Konzerte könnten zu einer Droge werden, der sich der Konzertierende nicht entziehen kann. Er selber habe Konzerte nie als einen Zwang angesehen. Er habe stets aus freien Stücken gespielt, ebenso freiwillig höre er nun auf. Fröhlich und dankbar sage er Adieu.

Das kann nicht in Rührung untergehen, jemand muss ein Rettungsfloß in den Magmasaal werfen. Es ist Brendels Sohn Adrian. Schnell greift er sich das Mikrophon, stellt sich neben den Vater und spricht. Der habe ja nicht annehmen können, dass es bei einem solchen Anlass ohne familiale Ansprache abgehe, und für die sei eben nun er zuständig. Preist und beschreibt auf englisch nüchterne Weise den liebevollen Papa, den genialen Musiker, den originellen Denker und endet mit den schlichten Worten: »You're our hero.« Das muss man sich von einem Sohn einmal öffentlich sagen lassen, gerade wenn man das Unheroische so sehr kultiviert wie Brendel.

Der weiß, wie's gemeint ist, und freut sich diebisch. Niemals würde er so frei sprechen können, sagt er zu mir, er, der Tausende Konzertpodien und Säle voller Mediziner und weiß Gott welcher nationaler Leibgerichte bezwungen hat. Er bewundere seinen Sohn dafür, diese Fähigkeit sei wohl eines der erfreulicheren Ergebnisse englischer Erziehung. Adrian hat beim Konzert geweint, so einen muss man mögen. Till ist da und all die anderen Schüler. Agenten von einst und jetzt, Freunde, Verehrer, Gastgeber, Intellektuelle, Reiche, Arme, Geliebte, Techniker, Veranstalter. Familienfotos werden angefertigt. *Last chance to see.*

Der rote Kanzler hat noch einen Termin und muss gehen. Charles Mackerras, der Schubertdurchstürmer, der Mozartbegleiter, Comes des unkomischen Komödianten, sitzt auf einem Sessel und schaut freundlich, aber etwas müde drein. Hühnerfleisch am Zitronengrasspieß wird hereingetragen, es fehlt nicht an Wein. Auch Till ist froh über den Fehler bei Bach-Busoni, die Trauer und die Schönheit wären sonst nicht zu ertragen gewesen, sagt er. Diese Garnelen im Tempurateig können Sie noch einmal vorbeibringen, da ist auch der Salzburgintendant, wir müssen wirklich einmal reden, sagt er. Ja, verführen Sie mich nach Lust und Laune, meinetwegen auch in Ihrem ausgezeichneten Italienisch, in dem sich die Spitzen gegen gerade nicht in der Nähe befindliche Anwesende noch maliziöser ausnehmen, heute Abend können Sie es mit mir ja machen, der Verführer ist weit und breit nicht zu sehen, ich habe noch Verführbarkeitskapazitäten frei.

Wäre auch für ein Gespräch über die bürgerliche Nische zu haben, ob es die denn überhaupt noch gebe, den Unterschlupf für die Utopie, für das menschliche Maß der Verwirklichung, das immer einer unerreichbar vor uns aufrichten muss, damit wir strebend es verfehlen. Spielbar ist die Literatur gewiss, die uns Brendel am Ende vorgeführt hat, aber wer vermöchte sie so zu spielen wie er? Wer wäre zu solchen Freiheitsgesten wie zu diesem Abschied imstande?

Nein, ich lasse mir von der Wirklichkeit der verehrenden Bürger die verehrungswürdigen Ideale des Bürgertums nicht madig machen. Und selbstverständlich nehme ich von der Nachspeise. Hätte auch gern die anderen Pianistenschüler kennen gelernt, Imogen, Paul und Kit, aber irgendwie ist es jetzt genug. Alfred Brendel lacht sich mit unverminderter Kraft von Gruppe zu Gruppe, ich muss gehen. Übersehe beim Ausgang das Geschenk, die nicht veröffentlichte Aufnahme von seinem Recital bei den Salzburger Festspielen vergangenes Jahr, mit Beethovens Opus 110 darauf. Untröstlich getröstet, auf Tuchfühlung mit dem Absoluten gehe ich nach Hause.

33. Ein grauer Morgen

Das letzte As. Der erste Körperkontakt. Und jetzt bin ich mit Brendel am Samstag im Imperial zum Lunch verabredet. Die Redaktion nimmt am Freitag auf meinen Ausnahmezustand keine Rücksicht. Erst am Samstag Morgen komme ich dazu, mich vorzubereiten. Nicht einmal dann ist ausreichend Zeit. Ich muss vorher noch zu meinem Weinhändler. Er unterhält kein Gassenlokal, sondern ein Büro oberhalb des Café Bräunerhof. Er nennt es Weinkontor.

Sollte er es eröffnet haben, um die üblichen Müßiggänger loszuwerden, war es ein Fehlschlag. Sie lästern dort über Gott und die Welt, kosten so kennerisch wie abschätzig die ausgeschenkten Raritäten und stehlen Kunden wir mir die Zeit. Der Weinhändler hat mir einen Extratermin eingeräumt, damit ich müßiggängerlos meine Weihnachtsbestellung aufgebe, die zugleich meine Jahresbestellung ist; meist reicht sie bis nach Ostern. Dieser Termin ist heute, beinahe hätte ich ihn vergessen. Rasch Aufnahmegeräte, Fragenliste und Schreibzeug in die Tasche gestopft, das letzte Buch von Ferdinand als Geschenk dazu, falls Brendel es nicht kennt, und ohne Frühstück zum Weinhändler.

Tristes Wiener Dezemberwetter. Es regnet. Fünf Grad. Leere, spiegelgraue Ringstraße. Der Weinhändler erwartet mich und hellt den Tag mit einem Glas weißem Portwein auf. Weil wir einander nur einmal im Jahr sehen, sagt er. So wird man Alkoholiker: ein Glas Port auf leeren Magen. Gut gelaunt bestelle ich Weine, die ich mir nicht leisten kann, und eile ins Imperial.

Höchste Zeit. Kaum habe ich in der Lobby Platz genommen, erscheint Brendel. Er ist noch ohne Port. Der Strizzi von einem Concierge hat ihm sämtliche Botschaften vorenthalten, die seit dem Konzert eingegangen sind. Das spottet jeder Beschreibung, sagt Brendel, in einem Haus wie diesem! Nur weil ich ihnen verboten habe, den Fernseher als Postkasten zu benützen. Stellen Sie sich vor, mitten in der Nacht leuchtet dieser Riesenschirm auf und hat eine Botschaft für Sie!

Das würde auch ich nicht wollen. Beim Hinübergehen ins Café erzähle ich Brendel von meinen vergeblichen Versuchen, mit ihm Kontakt aufzunehmen. Er kehrt auf dem Fuß um und erteilt dem Concierge einen Rüffel. Brendels Zorn ist von äußerster Zurückhaltung, seine Verstimmung umso eindrucksvoller. An diesem Teflonstrizzi perlt sie ab. Sein geschultes Bedauern soll den Zorn des Beschwerdeführers nicht weiter reizen. Schlüge man diesen livrierten Buben mit einer Nilpferdpeitsche, es würde ihm gleich viel ausmachen wie Brendels Drohung, mit dem Manager zu reden. Der Bube kann weder etwas dafür noch kann er etwas dagegen machen. Das Imperium der Indolenz beginnt im Imperial.

Wir nehmen einen Tisch im von der Ringstraße abgewandten Teil des Cafés. Brendel besitzt Ferdinands Buch, beinahe scheint er gekränkt, dass ich ihm unterstelle, es nicht zu kennen. Ich darf ihn einladen, das findet er zwar ein wenig lächerlich, aber nett; ich mag ihm Almochsen Erich nicht schuldig bleiben. Der in unserem Interview stehen gebliebene Satz mit der raubtierzüchtenden Pianistin kommt gleich noch einmal zur Sprache, ebenso Ungeheuerlichkeiten der Presse, auch der so genannten besseren. Selbst renommierteste Blätter hätten Aussagen einfach erfunden, erzählt er, und auf seinen Protest hin frech erklärt, Zuspitzung tue eben not.

Am gleichen Tag war in einer englischen Zeitung zu lesen, Brendel sei das musikalische Orakel der Linksintellektuellen, während ihn ein Sprachspieler in einem Wiener Blatt dem »rechten Flügel« zuordnete, ihn gar den letzten Vertreter des Wiener Klavierspiels nannte. Verrückt sei das, sagt Brendel, er habe zwanzig Jahre in Wien gelebt, aber keinen Augenblick Unterricht genommen, bei niemandem, verstehen Sie? In einer Enzyklopädie der Interpreten des 20. Jahrhunderts sei gestanden, er habe bei Seidlhofer studiert. Keine fünf Minuten habe ich mit Seidlhofer verbracht!, ruft Alfred Brendel, nun doch ein wenig lauter, sodass sich ängstlich der Kellner zeigt.

Ich und Wiener Klavierspiel!

Vielleicht, weil er bei Eduard Steuermann studiert habe, frage ich.

Was der mit dem Wiener Klavierspiel zu tun habe, möchte er, Brendel, gern wissen. Gut, Steuermann habe in Wien gelebt und beim Verein für musikalische Privataufführungen mitgewirkt. Aber das Wiener Klavierspiel, das sei Emil von Sauer gewesen, wahrscheinlich Rosenthal, als er hier lebte, Grünfeld – Brendel dehnt das Ü – mit seinen Walzern. Er selber habe mit all dem nichts zu tun, sei in Wien nur zahlender Gast gewesen, im Protest habe es sich in dieser Stadt damals bekanntlich gut leben lassen.

Warum er denn gerade in Wien seine Karriere beendet habe? Nun, hier habe er angefangen, den ersten ernsthaften Konzertabend habe ihm der Musikverein eingerichtet. Und dann sei da die Beziehung zu den Philharmonikern, 53 Jahre dauere die nun schon, habe er vorgestern von deren Vorstand gehört. Das habe sich alles gut gefügt. Und es seien schöne Abende gewesen, auch der Empfang im Gläsernen Saal habe ihm Freude gemacht.

Ich frage Brendel nach seinen frühen Wiener Jahren. Er erzählt von Pianistenkollegen. Nur einer bleibt unerwähnt.

Das sei sträflich, räumt er ein. Persönlich habe er nicht viel mit ihm zu tun gehabt. Gulda, so Brendel, sei ein äußerst begabter Pianist gewesen, der ein paar Sachen wunderbar spielen konnte, nicht aber die Klassiker. Nicht das deutsche Repertoire. Ravels »Gaspard de la Nuit«, das Konzert für die linke Hand, Debussys Préludes. Die Straussburleske habe keiner so gespielt wie er, da sei er plötzlich elegant gewesen, was er sonst nach Kräften vermieden habe.

An solchen Stellen stößt Brendel einen leise triumphierenden Lachlaut aus, der zugleich nichts Triumphierendes, vielmehr etwas Verlegenes, Zurücknehmendes hat, eine Art Zwitter aus belustigtem Lachen und fragendem Räuspern: Habe ich diese kleine Bosheit wirklich gesagt? Ganz so böse habe ich es nicht gemeint, meinen Sie? Oh doch, genau so!

Und Guldas Mozartspiel?

Brendels Finger trommeln Zweiunddreißigsteltriolen. Er könnte mir genau sagen, was ihn an Guldas Spiel gestört habe, aber das würde zu weit führen. Erstaunlich, wie der schon mit sechzehn, siebzehn Jahren Opus 111 von Beethoven habe spielen können. Danach sei er ein Fall von Regression geworden, während andere Leute sich hoffentlich entwickeln. Es habe dann diese unglückliche Liebe zum Jazz, diese beklagenswerten Kompositionen und zugleich den Widerstand gegen die neue Musik gegeben.

Ich schildere meinen vergeblichen Versuch, mit Gulda über Schönberg zu reden.

Gulda habe einmal einen Abend mit dem Repertoire der zweiten Wiener Schule gegeben, um zu zeigen, er könne das spielen. Aber zugleich habe er es gehasst, erzählt Brendel. Ein merkwürdiger und etwas trauriger Fall. Ein riesiges Talent. Aber es hänge eben nicht allein vom Talent ab.

Ob Gulda unter den jungen Pianisten im Wien der fünfziger Jahre ein Einzelgänger gewesen sei, möchte ich wissen.

Ja, und nicht der angenehmste Mensch. Er sei eine Zeitlang der Erfolgreichste dieser Generation gewesen. Es habe auch einmal eine kleine Kontroverse in einer Zeitung gegeben. Gulda schrieb einen Aufsatz gegen die neue Musik, und er, Brendel, antwortete. Diese Antwort habe er nicht in seine gesammelten Schriften aufgenommen.

Wir sprechen über Gefährdungen und Krankheiten. Eine Woche vor dem letzten Konzert hatte Brendel starkes Halsweh und befürchtete, es würde sich in die Brust senken, sodass er bei seinem letzten Abend mit einem riesigen, durch Antibiotika groß gemachten Kopf dasitzen würde. Oder überhaupt absagen müsste. Vielleicht hätte die ehemalige Wolfspianistin für mich einspringen können. Lachlaut.

Der verschüchterte Kellner lässt sich nicht länger ignorieren. Die Speisekarte. Sakkobetasten oben und unten, kurzes, fiebrig werdendes Durchsuchen der Tasche. Ich habe die Brille zu Hause vergessen. Die Liste mit den vorbereiteten Fragen – nutzlos. Die Karte kann ich gerade noch entziffern, wenn ich sie weit genug weg halte; sie lohnt den Aufwand nicht. Wir nehmen beide den Salat mit Hühnerstreifen.

Brendel hatte wohl nicht wieder mit einem Interview gerechnet. Auch ich hätte mich lieber zum Plaudern mit ihm getroffen. Aber da liegen sie unübersehbar auf dem weißen Tischtuch, meine beiden Aufnahmegeräte. Ich, ihr nervöser Knecht. Brendel nimmt sie des Buches wegen hin, von dem er nicht einmal weiß, was es wird. Er schlägt mit den Fingern Verzierungen aufs Tischtuch; Triller, Praller, Vorschläge. Beim Abspielen werde ich sie stärker hören. Sein Anschlag ist kräftig.

Ich beginne wieder, ihn nach seiner Beziehung zu Literaten auszufragen, als wüsste ich nicht, dass er da wenig erzählt. Ob ich schon einmal russische Dichter habe lesen hören, fragt mich Brendel zurück. Das habe ich nicht. »Zeile für Zeile mit Crescendo. Dschadschamdschadschamdschadschamdschadschamm ... Das Crescendo ist wirklich sehr heftig!«

Die Hühnerstreifen kommen. Ob er über seine Freundschaften zu Philosophen etwas sagen möchte? Über Klaus Heinrich zum Beispiel, den Religionsphilosophen?

Der habe die richtige Attitüde: an nichts zu glauben und sich mit diesen Dingen zu beschäftigen. So könne man sich auch mit Mystik befassen.

Und Isaiah Berlin? Über seinen Freund hat Brendel nicht viel erzählt. Schwierig, mit berühmten Menschen zu sprechen. Entweder sie haben es schon einmal gesagt oder sie wollen es demnächst sagen. Notgedrungen werden sie zu Veröffentlichungsökonomen, Antwortverschwender sind selten. Abgleiten in Anekdotisches ist zu vermeiden.

Wir kauen Salatblätter, ein hühnergestreiftes Gespräch. Zum hundertsten Geburtstag Berlins erscheine ein Band mit Erinnerungen von dessen Freunden, darin werde auch er, Brendel, veröffentlichen.

Er erzählt mir dann, wie sich die Freundschaft schnell entwickelt hatte, nachdem Berlin Brendel bei einem seiner Beethovenzyklen in London hörte. Sie trafen einander in den Ferien, gingen in die Oper und fuhren einmal gemeinsam nach Bayreuth.

Bayreuth?

Ja, um den »Ring« richtig gemeinsam zu erarbeiten, dasitzend mit dem Libretto und mit Büchern, wie zum Beispiel George Bernard Shaws immer noch sehr lesbarem Traktat. Isaiah war von Natur aus kein Wagnerfreund, es war bei ihm immer auch eine Charakterfrage. Für ihn war der Mensch wesentlich. Er liebte die italienische und kannte die russische Oper, Rossini und Verdi hielt er für sympathische Menschen, Wagner hingegen begreiflicherweise nicht. Aber er habe sich doch der Mühe unterzogen, einmal genau hinzuhören. Er sei zu intelligent und musikalisch zu interessiert gewesen, um nicht zu bemerken, dass da ein großes Genie am Werk war, aber sein Widerstand habe ihn nie ganz verlassen. Brendel sei in London einmal mit Berlin im »Parsifal« gewesen und erinnere sich, wie er in der Pause sagte: *The idea of redemption I do not understand!* Lachen.

Dieses Brendellachen. Ich hatte Ferdinand konsultiert, meinen Fachmann für geistesgeschichtliche Fragen. Wie das gemeint sein solle, fragte ich ihn, dass nur Ungläubige der Verehrung fähig seien, während das Lachen und die Kriege den Gläubigen blieben.

Er könne das Zitat nicht zuordnen, sagte Ferdinand, er vermute etwas Katholisches dahinter. Das mit dem Lachen erkläre er sich so: Das kriegerische Lachen sei barbarisch, sozusagen eine Äußerung der Faustrechtsgesellschaft. Es sei ein Lachen, das keinen Widerspruch zulasse, gleichsam ein totalitäres Lachen, ein grausames Lachen, das auf eine Menge von Mitlachern und Schenkelklopfern aus sei, auch auf einen Chor von Hohnlachern. Dem stelle er das Lächeln der Philosophen gegenüber, das gleichsam zurückgenommene, überlegte, überlegene Lachen.

Ein diabolisches Lachen?, fragte ich vorsichtig.

Ja, diese Verbindung könne man herstellen, die Dialektik und der Geist, der stets verneint, die gehörten wohl zusammen.

Brendels Lachen ist eine Art dialektisches Kunststück: Es sieht laut aus, klingt aber nicht laut. Es bringt reflexhaft höchstes Vergnügen zum Ausdruck, aber – dem Reflex zum

Trotz – auch reflektiertes Vergnügen. Kein Weglachen ist das, sondern ein physischer Ausdruck gelöster Spannung wegen unerwartet aufgetretener Erkenntnis. Es steckt ein Stück britischen Humors darin, das Gegenteil des landläufigen Brachialhumors. Brendels Lachen ist nicht das Lachen der Krautfleischschimpfer, Haxlbeißer oder Schenkelklopfer, nicht dieses ingrimmige Vergnügen der Gläubigen, die sich und ihre Opfer tot lachen, es ist ein höchst lebendiges Lachen, ein am Leben lassendes Lachen, ein englisches Teufelslachen.

Ich sollte nicht hier sitzen, denke ich, als der letzte Hühnerstreifen vom Teller verschwindet, und mit Brendel lachend über die Qualität seines Lachens nachdenken. Ich sollte mit ihm ein Gespräch führen.

Wie wörtlich er es mit der Charakterisierung nehme, frage ich ihn, etwa beim Andantino des Jenamykonzerts. Er selber habe oft über seine Beziehung zur Oper gesprochen, gerade in Wien sei jenes berühmte Mozartensemble der fünfziger Jahre für ihn bedeutend gewesen. Was er sich vorstelle, wenn er Mozart spiele? Ob er sich überhaupt etwas vorstelle?

Pause. Tremolierende Finger.

Also gut. Es sei offensichtlich eine tragische Szene. Es sei etwas Tödliches passiert. Man reagiere heroisch darauf, es gebe Dur-Stellen, die wie Reminiszenzen an eine schönere Vergangenheit wirkten. Spezifischer könne man das kaum sagen.

Auf einmal ist die Zeitlosigkeit von vorgestern wieder da, diese von Brendel angehaltene und wieder in Gang gebrachte Mozartzeit.

Noch eine Pause.

Im langsamen Satz der a-Moll-Sonate von Mozart, fährt Brendel fort – übrigens ebenfalls ein erhabener Satz, eine große Novität –, stelle er sich vor, ein dramatischer Koloratursopran stehe da und sage: Sie können mich auf dem Rost braten und vierteilen, aber ich bleibe dir treu bis in den Tod. Oder so etwas. Quartsextakkorde würden diese Standfestigkeit darstellen. Es sei immer entscheidend, herauszufinden, in welchem Stil komponiert wurde, ob Sätze erhaben, lyrisch oder wenigstens teilweise komisch seien. Bei Mozart habe alles sehr viel mit Oper zu tun, Mozart habe sich fast von Anfang an mit Oper beschäftigt, aber erst in diesem Jenamykonzert trete er als der große Mozart vor uns. Musik sei eben auch Charakterdarstellung, für den Spieler und für den Komponisten. Mozart sei sich dieser Charaktere sehr bewusst gewesen, er habe frühzeitig Leute beobachtet, habe gewisse Typen leicht komponieren können. Das sei zunächst mehr von außen gekommen und habe sich mit der Zeit verinnerlicht.

Was hätten Sie getan, frage ich ihn, als der Kaffee bestellt ist, wenn Sie das letzte As nicht getroffen hätten?

Brendel lacht das lautlos laute Lachen; Diese Frage gefällt ihm.

Ich hätte schallend gelacht oder mein Haupt in den Händen verborgen, sagt er.

Er habe diesen Ton mit einem gewissen Gusto anvisiert. Ob ich das falsch gesehen hätte, frage ich.

Gott, es sei der letzte Ton gewesen! Und es sei so ein schöner letzter Ton, auch wenn man sich nicht gerade vom Publikum verabschiede.

Treffen müsse man ihn doch, sage ich.

Klingen müsse er auch noch, sagt Brendel.

Ob er die Möglichkeit des Nichttreffens, des Lachenmüssens oder des Kopfverbergenmüssens erwogen habe?

Nein, an so etwas denke man besser nicht. Aber es passiere natürlich innerhalb eines solchen Lebens, dass man die Schlussakkorde manchmal ein wenig verfehle.

Er sieht mich von der Seite an. Verfehlen, würde ich darauf reagieren? Schnell stelle ich eine Ablenkungsfrage. Ob er auch vorgestern seine Pflaster an den Fingerkuppen getragen habe?

Immer. Immer trage er die! Auch in Zukunft, wenn er in seinen Vorträgen Beispiele bringe, werde er wieder Pflaster tragen.

Wie es dazu gekommen sei?

Als er im Alter von 25 Jahren Strawinskys »Petruschka« für eine Schallplattenaufnahme studierte, habe er bemerkt, dass seine Fingernägel splitterten. Er habe ziemlich große Hände, müsse gewisse Griffe mit den Fingernägeln spielen, und wenn das sehr perkussiv geschehe, würden die Fingernägel das nicht aushalten. Er habe sich also etwas ausdenken müssen, habe sich Hansaplast und Leukoplast besorgt und ein System gefunden, die Pflaster auf die Finger zu applizieren. Man gewöhne sich sehr schnell daran, es dauere nur ein paar Tage. Es vermindere überhaupt nicht die Sensibilität, wie manche Leute glaubten, es habe große Vorteile, es nehme das Geräusch des Mäuselaufens weg, es absorbiere Schweiß. Das einzige Hindernis seien Glissandi, aber wann brauche man die schon! Er könne ohne Glissandi ganz gut leben. Lachlaut. Nur im Konzertstück von Weber habe er einmal ein bisschen schwindeln müssen.

Er werde gewiss regelmäßig danach gefragt?

Er habe Antworten parat wie: *It's my personal touch*, oder: *Professional thief avoiding fingerprints*.

Ob er nervös gewesen sei?

Vorgestern? Nein. Aber er wisse nicht, wovon Nervosität abhänge. Der Druck sei so stark gewesen, dass man am Ende nur mehr darüber lachen konnte.

Lachen über ein Weltereignis. Lachen, das ist, wofür es sich zu leben lohnt, sagt Brendel. Nicht zu treffen und doch

zu treffen, dafür lohnt es sich zu leben, denke ich. Absichts-
loses Treffen. Die Sicherheit des Treffens ergibt sich aus
dem Verfehlen. Wo hätte mich meine Frageliste hingebracht?
Wollte ich wirklich wissen, ob Brendel aufsprang und das
Radio abdrehte, wenn Swjatoslaw Richter zu hören war? Was
geschah, nachdem er und Barenboim beim Vierhändigspiel
sich mit den Frackärmeln verhakt hatten? Warum Till nicht
die Händelvariationen spielen sollte? Was Pierre Laurent
Aimard bei Beethovens fünftem Klavierkonzert falsch gemacht, ob Brendel jemals Lili Kraus spielen gehört und ob er
wirklich die Hammerklaviersonatenfuge in Oktaven verdoppelt hatte?

Mein Verfehlen dieser Fragen erleichtert Brendel die Antworten. Nach Schostakowitsch frage ich ihn: Den mag er
nicht. Er interessiere sich für neue Musik, das seien für ihn
Schönberg, Berg, Webern, Strawinsky, Bartók, Messiaen,
aber nicht Schostakowitsch. Ihn störe bei diesem Komponisten die permanente Zweistimmigkeit, es gebe da eigentlich
nur eine Hauptstimme und einen Bass, dazwischen oft gar
nichts. Es sei, als gehe man durch sehr große, gut organisierte,
aber leere Räume, Lachlaut. Dem widerspreche nicht, dass
Schostakowitsch auch 24 Präludien und Fugen komponiert
habe.

Nach denen ich gerade fragen wolle.

Es gebe zwei Klavierwerke, die er um keinen Preis der
Welt gespielt hätte, sagt Brendel, das eine seien Schostako-
witschs 24 Präludien und Fugen, das andere sei Hindemiths
»Ludus Tonalis«.

Ich mag Brendels trockene Art, Komponisten abzufertigen.
Über einen anderen sagte er, dessen Werke kämen ihm vor
wie von Schönberg gebackene Kuchen, die zu lange in der
Schublade gelegen seien.

Ob er sich seine frühen Plattenaufnahmen manchmal anhöre?

Das würde wohl zu viel Zeit in Anspruch nehmen. Aber einiges könne sich noch hören lassen. Das wenige, das er von Bach gespielt habe, zähle zu seinen bevorzugten Aufnahmen, das Italienische Konzert und die a-Moll-Phantasie und Fuge seien seine beste Leistung eines Bachspiels, das doch etwas von Edwin Fischer übernommen habe. So spiele heute keiner mehr Bach, würde er sagen. Allerdings gebe es jetzt wieder gute Bachspieler auf dem modernen Flügel, der lange verpönt gewesen sei, er nenne András Schiff, Murray Perahia und Till Fellner. Ob ich wisse, wie seine einzige Bachaufnahme zustande gekommen sei?

Natürlich weiß ich es nicht.

Er habe Liszt aufgenommen und sei einen Tag früher fertig geworden als geplant. Da er damals gerade dieses Bachrepertoire gespielt hatte, habe er vorgeschlagen zu versuchen, jetzt noch Bach aufzunehmen. Das sei dann innerhalb eines Tages vonstatten gegangen.

Das unbeabsichtigte Gelingen ist das schönste Gelingen, sage ich, es ist wie Finden, ohne zu suchen. Ich erzähle, wie ich in einem Antiquariat die Erstausgabe von Kafkas »Schloss« mit der Geburtstagswidmung Alban Bergs an Anton Webern fand, die der Antiquar übersehen hatte. Brendel erwidert, er habe im Antiquariat von Doblinger in den fünfziger Jahren zwei Erstdrucke der Hammerklaviersonate um fünf Schilling entdeckt. Die wussten nicht, was sie haben, sagt Brendel.

Der glückliche Fund, die wirklich elegante Treffsicherheit siedeln so nahe wie möglich beim Verfehlen, denke ich. Das Verfehlen darf nicht beabsichtigt, aber es will riskiert sein. Man muss ums Treffen bangen und darf doch das Treffen nicht im Sinn haben. Wer immer sucht, wird niemals finden.

Was wäre geschehen, hätte mir Brendel, als ich ihn nach der Verleihung des Beethovenrings darum bat, gleich ein Interview gegeben? Nichts wäre zu berichten gewesen. Wenig wäre eingetroffen.

34. Coda

War da im Konzert nicht gerade noch der Verführer gewesen? Inmitten der Menge von Krautfleischbürgern eine Erscheinung der völlig anderen Art? Als hätten sie ihn aus dem Wald gebracht. Oder direkt vom Schreibtisch. Keine Krawatte, nicht einmal ein Anzug. Pullover. Kaschmir, aber mit Mottenloch. Ungeputzte Schuhe. Trotzdem schön. In der Pause, als alle benommen draußen stehen, bloß nicht zu weit weg von den Türen gehen, möglichst niemanden treffen, sehe ich ihn mit der Menge die Stiege heraufkommen.

Ist da auch Loidl, die Nase oben, einen Tennisschläger unterm Arm? Das Pausenkraut hält mich fest, keilt mich ein, zu keiner Bewegung fähig, starre ich die Stiege hinunter. Ralfs Gesicht schwebt vorüber, dahinter schwingt sein Rossschwanz. Die Bourgeoisie hat noch Morgenröten, ruft er grimmig. Ferdinands Begleiterin, nackt bis auf den Slip, würgt ihn mit ihrer Perlenkette, er bringt kein Wort heraus. Müde winkt er ab und spritzt mit dem Feuerlöscher um sich. Kriemhild wirft Orden in die Menge hinunter, der rote Kanzler steht mit einem Haufen Pelzmäntel auf den Armen da. Löschschaum läuft über die elegante Kürschnerware. Er lächelt. Geldgesichter und gestärkte Schürzchen trippeln die Treppe herauf, sie begegnen Siegfried, der von oben kommt und einen Totentanz von Schostakowitsch auf der Geige spielt. Agathes Brillen blitzen: Beim Bach hat er komponiert!, ruft sie triumphierend. Macht doch nichts, Fehler sind schön, beschwichtigt Anton und nimmt einen Schluck aus der Bierflasche. Der Chor der kleinen Ohren singt den Kanon: »Erzähle nur, sonst schweige du!« Der Salzburgintendant spannt die Muskeln und mäht ein paar der lästigen Sänger nieder. Vier Steinwaytechniker treten mit einem Kompressor auf. Wann seid ihr endlich fertig?, ruft Mutter. Der schwarze Block erscheint, sie haben einen besonders schönen blumengeschmückten Wagen vorbereitet. Hoch auf dem Kutschbock hockt der Unterrichtsminister mit einem Schnauzbart, der ihm bis zu den Knien hängt. Stellt den Vierwaldstättersee dar, behaupten sie. Der Blockgermanist führt zwei Schimpansen vorüber, in hellblauen Käppchen mit weißem Saturnring. Goethe und Grillparzer, erklärt er, dressiert auf Brot. Der Enthusiasmusintendant wirft sich mit ausladenden Armbewegungen von oben auf die Krautfleischtreppe. Stagediving, ruft der Buchteldichter begeistert und schiebt Felix drei Finger rohen Butterteig in den Mund. Schön, gurrt der mit tiefer Stimme. *Nous sommes en Autriche*, sagt Vater und fotografiert Vera, die behaglich eine Ginkgowurst verzehrt. Gordon und der Kleinverleger tanzen Walzer mit einer scheckigen Kuh. Ich verstehe, die Einlage fürs Silvesterkonzert. Gulda steigt die Treppe herauf, den Synthesizer wie ein Kreuz geschultert. Die Philharmoniker tragen weiße Kittel und schauen verstohlen auf die Rolex. Der Direktor des Musikvereins läutet die Kirchturmuhr, wir haben jede Menge Platz für Invalide, beteuert er.

Alfred Brendel öffnet das Fenster zur Künstlergarderobe, überblickt die Menge, steckt zwei Zeigefinger in den Mund und verzieht ihn zu einer Grimasse. Er schiebt seinen Köper durch das Fenster, man sieht jetzt, er ist eine riesige Eule, die Eule der Apokalypse, die letzte Eule. Eule mit Weule, ruft er höhnisch in die Menge hinunter und faltet bedachtsam die Flügel zum Abflug auf. Flugteufel umschwirren ihn, er verzischt in einer auflodernden Flamme. Nach ihm die Nische, ruft einer noch zaghaft. Mit offenem Mund, schreckensstarr glotzt die Menge der verglühenden Brendeleule nach, die Festlaune ist in Panik umgeschlagen, es brennt unter ihren Füßen, aus der Ferne sind Paukenwirbel und knallende Stiefel zu hören, die sich nähern, vierfach fugierte türkische Marschmusik, Glenn an der Schellentrommel, die Leute halten sich die Ohren zu, krümmen sich vor Schmerz, ihre Köpfe brennen, die Karyatiden wanken, die goldene Decke fällt, auf den Stufen öffnen sich Risse, die Stufen werden zu Klaviertasten, eine nach der anderen wird von den Steinwaytechnikern weggesprengt, Spalten tun sich auf, aus denen Feuer schlägt, ein riesengroßer Labrador springt hervor, wütend die Zähne fletschend, schrecklich unter dem Krautfleisch hausend, jetzt sind auch die letzten Tasten weg, und mit einem alles erschütternden Beckenschlag öffnet sich das Große Maul. Es gibt kein Verschwinden. Mir schwinden die Sinne.

Vorbei der Spuk.

Auf dem roten Teppich sieht der Verführer etwas kleiner aus als sonst.

Ganz allein steht er da, mir zugeneigt.

Seine Abschiedsmiene ist gut.

Er hat nur kurz mit dem Finger geschnippt, und die Erscheinung ist verschwunden.

Er braucht nichts zu sagen.

Er umarmt mich.

Du hast so viel Sprache im Kopf, flüstert er leise und eindringlich in mein Ohr. Du musst einen Roman schreiben.

Schon geschehen, sage ich.

Nachbemerkung

Es scheint geboten, die Leserschaft zu verständigen, dass der Pianist Alfred Brendel, dessen Abschied vom Konzertbetrieb dieses Buch umkreist, so freundlich war, das Unternehmen durch mehrere Gespräche zu befördern, wofür ihm hier noch einmal sehr herzlich gedankt sei. Die Kapitel 27 bis 29 und 33 beruhen auf diesen Gesprächen. Auch alle sonst ihm zugeschriebenen Zitate stammen tatsächlich von Alfred Brendel, während die anderen handelnden Personen (Pianisten ausgenommen) zumindest teilweise fiktiv sind. *A.T.*

Die Aufführung des Jenamy- bzw. Jeunnehomme-Konzerts K 271 am 18. Dezember 2008 mit den Wiener Philharmonikern unter Sir Charles Mackerras wurde aufgezeichnet und wird demnächst veröffentlicht.

Relevante Aufnahmen einiger besprochener Stücke finden sich auf der Kassette »Alfred Brendel, The Artist's Choice Collection«.

Die Cellowerke Beethovens hat Alfred Brendel mit seinem Sohn Adrian ebenfalls auf CD eingespielt (alle bei Philips).

Die Lesungen seiner Gedichte erschienen unter dem Titel »Alfred Brendel liest Alfred Brendel« auf mehreren CDs bei Dabringhaus und Grimm.

Inhalt